人本教育百例

杨邦俊 著

上海交通大学 出版社
SHANGHAI JIAO TONG UNIVERSITY PRESS

内容提要

本书遴选全国知名特级教师杨邦俊于 2021 年 8 月至 2022 年 7 月执教的一百个人本教育经典案例。这些案例不仅继承我国传统教育经验,而且利用不断创新发展的现代信息技术,把现实生活中真实发生的事情,用诗、词、文、赋、书法、影视等形式定格下来,用作课程资源,引入课堂教学,创造生动的教学情境,对学生进行语文教学和做人教育。一个案例就是一个生动的故事。每个故事后又借由"清河子言"加按语,揭示语文学习和做人教育的价值,具有较强的文学性和适用性。本书可供初、高中学生阅读学习和教师教学参考。

图书在版编目(CIP)数据

人本教育百例/杨邦俊著. —上海:上海交通大
学出版社,2024.3
　ISBN 978 - 7 - 313 - 28853 - 0

　Ⅰ.①人… 　Ⅱ.①杨… 　Ⅲ.①教育理论—研究 　Ⅳ.
①G40

　中国国家版本馆 CIP 数据核字(2024)第 042767 号

人本教育百例

RENBEN JIAOYU BAILI

著　　者:杨邦俊			
出版发行:上海交通大学出版社		地　　址:上海市番禺路 951 号	
邮政编码:200030		电　　话:021 - 64071208	
印　　制:苏州市越洋印刷有限公司		经　　销:全国新华书店	
开　　本:787mm×1092mm　1/16		印　　张:14	
字　　数:287 千字			
版　　次:2024 年 3 月第 1 版		印　　次:2024 年 3 月第 1 次印刷	
书　　号:ISBN 978 - 7 - 313 - 28853 - 0			
定　　价:68.00 元			

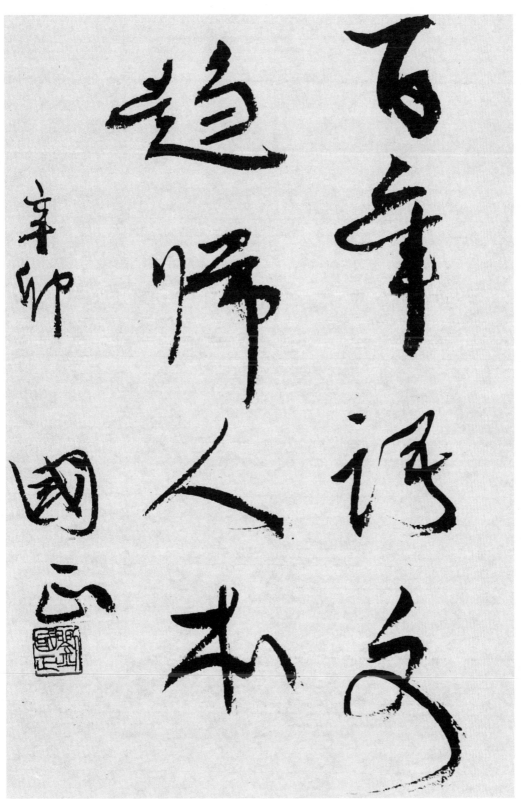

著名语文教育家刘国正先生为杨邦俊语文人本教育题词

序

改革开放以来,尤其是进入 21 世纪以后,我国中小学语文教育十分活跃,呈现出欣欣向荣的景象。有绿色语文、本色语文、正道语文、生命语文、生态语文、我即语文、深语文、真语文……可谓百花齐放,精彩纷呈。其中杨邦俊先生主持的"语文人本教学"研究尤其令人瞩目,并于 2014 年获教育部颁发的国家级教学成果奖。而且早在十多年前,杨先生的研究专著《语文人本教育》就已问世,该书先后获中国高等教育学会语文专业委员会学术论著一等奖、湖北省第六届教育科研学术著作二等奖。现在又有本书摆在大家面前,不禁令人叫好。

通读本书,可以看出它有几个特点。

第一,语文教育与生活相结合。书中说:"把孩子们引向田野,引向山村,引向古籍,引向地域文化,引向生活,也引向他们的人生。""现实生活中所有的相遇都可以是语文,都可以成为语文学习的资源。"诚哉斯言。

众所周知,国外学者有"语文学习的外延与生活的外延相等"的观点。在我国,叶圣陶先生早在 20 世纪 20 年代初,就指明了语文教育与生活的关系,语文教育不能"限于书本以内","趣味的生活里,才可以找到一切的源泉"。语文教育要和生活密切联系起来,"国文科的教材,将成非常大的范围,环绕于学童四周的,无不可为国文教材。"语文教育家刘国正先生继承发展了叶圣陶先生的这个思想,在理论上深入阐发,在实践上积极推行。他的语文教育观的精髓,就是联系生活,扎实、活泼地进行语文教育。

杨邦俊先生的观点,与语文教育界前辈学者的观点不谋而合。也可以说,是邦俊先生丰富了他们的思想。

第二,在与生活的结合中,学生学到鲜活的语文,提高了语文运用的技能。书中说:"与风景相遇,那里有最美的诗;与古籍相遇,那里有最真实的传统文化;与生活相遇,那里有本色的人生……所有的相遇都是语文,甚至连日常生活中的一次小小的失误,都可以用诗词文赋等语文固有的形式把它们定格下来,变成鲜活的语文,让人品尝其中的滋味,学习语用的技能,感悟天地之间的大道至理。"

吕叔湘先生在谈到语文教学改革的经验时说,关键在一个"活"字。刘国正先生也说:"这个'活'字十分重要。也许可以说是搞好整个语文教学的一个关键。"怎样才能做到"活"呢? 国正先生提倡五个结合:一要把语文教学与学生的生活和思想结合起来;二要把语文教学与学生已获得的知识和求知欲结合起来;三要把语文教学与学生的爱好和特长结合起来;四要把语文教学与学生在一定条件下思考问题的兴奋点结合起来;五是为了实现上述四个结合,还要把课内与课外结合起来。这样的结合,不仅能叩响学生的心扉,突出学生的主体地位,激发学生学习的主动性和积极性,而且能使学生学到活的语文,养成活的语文运用能力,丰富语文素养,提升精神境界。

可以说,邦俊先生不仅丰富了前辈学者的这些思想,而且把这种思想付诸实践,获得重大成果。

第三,本书一百个人本教育案例,是一百个精彩的语文教育故事。书中说:"这里面有大量鲜活的语文,几乎无所不包。"对于学生,"从中你可以学到语言知识,语用技能,提升语文素养,你可以直观地看到中国传统文学里诗词文赋和现代文学中的小说、诗歌、散文等是如何创作出来的。在这份真实的感受中,或许你就会喜欢人生,爱上文学,并由此走向成功,走向人生的辉煌"。对于广大中小学教师,"如果您能以一份安静的心态,平静地读完全书,或许就能创造出属于自己的精彩案例"。

应该说,这不是广告语,不是夸大其词。只要认真读过这本书,就会觉得这是百分之百的真话。就是瞄一眼书的目录,也会感到书中那"大量鲜活的语文",真是"几乎无所不包",学生可以时时处处学习语文,是鲜活的语文。这样全面,这样透彻,这样精细。学生学习了,当然可以由此走向成功。

平心而论,能写出这样一本好书,很不容易。邦俊先生系专业技术三级正高级教师,湖北省特级教师,湖北省作家协会会员,湖北省中小学优秀传统文化教育指导委员会委员,湖北省新课程培训和"国培"授课教师。邦俊先生学富五车,"把《诗》《书》《礼》《易》《春秋》完整地耕读了一遍","又把'十三经'过了一遍","买来二十五史、诸子集成、唐以前的诗文结集""训诂学著作""历代学案""国学大师的全集",读了四十年。具有如此深厚的国学底子,能把人本语文搞得不同凡响、成果辉煌,几乎是必然的。

祝贺本书问世! 祝贺邦俊先生的人本教育获得成功!

顾振彪

2022 年 9 月 9 日

北　京

(顾振彪先生系当代语文教育家,人民教育出版社、中学语文编辑室前主任、编审)

前言

　　人生多相遇,语文本嘉会。我们生命中的每一次相遇都可以说是语文,有语言的芳华、语意的奥秘、语法的光泽、语用的魅力,更有生活本然的逻辑和生命固有的光辉。

　　回顾过往,我这一生做了三件有意义的事:一是探索语文,二是回归语文,三是完成本书。前者我用了四十年,中者用了三十年,最后完成本书用了一年时间。

　　四十年间,前三十年我把《诗》《书》《礼》《易》《春秋》完整地耕读了一遍,在中华传统文化的源头里寻找语文。因为喜欢一个英语短语"go over",后十年我又把"十三经"过了一遍。当我倾尽所有买来二十五史、唐以前的诗文结集,我所知道的训诂学著作,以及我心目中的国学大师的全集,读了四十年之后,我才惶然明白什么是真正的语文,以及语文应有的形色、内蕴和姿态。

　　曾记得四十年前的某一天,学生正在教室里做作业。我无意间打了一个哈欠,惹得学生哄堂大笑。但我很快镇定下来,提笔在黑板上写了"失态"二字,然后请学生查词典。

　　很快,学生就弄清了"失态"的含义,那是举止和行为缺乏应有的礼貌啊。我赶紧给学生们道歉。那一刻,教室里响起热烈的掌声。这件事对我影响很大,虽然过去很久,但一直耿耿于怀。从此,我对语文教学的思考进入一个全新的时期,后来读了四十年经典,做了三十年人本教育,我渐渐悟得语文——其实很简单——就是由"失态"(概念)、"举止和行为缺乏应有的礼貌"(内涵)、"老师上课打哈欠"(生活底蕴)三者契合而成的"整体",一个永远也不能分开的整体。这时,我的眼前豁然一亮,以往关于语文的种种疑惑都涣然冰释。后来为人师、教语文,因为这个发现,一步一步地走上了人本教育的道路。

　　把孩子们引向田野,引向山村,引向古籍,引向地域文化,引向生活,也引向他们的人生。这一切,原本只是想向自己,也是向学界证明一件事情——现实生活中所有的相遇都可以是语文,都可以成为语文学习的资源。

　　没想到,一发而不可收。

　　接下来发生的事情真是令人惊喜啊!与风景相遇,那里有最美的诗;与古籍相遇,那里有最真实的传统文化;与生活相遇,那里有最本色的人生……所有的相遇都是语文,甚至连日常生活中的一次小小的失误,都可以用诗词文赋等语文固有的形式把它们定格下来,变成鲜活的语文,让人品尝其中的滋味,学习语用的技能,感悟天地之间的大道至理。

　　举一个新近发生的事例。一日早晨,到教室里观学,见地上有一个废弃的食品包装袋。我俯身捡起一看,只见上面写着:"西部特产龙须酥。"我反背着手,用手指夹着口袋,在教室来回走了三圈,然后提笔在黑板上写下这则短文。

> 朝读,巡廊中,见地上一袋,拾曰:"西部特产龙须酥。"阳人①背手夹袋,来回廊中者三。人问:"何为耳?"对曰:"为弃者见也!"

很快,教室里响起了一阵笑声,下自习后,那个丢袋子的学生,主动向我索取那个食品包装袋,我要她写一篇文章来换。第二天,学生交来作文,我又把文章拿到班上与大家分享。从此,班上再也没有人乱丢垃圾。

我常问自己:"这是不是语文,这里面有没有语文学习?"

经过四十多年的探索和实践,正当我早年的一些想法得以验证的时候,陡然发现自己两鬓已衰,对镜自照已是人生暮年了。想到与讲台的距离一天天变远,心头不由暗生一股凄凉,对讲台的留恋确是与日俱增了。

2021年的秋季,离我秩满告归还有最后一个学年。我毅然决定用四十年阅读所得和日常教学形成的经验,像刚入职那样,认真地上好每一节课,把这些案例记载下来,告慰自己的人生。一年后,我从中精选出一百个人本教育的故事,在这里,把它们呈献给大家。不敢说是个创举,但对我个人而言,也确实是人生中最值得骄傲的一件事情。

这些案例记载的是我这一年教学中真实发生的故事。真实的时空,真实的情境,真实的人事,反映了我人本教育最原始,也是最真实的生态,包含我对语文教学的所有思考。应该说不乏语文的精彩、做人的智慧,对正在成长中的青少年朋友,或许有某些引领作用。

这里面有大量鲜活的语文,几乎无所不包。从中你可以学到语言知识、语用技能,提升语文素养,你可以直观地看到中国传统文学里诗词文赋和现代文学中的小说、诗歌、散文等是如何创作出来的。在这份真实的感受中,或许你就会喜欢人生,爱上文学,并由此走向成功,走向人生的辉煌。对于广大中小学教师同仁而言,如果您能以一种安静的心态,平静地读完全书,或许就能创造出属于自己的精彩案例。

阅读本书自然也是一次嘉会,是诸君与语文一次难得的期遇。但愿君心似我心,读出其中的真谛,读出您精彩的人生!

感谢上海交通大学出版社倾情出版本书!感谢每一位关注和支持过我的前辈、师长和同仁,感谢每位读到本书的朋友!

杨邦俊

2023 年 1 月 26 日于清河居

---

① 阳人:作者笔名。杨邦俊,湖北宜都人,笔名阳人,自号西楚阳人、清河堂主。

目录

1. 欣赋《满庭芳》

2021 年 8 月 31 日

辛丑金秋,新季开学,早晨 6 时 30 分钟,西楚阳人来到学校。

还记得十年前,也是这个秋季,阳人执教一个大班,85 名学生挤在一间教室里,很是压抑。为此,学校专门开辟了一间大教室。转瞬十年过去了,退休前,阳人执教最后一届弟子,想到要重新回到这间教室,便填写了一首《满庭芳·关门纳徒》,记下这难忘的一天。

满庭芳·关门纳徒

南苑临风,北楼观海,三江又起潮头。岭前新雨,一响湿长秋。几绺清流送渡,过来处、负笈含羞。忆行旅、长阶阪道,一路共云鸥。

闻言斯楚叟,褐衣芒屐,好稼西畴。两河岸,野堂孤峙江洲,接地满城桃李。杏坛夜,淡月如钩。惟留得,诗书万卷,待与素晖售。

这词从眼前的情景写起。

阳人走进学校南苑,吹了吹风,又回到北楼,在楼顶观看长江、清江和渔洋河新涨的秋潮。

岭前刚刚下过一场急雨,地上湿漉漉的一片。

遥望远处,几绺白水流向江边。江滩边,一群群学子,携着鼓鼓囊囊的行装,满面羞涩地走来。这些新晋的学子,一路走过山野,走过津梁,走向这长长的坡道,天上云鸥翔翔,与他们相随。

想到这些,阳人得意扬扬地在校园里唱了起来。

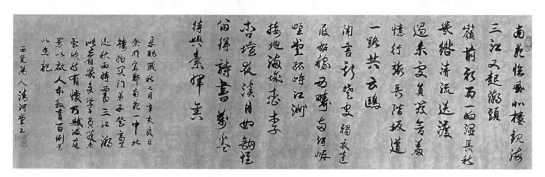

《满庭芳·关门纳徒》书稿

传说这个楚地的老头,常身着褐衣,脚穿芒鞋,在西乡的田野里耕作。在长江和清江岸边,在两江交汇的高岸上,建有一个野堂,野堂与全城相连。小城里隐藏着一株株他亲种的桃李。多少个夜晚,多少个黎明,这位老者站在野堂旁的杏坛上,遥望如钩的淡月,啸歌吟唱。一遍一遍地表达,他已经准备好万卷诗书,要连同这满天的清晖一起传授给最后一届弟子。

下午阳人兴致勃勃地带着这幅书稿,走进高一·九班教室。

"哪位同学,愿意把这首词诵读一遍?"

阳人突然发问。一阵沉默之后,他笑了笑说:"谁读,就可以得到这幅书稿。"

众学子不由自主地举起了手。阳人请语文课代表上前吟诵。

待其读完,问:"'关门弟子'当作何解?"

那生诡秘一笑:"教室里关了门,我想可能是一个老者,要关门来收弟子吧。"

全场哄笑。

"好!关门收弟子,这'关门弟子'是不是这个意思?大家拿出词典查一查。"

关门,借指最后收的(徒弟),可组词为关门弟子。(摘自《现代汉语规范词典》第4版)

把书稿送给这位学子。阳人又笑一笑说:"看来西楚阳人、清河堂主,要收最末一届弟子了。"

"何谓西楚阳人?这清河堂主又是谁?"打开课件,阳人请这位学生诵读。

西 楚 阳 人 传

西楚阳人者,本于西楚清河杨氏,先祖赐名"邦俊",后自弃其"木",取"邦俊"之左右,谓之"阳人",又宜都偏楚之西隅,故自号曰"西楚阳人"。迩年,开清河堂,始讲国学,人谓"清河堂主"。

幼家贫,无膏粱之享,其土盛产芜荑,乡人视之不甚惜。阳人独爱食之,腌、炒、炖皆然,妻儿不然。一日,得芜荑,烹之,示之妻,曰"恶耳"。及儿,疾呼:"臭菜!臭菜!"子感慨良久,奋然作色曰:"呜呼,香也芜荑,臭也芜荑。"

因芜荑嗜,久居乡里,潜修国学,刚日读经,柔日修史,及诸圣全集,已然遍矣。

及暇日,常游于林泉,寻乡野之俗,追先贤之风,感天地之气,以为乐。模山范水,兴怀郊田,得合江楼、四姊亭、福星山诸记,欣欣然其为无穷者也!

嗟尔六十将有年矣。乃自叹曰:"恍恍如昨,惟两鬓衰矣。"

辛丑岁孟秋,西楚阳人自传。

这时,阳人才对大伙说——

诸位学子:

现在,西楚阳人正式收你们为徒,如果愿意请站起来。作为阳人的关门弟子,要谨记以下三点。

（一）"苟日读,日日读,又日读!"

在你们人生的每一天,都要有一本爱不释手的书。如果有一天开始阅读,就要天天坚持阅读,读了还要再读。

（二）"苟日思,日日思,又日思!"

在你们生命的每一天,都要做一个善于思想的人。平时要准备一个小日记本,记下每日所思所得。

（三）"苟日新,日日新,又日新!"

在你们生活的每一天,都要准备一个盆。每天晚上洗澡的时候,不但要洗掉身上的尘垢,还要洗去心灵的污垢,做一个与日俱新、干干净净的人。

如果认同,请举起右手,跟我盟誓。

苟日读,日日读,又日读!

苟日思,日日思,又日思!

苟日新,日日新,又日新!

那声音在教室里回荡,久久不绝。

清河子言

西楚阳人的人本教育,首先是语文教学,有语文的元素、语文的情趣。教师与学生初次见面,以一阕《满庭芳·关门纳徒》开场,学生感受到的是实景、实情,很有现场意味,是满满的语文。老师的自我介绍,采用古传的形式,道尽了情趣爱好、个人阅历以及对未来的期许,有浓厚的育人色彩。结尾的收徒仪式自然天成,既庄重又热烈,瞬间把学子带进了语文的世界。

2. 喜逢佳乐子

2021 年 9 月 1 日

西楚的秋天,还有几分燥热。阳人趁太阳还没有出来,早早地走进教室。

学生已经开始早读,初入高中的学子,颇有些兴奋。

前排有个学生,书案上放着一个古暗的文具盒,正在摇头晃脑地诵读,仪态甚是憨厚。上去一问,此人名叫杨佳乐。

该生见阳人望着他的文具盒,便站起来笑着说:"这盒子是我自小学以来一直带在身边的吉祥物,三年后,我要把它带到北京大学(以下简称'北大',全书同此)去。"

闻言,阳人大喜,提笔在白板上写道:

喜逢佳乐子

阳人有本姓弟子名佳乐,辛丑岁,来从学。首日早读,其声如雷。观其座,几明案净,以匣右,图龙头之属。上问:"何也?"对曰:"宝耳。"阳人愈异之。佳乐子乃洋洋曰:"蒙学以来,此为吾随身之物,必将随吾入'北大'矣!"

西楚阳人闻言,甚喜!乃赐名佳乐子,并歌曰:

"辛丑嘉岁兮,阳人关门以纳徒。有佳乐子兮,负笈以来投。示余以宝匣兮,声言将与入'北大'。阳人得此佳乐兮,将与游'未名'。湖未名兮人将名,此佳乐兮得佳乐,得佳乐兮嘉得乐!"

写完,教室里活跃起来。大家邀请佳乐子登台讲述他的成长故事,阳人则在教室里吟唱《佳乐歌》。

声音洪亮,余韵绕梁。

众弟子欣然感慨,说:"虽然'北大'离我们很远,但阳人吟唱的声音很大,一定能够传到遥远的'北大'去。"

教室里传来一阵朗朗的笑声。阳人遂在文末加了一段:

闻歌,众喜!皆曰:"其声播,虽远必达。"阳人亦喜,乃操觚而志,时年九月一日于一·九班教室。

《喜逢佳乐子》书稿

后来,阳人把这篇文章写成一幅书稿,赠给佳乐子。并约定三年后,同杨佳乐一起带着这幅书稿去游未名湖。教室里又响起热烈的掌声。

清河子言

　　新生与老师见面,老师看到学生一个有特点的文具盒,以此为契机,引发师生的一场对话,进而又随手在教室的白板上写出一篇短文《喜逢佳乐子》,人本教育的情境由此生成。老师没有将其放过,而是用来教育全体学生。事后,又写成一份书稿,赠给学生,以示勉励。这种教学对学生可能会发生持续的教育作用,甚至影响学子终身。

3. 眼镜的故事

2021 年 9 月 3 日

　　早读前,九班学子毛婧雯给阳人讲了一个故事:今年中考,她考了 634 分,一家人非常高兴,决定要好好奖赏她一下。经过一番讨论,最终决定为婧雯换副眼镜。来到眼镜店,在奶奶的坚持下,最终买了一副“高档”树脂眼镜。

　　早读时,阳人把毛婧雯的故事写在白板上。

眼镜的故事

　　婧雯是一个懂事的孩子。今年中考,以 634 分考上湖北省宜都市第一中学。家人决定给她一份奖赏。

　　爸爸说:“给婧雯买一部华为 P40 手机吧。”

　　妈妈说:“学校禁用手机,还是买个电脑!”

　　“要不,你们就跟我换一副眼镜,”婧雯摘下她的玻璃片说,“让我看得更清。”

　　一家人欢欢喜喜地来到眼镜店。

　　妈妈说:“就买一个二百块的吧。”

　　奶奶说:“不行,我孙子考上了一中,怎么也要买一个千儿八百的。”

　　外婆说:“是的! 买一个二百的,她外公在天都不会答应。”

　　“听孩子的吧,我们送给婧雯的又不只是眼镜……”爸爸看了一眼婧雯,欲言又止。

静雯挑来挑去,选了又选。

服务生拿来一副黑色亚光边框,超薄的新型树脂眼镜。婧雯戴上,立刻文静起来。

外婆问多少钱。

"学生打九折,一口价一千二。"

奶奶说:"就买它,我孙女看得透亮。"

走出店门,婧雯望着四位亲人的背影,眼睛湿润了。

戴着这副眼镜,婧雯一路走到宜都一中。她说还要戴着它去看"北大",看"牛津"……去把整个的世界看清。

（毛婧雯口述,西楚阳人整理,二〇二一年九月三日于教室）

上语文课时,阳人邀请毛婧雯为全班同学讲述《眼镜的故事》。引导大家赏析其中的人物。

有人说:毛婧雯的奶奶形象真生动,给孙女买眼镜,就买好的,但无形中也给婧雯增加了压力,身上又多了一份责任。

有人说:婧雯的爸爸对她期望最大。妈妈是一个当家人,懂得生活的艰辛。婧雯的爷爷和外公要是健在,看到孙女取得这样好的成绩一定会很高兴。

阳人又用毛笔宣纸,写了篇《眼镜的故事·序》。

眼镜的故事·序

毛君婧雯,身居僻壤,凭一己之力,中考以六百三十四分考中宜都一中。父母、祖母、外祖母为之授赏。婧雯不美奢荣,拒绝手机、电脑,只求换眼镜一副,以观世相。祖母又不惜破费,为其购买高档树脂镜,爱孙之情,令人感慨。

秋季开学,婧雯戴着这副眼镜来学。阳人深为感动,遂撰《眼镜的故事》,当堂敷讲,与诸位高足讨论,分享其乐。婧雯戴上这副眼镜,不但愈加文静,而且身上又多了几分责任。自言:"透过那澄明的镜片,似乎看到一片五彩的华光,深知唯有努力与奋斗,才能赢得未来。"阳人祝福这个爱徒,希望她能够戴着这副眼镜,到她应去的地方,看清外面的世界。也希望这个故事对大家有所教育。很高兴写下这篇序,连同原文和书稿一并送给婧雯。

时年九月三日,西楚阳人于清河居。

阳人拿着书稿,在教室里展示,然后送给毛婧雯。

《眼睛的故事·序》书稿

清河子言

　　毛婧雯的眼镜背后有生动的故事,有家人众多的期待。教师把这些故事采集来,以小小说的形式展现,把美好的生活搬到课堂上,引导学生观照、思考,让学生更清楚地看到人生的艰辛、人情的美好,从而感受到自己身上的责任,又通过人物自己现身说法,加深他人的认识,从而产生更为广泛的教育效果。

4. 汝姊亦吾姊也

2021 年 9 月 4 日

　　阳人新授课,讲《沁园春·长沙》,想考查一下学生的朗读水平,便煞有介事地说:"哪位高足的读声之壮,可与阳人相比的,请举手。"

　　有一个叫周李涛的学子,站起来,说:"我可以试一试吗?"

"当然可以!"阳人说,"请你读一读《沁园春·雪》。"

周李涛一试,果然读声如雷。特别是"千里冰封,万里雪飘""江山如此多娇"几句,读得很有气势。

阳人大喜,笑了笑:"敢与阳人比,何来的勇气?能不能详细地讲一讲。"

周生重又站起来说:"小生周李涛不与阳人比,愿和'雪娇'比。"

周李涛来了点小幽默,赢得大家一阵掌声。

时过两日,阳人突然想起来,应该给这届学子讲讲得意弟子"雪娇"自强不息的故事,于是找来当初刊发在《三峡日报》上的一篇文章。

白云湾里有"雪娇"

上午第四节语文课后,我目送着班上的每个学生离开教室去食堂吃午饭。教室里只剩下一个叫雪娇的孩子。

"雪娇,怎么不去食堂吃饭?"

"早餐吃得多,我不饿!"

雪娇从课桌里拿出早晨从食堂里买回的一个馒头,倒上一杯白开水,一边啃,一边回答我。

起初,我还以为是高考临近,孩子功课抓得紧,怕浪费时间,就只提醒她要到食堂进主食。

……

一连几次,雪娇中午都没有到食堂吃饭。只是拿出一点干粮,就开始在教室里边吃边做作业。我预感到有些不对,就去找她的班主任了解情况。

从班主任那里获得的信息也很有限。

只知道她中考是以美术生的身份考进宜都一中的。

又听人说她母亲长年患病,家庭比较贫困,没有经济来源,无法支持她完成校外的美术专业培训课。进入高中三年级,只得放弃喜爱的美术,准备参加普通高考。

孩子文化课基础较差,但很努力,进步很快。

其余一切都是谜——眼前这个默默无闻、行为有些怪异的孩子,背后到底有什么秘密?我们决定一探究竟。

2019 年 11 月 14 日,我和她的班主任、政治课老师,我们一行三人驱车一个多小时,一路打探,来到一个叫白云湾的地方。

果然名不虚传。

几朵稀疏的白云高高地挂在山湾上,有淙淙的清流从山坳里流出。

循着响亮的泉声望去,一处低矮的民房出现在眼前,艳丽的阳光毫不吝惜地把它的光辉洒在屋檐下,也照得门口的一张轮椅特别醒目。

隐隐约约地,好像有个女子蜷缩在里面。

上去一打听，眼前这户人家正是雪娇的家。瘫坐在轮椅里的女子就是她的母亲。

待说明来意，雪娇的奶奶，不，严格地说是她外婆，非常热情地接待了我们。

我们第一次走进白云湾这样一户陌生的人家。

听雪娇的外婆讲，她有两个女儿，长女就是雪娇的母亲。小时候，孩子放牛时，遭雷击，受到刺激，成年后患上癫痫。后来她结婚，有了雪娇，病情更加严重。男方是入赘过来的，见势不好，就想离婚。外婆到处求医问药，雪娇母亲的病还是不见好转，男方的脾气则日渐暴躁起来，外婆不想拖累他，就同意他们协议离婚。

男方留下雪娇，外婆也放弃抚养费，从此两家再无联系。

这边，雪娇妈的病一天天加重。有次发作，摔下床，损坏了脊椎神经，从此瘫痪，大小便失禁，认不得人，只能靠轮椅为生。

雪娇和她的外婆就这样相依为命，一边照顾病中的母亲，一边就近读书。

当地没有幼儿园，村小学只收一年级学生，雪娇就跟着一年级的学生"混"了几年。后来到枝城小学读书，因为离家远，只能在托教家寄宿。小小年纪，就独自一人在外生活。

冬天晚上很冷，同宿的有个大姐姐，夜里常偷偷爬到她床上，抱着她睡，两人偎依着相互取暖。后来那个姐姐不再住宿了，长长的黑夜，雪娇只好一个人在冰冷破旧的被窝里抖索。但孩子至今忘不了那个大姐姐的情谊。

托教老师对她并不好，一次雪娇被人推到门栓上，头流血了，老师跟她说没事。说完也不问不管。

因为托教费的缘故，有一次还被关在厕所里……

"孩子很有骨气，也很懂事！"外婆继续为我们讲述雪娇的故事。

大约是小学四年级的时候，她开始爱上画画。铅笔素描特别逼真。班上的同学要一块钱一张买她的画。雪娇第一次看到有人欣赏她的画，也隐约懂得一些人生的价值，着实兴奋了一阵。夜晚，难以入眠，她就坐在冰冷的被窝里，偷偷地为同学作画，但一次又一次地婉拒了同学给她的"稿酬"。

说到这里外婆有点激动，声音突然变大。

孩子一直都挺想学画画的，只是这样一个家境，所以一直也没学成。直到初三时，班主任张老师发现她有绘画"才能"，才推荐她跟着美术老师上了几节课，考上了宜都一中美术生。到了一中又因为家庭情况，转成普通生了。

雪娇的外婆是个坚强的人，从见到我们开始，就一直站着，屹立在寒风之中，悉心地给我们讲解两代苦命孩子的身世，早已忘记自身的疲劳。

"我老了，孩子还小，她妈没有独立民事能力，直到今天，我们一家的户主，还是雪娇已经独立成家的小姨。户籍挂靠在她小姨名下，也是这个原因，至今孩子没能享受低保。"

说到这里老人家有些激动：

"低保，我们不要！反正这么多年也过来了。只要我能动一天，就饿不死她俩。"

言语中，有一种少有的淡定和坚毅。

寒风传来老人铮铮的誓言。不知坐在轮椅上的那个人是否能听懂这些话。太阳已经西斜，一个多小时过去了，这个苦命女子瘫坐在轮椅上，没吱一声。

我轻轻地走上前抚着她的后背，许久许久，她都没有动一下，但眼角分明滚出一串长长的泪珠。一阵风吹来，经霜的红叶上下翻飞。残阳照在她的脸颊上，发出一种难于言说的晶莹……

第二天，一回到学校，我就告诉雪娇，我昨天到访了白云湾。她先是一愣，继而笑一笑，对我说："杨老师，我们签个君子协定。您对我的事保密，明年高考结束后，我请您到白云湾看白云。"

我满口答应，只是提出一个要求，能不能让我欣赏一下她的画。

雪娇送给我一本画册，诡秘地一笑："只能你一个人看。"

打开扉页，我第一眼看到的就是这幅《择天记》：

画面女子清秀，端庄。羽毛装饰的发带特别醒目，嘴角露出一丝淡淡的微笑，眉宇间深藏一种不易察觉的傲骨。

我不懂绘画，开始以为画面上的女子有她母亲的风骨，一定是为她的母亲画的。后来我问她，雪娇略为有些伤感地对我说：

"是！也不全是！"

直到后来一天，我读到《择天记》，读到这本小说里的一句台词"命里有时终须有，命里无时要强求"。我似乎才懂得这个孩子一直在为命运抗争。心头一热，一股热泪潸然而下。

我一直信守着与雪娇的承诺。

几次考试，雪娇的语文成绩都是班上第一名，我很自然地表扬了她。次数多了，有些学生也露出嫉妒的神色。但他们哪里知道在自己身边站立着的是这样一位挑战命运的勇士。

几次话到嘴边，看到雪娇那警觉的眼睛，我欲言又止。

转眼到了该兑现承诺的日子。

今年高考成绩已经揭晓，读文科的雪娇考了484分，分数似乎不高，但足够她读"二本"。在我们眼里，这个用生命极限创造出来的成绩不比任何高考状元逊色。

雪娇告诉我她填报的第一志愿是黔南民族师范学院。问起缘由，她说：

"第一眼看中的就是师院顶上的那团白云！要到黔南去看云。"

2015年，我曾到访过位于都匀市莲花山麓、剑江河畔的黔南师院。那里，山岚突起，孤峰傲立，晴日里有白云驻顶，简直就是一个大白云湾。

这黔南师院算是选对了。要说看白云，最佳的时节，当在冬季。

黔南的冬天与鄂西有几分相似，温润少雨，山尖上常飘着几朵白云，朔风一吹，下几撮雪，娇羞无比，算得上最美的风景。人情也似，都匀多桥，百子桥、狮子桥、月亮桥……有一百多座，被誉为高原桥城。桥连着城，城连着桥，也连着人心。一个外乡人走在都匀的桥上，一点也不孤独。

这个冬天，雪娇你会在黔南看云吗？

（原载《三峡日报》2020年8月20日第7版，收录本书时文字有改动）

到了第二年春天，阳人意外收到一封来信。那是从云南楚雄师范学院送来的一缕温馨的祝福。原来，那个冬天雪娇错过了去黔南，而是到更远的云南去看云。

近又获悉2021年5月，雪娇荣获"云南省第二届百名大学生自强之星"荣誉称号。或许只有到云南楚雄那绚丽的五彩云霓之下才能看到雪娇的本色。

听了阳人的介绍，众学子非常感动，只有周李涛发出低沉的叹息。

阳人感到奇怪。问："周李涛，你有何感慨？"

过了很久，周李涛才说："雪娇是我姐！"

同学们忍不住对周李涛说："雪娇是你姐，也是我们的姐！你向她学习，我们也一定向她学习。"

当日，周李涛给全班同学写了一篇公开信：

致九班诸君书

吾有一姊，其名雪娇。幼时与余同起居。父母每每偏爱于姊。以至吾之不满。时至今日，方明大意。

吾姊有三奇：一奇曰身。吾姊幼时无父，母身患恶疾。孤苦伶仃，甚凄矣。然姊不为所惧，志如鸿鹄，势如鲲鹏。怒而飞，挣脱淤泥之束缚，直入九天云霄，余美甚。二奇曰性。姊性直心空，本固，以竹喻之，毫不为过。三奇曰淡。名利于姊如浮云，宜都一中曾提名其为感动校园十大人物，吾姊辞，不得受，以其不及其名份也。

吾姊尝以激昂之言，勉余之务必志于学，至今感受颇深。余定将承其意志，继其步履，铭其勉励，一路身登青云。

谢谢九班诸君，视吾姊若如汝姊，当以力学报君。周生启。

阳人则创作了一篇《送周生李涛序》书赠给他。

书稿内容：

阳人新授课，欲考诸生之读。乃放言曰："气壮比阳人者，请示。"周生起曰："愿试！"及诵《沁园春·雪》，果耳。"千里冰封，万里雪飘""江山如此多娇"句尤甚。阳人

《送周生李涛序》书稿

大喜,乃问其详。对曰:"小生周李涛,不与阳人比,愿比雪娇。"众大笑,阳人亦笑,径去。

居有日,阳人为诸生讲前弟子雪娇之故事。其生呜呜然,久之,叹曰:"乃吾姊也!"

阳人感慨良久,大惊曰:"此天助我与二子也!"众闻,皆谓周生曰:"汝姊亦吾姊也!汝效之,吾亦效之!"清河堂主闻之,欣记。

文成,复与诸弟子玩赏。周生乃上《致九班诸君书》,感人生之多艰,怀岁月之可期,叹天意之有情。西楚阳人欣于嘉事,赞二子年少有志,勉其力学,乃书其稿以赠周生,并示诸弟子,以为模范。

(时年九月四日,西楚阳人清河堂主书序)

周李涛和雪娇的故事,本身就令人感动。姐弟俩又先后成为同一个老师的学生。教师不遗余力地从生活、学习上给予他们帮助,在做人方面对他们进行启迪教育,并把他们的故事引入课堂,作为教学资源开发应用,让更多的孩子从中获益,得到做人方面的教育,体现了作为一名人本教育者的情怀。

5. 林 泽 高 阳
2021 年 9 月 7 日

夜静悄悄的,曙光初现。高一·九班学子林泽高阳骑着他的"永久"牌自行车,开始了新一天的征程。

6 时 20 分,在校园与阳人相遇。

"高阳,自行车好像有点'老',能不能讲讲它的故事?"

林泽高阳这才告诉阳人——

大约是读初二时的某个早晨,他骑车上学,黑暗中,与一个拉着板车逆行的老人相撞。

自行车被撞坏,老人连声道歉。

高阳不依不饶,要赔。

这时,父亲过来了,高阳的底气更足了。

没想到,父亲说:"老人家,您走吧,接下来的事情我来处理。"

高阳远望着老人,拖着重重的板车在黑暗中踽行,微茫的晨光照着他佝偻的身影。渐渐地,老人一点一点在他面前消失……

父亲把自行车放到一个修理铺,就送高阳去上学。

中午放学归来,高阳去取车。

修车师傅"啊""啊""啊"地叫了几声,伸出两个指头。旁边的人告诉他,这位师傅是个哑巴,要 200 块钱。

200 块钱,那可是父亲几天的工资。高阳愤愤地上前一看,师傅给他把自行车的"前叉"换了。本来,前叉只是稍稍撞歪了一点,正一正就好。不料,师傅给他换了个新的,弄得他哭笑不得。

那边,母亲来了,递给师傅 200 元钱。

高阳愤愤不平,两只眼睛红红的,手里攥着拳头。

母亲拦着高阳和蔼地说:"你看,今日我们过得多有意义。早晨原谅了那个老农,得到那么多的道歉。现在,又向一位残疾人献出我们的爱心。"

太阳出来了。高阳骑着自行车飞一样地消失在古巷的林荫里……

就这样,高阳每天早晨,骑着他的"永久",从古巷中通过。

一年又一年,自行车的轮胎都已经磨平了。

2021年的8月31日,他骑着这辆自行车走进宜都一中的校园。他说还要骑着这辆车去北京,去青藏高原,到世界上最高的地方看风景。

阳人把这个故事讲给学生听。大家说,高阳和他的父母,给我们上了一课。教室里,展开了一场热烈的讨论。

有人说:

我赞成高阳的做法。老农和残疾人都是弱势群体,他们的生活很艰难,帮助他们是我们的责任。

又有人说:

我反对这种做法。现代社会是法制社会,我们在处理日常事件时,不能单凭爱心,应该有法律意识,维护别人的利益是应该的,维护自己的利益也是应该的,该承担什么责任就承担什么责任。

还有人说:

我也赞成前面同学的说法,从表面上看,我们这样做是在帮人,其实这正是我们的不幸。长期以来,我们身上有一种"劣根性",那就是在处理纠纷时,往往是情大于法,最终大家都不守规则,不遵守法律。如果我们在生活中遇到这样的事情,大家都迁就原谅,那么法律的尊严在哪里?法治社会又何时才能形成?

高阳说:

我反对上面两位同学的观点。法治社会,也并不是不讲人情。人情是人之为人的一种美好感情,如果没有了人情,我们这个社会将会变得非常可怕。尽管对方是有过错的,但他们都没有恶意。在处理这件事时,我的利益是受到一些损失,但我展现了一种姿态,得到很多同学的认可。更重要的是:这种姿态是古人几千年前就提倡的,我们要学习古人的智慧,有包容心,包括包容别人的错误。今后遇到类似的事情,我还会这样做。

阳人则送给高阳一幅诗稿:

致　高　阳

深深古巷,林木荫翳/每日清晨,高阳从这里出发/留下"永久"的风景/
幽幽故郡,林泉高致/每日午后,高阳从这里穿行/留下"永久"的铃音/
甜甜小城,林篁修美/每日傍晚,高阳从这里掠过/留下"永久"的踪影/
岁月悠悠,天地皇皇/走进故郡,穿过古巷,/一年四季,小城/林泽于高阳/

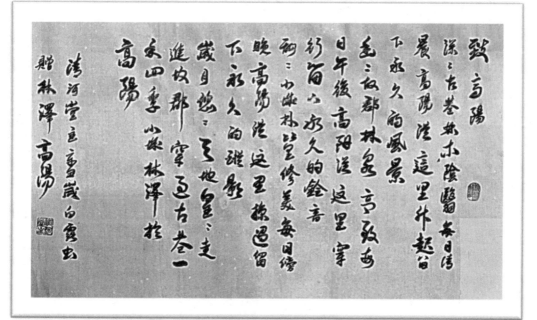

《致高阳》诗稿

很快这首诗在班上传开。

清河子言

　　学生的一个偏好,在教师眼中则是最好的教育资源,把这种资源激活,带入课堂,教学立即呈现出生动的场面,学生的思维被打开,就会产生自己的思考和判断,不但能提升学生的思维水平,发展他们的认知能力,更重要的是还能引发他们对人性问题的思考,增进他们的道德认知,引导他们从深层的根源上思考人、认识人,从而自觉地清除人性中的一些劣根性,不断地去恶向善,成为一个有益于社会的人。

6. 开讽《古文观止》

2021 年 9 月 8 日

开学初,阳人提议在班上开展《古文观止》诵读活动。经过一周准备,每人选购了自己喜爱的古籍版本。

期待已久的《古文观止》开诵仪式,就要开始了。语文课代表登上讲台,担任主持:

(一)全体起立,手握古文观止。

(二)中华传统文化经典《古文观止》诵读活动正式开始。

(三)《古文观止》选诵。

古之所谓豪杰之士者,必有过人之节,人情有所不能忍者。匹夫见辱,拔剑而起,挺身而斗,此不足为勇也。天下有大勇者,卒然临之而不惊,无故加之而不怒。此其所挟持者甚大,而其志甚远也。(苏轼《留侯论》节选)

闲靖少言,不慕荣利。好读书,不求甚解;每有会意,便欣然忘食。(陶渊明《五柳先生传》节选)

古者富贵而名摩灭,不可胜记,唯倜傥非常之人称焉。盖文王拘而演《周易》;仲尼厄而作《春秋》;屈原放逐,乃赋《离骚》;左丘失明,厥有《国语》;孙子膑脚,《兵法》修列;不韦迁蜀,世传《吕览》;韩非囚秦,《说难》《孤愤》;《诗》三百篇,大底圣贤发愤之所为作也。(司马迁《报任安书》节选)

(四)宜都一中优秀校友萧展与学子视频连线。

优秀校友萧展简介:

萧展,2013 年毕业于宜都一中,阳人弟子。厦门大学哲学学士,美国杜兰大学会计学硕士,现就职于上海某知名金融证券公司。

萧展与阳人及众生视频连线:

学生萧展提前祝阳人教师节快乐。

最近看到阳人让大家学习《古文观止》,也是不禁让我想起初高中时,每天逐篇背诵《古文观止》那段时光,至今我还能脱口而出。前几日也是一个机缘,我在全公司领导面前背诵出李斯的《谏逐客书》，领导大为称赞。职场中有时遇到烦心事，我不自觉地就想起了苏轼的《留侯论》，"古之所谓豪杰之士者，必有过人之节"。总之，这本书确实对我影响很大，也希望学弟学妹们的诵读能坚持下去。

（五）阳人致《古文观止》开诵诗：

　　辛丑仲秋，白露方生，西楚阳人行仪式，率诸学子开诵《古文观止》，试其佳句短章数阕，其声铮铮。时旭日初上，东窗大光，阳人喜不能禁，欣为七绝，以志。
　　日讽古文五百字，胸藏文墨从兹始。此淘恐为万年金，阅尽诗书以观止。

（六）全体学子举起右手宣誓：

　　日讽古文五百字，胸藏文墨从兹始。此淘恐为万年金，阅尽诗书以观止。

（七）诵读《古文观止》选文《师说》。
（八）礼成。

学子讽读《古文观止》

人本教育应从人最基本的行为习惯培养开始,利用经典诵读,来影响学生,所以教师选择《古文观止》来引导学生诵读。阅读活动又通过一个隆重的仪式来启动,又请学业、事业有成的杰出学子介绍心得,激发学生对中华优秀传统文化的兴趣,引发经典阅读的热潮,促进人的精神成长。

7. 硕 君 逸 事

2021 年 9 月 9 日

早读结束,阳人目送每位学子去食堂用餐。

九班只有王昕硕没去,独自在教室看书。

阳人问:"硕君怎么不去吃早饭?"

王昕硕回答说:"吃了。"

阳人又问:"是在家里吃的,还是在早点摊上吃的。"

王昕硕走上前,讲了个故事。阳人把它写成一篇短文,板书在教室。

硕 君 餐 事

早读竟,阳人目送诸弟子往餐,唯王君昕硕无往,问其故。乃曰:"已矣。"复问:"家也? 摊也?"对曰:"家母每日为吾具,心有戚戚。"

阳人曰:"愿详。"

硕君乃侃侃曰:"自初中以来,吾母每日五时许必起,为某备餐。其品也多,其色也丰,其香也浓,其味也正。然余起而早,食则少,母以为不合吾口,又日新。今母早起,为红糖汤饼。其工也繁:初温火油炸,复而旺火再煎,后入水煮成。母不慎,为油烫手,大泡。吾惭,此日进食甚多,母大悦。故戚。"

阳人甚异之,乃问:"母悦,君何戚之有?"

对曰:"每顾家母眼圈之黑则力劝,欲在校早餐,母不许,又不忍心悖母。乃戚。"

阳人闻言,无以对。许久,乃太息曰:"天下父母如斯者可谓夥矣,然若硕君心有戚戚者实鲜哉!"作兹文以记之。时年九月九日于九班教室。

看到文章,教室里立刻热闹起来。

有人说："看见昕硕流泪,我也跟着流泪。她因母亲的付出感动而泣,我则为从来没有吃过母亲做的饭菜流泪。这个世界上,有些人因得到而流泪,有些人因得不到而流泪。"

有人说："听了昕硕的故事,我一方面渴望长大,一方面又渴望自己永远不要长大。人这一生真是一个悖论:有时害怕拥有,担心失去自我;同时又害怕失去,害怕因失去那份美好而使灵魂变得孤单。"

更有人说："愿天下所有孩子都能享受昕硕一样的早餐。"

昕硕的母亲看到这篇文章,流了泪,似乎很坚定地说："女儿,你今后还是在学校吃早餐吧!"

第二天早晨,没有月光。母亲还没有起床,昕硕就出了门,迈着踏实的步子,向黑暗中走去。

路边响起一阵夜莺的鸣唱……

清河子言

父母爱孩子,可谓倾注了全部心血。这种爱,体现在父母为孩子每日准备的早餐里,体现在雨中及时递来的雨伞中,体现在平时的点滴小事上。但是,处在成长中的孩子,往往看不到父母的这种感情。本案例选取母亲为孩子准备早餐这样一件小事巧妙地把现实生活中的情境定格下来,引导学生关注,让孩子们看到父母对自己的良苦用心,体会其中的那份真爱。这种教育对学生的成长有重要作用,能够激发学生的奋斗精神和感恩意识。

8. 白 芸 之 谜

2021 年 9 月 14 日

入学一周,弟子谢白芸来办公室。一进门,就说："有弟子白芸,来见阳人。"

阳人笑了笑,随手拿起一张纸,边写边说："不知眼前这位高足是——白云,白萤,还是白芸?"

白芸大笑,说："弟子不敏,来此求学。每日西望家乡,在那白云之下,有我的父母双亲,在辛勤劳作;晚归寄处,又多白萤,伴我夜读。就是不知道白芸为何物? 看来还真是个谜?"

白芸止住笑,继续说："我家祖居潘家湾乡石羊河畔,当地出产一种奇草,花期长,其香正,可以杀百虫,夏日用以驱蚊,秋天用来除书蠹,据说还能治病救人,复生死……"

讲到这里,白芸又大笑起来。忍了好久,才说:"……还能阳人。"

说完,师生都笑起来。

"祖父前日对小生说:'丫头,你爷探得宜都一中有一阳人,你去入他师门',所以白芸来投!"

闻言,阳人忍俊不禁,起立说:"阳人这就收白芸为徒,待为君详作名考。"

白芸则拿出她带来的诗。

我　是

　　我是那天边自由自在的云/天空是蔚蓝的草原,我便是那悠闲的羊群/风一吹,我便随着风/四处去旅行,寻找更肥美的草原/

　　我是那寂静黑夜里撕破黑暗的光/亦是从天上坠落人间的星/古往今来,多少文人墨客的文章里/都留下我的踪影/

　　我是那漫山遍野的诸葛草/大地是温暖的家园,我便是那任性的游子/不论春夏秋冬,都能铺成最美的风景/平凡得又一如众生/

周日,阳人驱车往宜都潘家湾乡石羊河探访,回来就在教室板书了这篇《白芸名考》:

　　弟子谢君,持稿来见阳人。曰:"有弟子白芸,将归师门,请受一拜。"

　　阳人笑曰:"此白云,彼白萤,他白芸乎?"

　　白芸亦笑曰:"弟子不敏,来此求学。日望西乡,有白云在天,亲舍其下;又晚归寄处,多萤,与吾读。唯不识白芸为何物。先是,吾祖居石羊之滨,其土生奇草,郁香扑鼻,可杀百虫,夏以驱蚊,秋以去蠹,还能阳人,复生死。祖父前日曰'探得邑学有一阳人',令吾来奔。"

　　阳人含笑对曰:"遵汝祖意,愿以为徒,他日定为名考。"

　　谢君赋《我是》,乃去。

　　及暇日,阳人驱车往宜都潘家湾乡石羊河。车行道中,满地奇花,非紫即白,异香扑鼻,风吹七里。阳人甚异之。自曰:"此莫非《本草》之七里香乎?"

　　及归,问之白芸。笑而不语,其名终为谜。

阳人邀请白芸吟诵她的诗。白芸则将诗谱了曲,在教室里演唱。

那歌声优美,绕梁三日。

阳人重又在教室里板书:"此白云,彼白萤,他白芸乎?"

众弟子不能辨。有人说"白云",有人说"白萤",更有人说"白芸"。谢君听见了,都一一笑着答应!

《白芸名考》书稿

清河子言

　　学生来访，教师从学生的名字着眼，发现其中的佳趣，生发开去，于是有了一个生动的故事。教师又把这个故事，引入课堂，从课程的高度规划、组织教学，让更多的学生分享其中的快乐，感受文学的情趣和魅力，获得更大的教育效率。

9. 唱《凤凰引》

2021 年 9 月 15 日

　　教坛俊彦江勇老师，邀请阳人为学校新晋"才俊班"讲授国学。该班五十人，收录了宜都本年度最优秀的青年才俊。

　　"才俊班"教室在北栋，二楼西阁，传此屋出过高考状元。

　　阳人意兴而来。拿出江勇老师的照片。众生一时惊呼不已：

　　"勇哥！"（学生对老师的昵称）

　　"野马王子！"（上课喜欢"跑野马"，故名）

　　待静。阳人才说："大家是否知道，此君还是寄傲轩主人。"

　　教室里一阵沉默。这时阳人才出示下面这篇短文。

寄 傲 轩 记

　　江勇君，邑之俊彦者也。适少年，学博三楚，集古今名籍，为余所爱，结为忘年。

　　壬辰冬，移住官桥丽苑，吾等意兴而访。知吾来，江君邀钓者江上，宣言宴"大刀"。

及至,执一铜壶陈酿,讲"三小姐"故事[1]。待吾昏昏,乃出线装《石头》[2],视为脂本,怀之甚察,余摩玩不得。

时有清风穿堂,明月照屋。江君微醺,临轩得风,拎壶而舞。余笑曰:"君之倚南窗者如陶公,晒清霄似陆子,又二三子来,以从之。此非亦坐隐哉?"听言,江君把轩而语:"正欲寄傲名之。"言讫,舞而歌,调如《归去》。江君放旷若此,其学亦如此。

观其室诗书齐楼,秘籍满架,善本盈坐,又有斗酒藏家,以醉来客。先是,江君曾语曰:"楼高,客不常,每临风,可先觉之。"此乃得古之风先也。休日,吾当再来,沐风留饮,以求醉焉。

西楚阳人操觚而志,是谓《寄傲轩记》,以为念。

注释:

[1]"三小姐"故事:江勇老师外祖公曾是洋溪镇著名的铜匠,育有四女,其母排行第三,人称"三小姐"。江老师外公去世前,曾积家中余铜,制作四把铜壶,送给四女,每人一把,由此传世。此日江勇老师以此壶斟酒宴阳人一行。

[2]线装《石头》:《乾隆甲戌脂砚斋重评石头记》,上海古籍出版社2004年版线装本。

临末,阳人振振有言:

今逢忘年,野马勇哥,坐堂西阁,亲炙才俊,阳人来贺,开讲国学,得遇诸君,幸甚也哉。

阳人遂从《周易》乾卦和坤卦的象辞,讲到《诗经·周南》德风,讲到《春秋左传·闵公二年》里的许穆夫人,讲到《论语·卫灵公》里的"己所不欲,勿施于人",讲到太史公《孔子世家》里的"诗有之:'高山仰止,景行行止。'虽不能至,然心乡往之"。

然后激情吟诵《出师表》《醉翁亭记》,高潮时唱《桃花扇·胜如花》"左良玉哭主"。

待把众生"迷倒",才拿出书稿《凤凰引》,当面赠给全体学子。

凤 凰 引

辛丑秋,宜都教坛俊彦江勇君,执掌新晋才俊班。邀余来讲国学。欣于嘉事,乃援乐府旧题,新作此引,以赠诸才俊。

邑学[1]坐南北,西阁藏北楼。三乡来凤凰,早晚鸣"锵锵"。阳人出清河,出关讲国学。欣作《凤凰引》,调瑟有知音。中道走野马[2],两厢起鸢鸣。仰面才子笑,低眉秀佳人。癫狂出怪论,皆与世说非。《春秋》传大义,《周易》演乾坤。诗教引《关雎》,称圣因《史记》。开讽《出师表》,长唱《桃花扇》。听闻杨子言,凤凰复"锵锵"。访贤薰甸[3]外,问圣古籍里。民谣歌乡杰,方志存俗谚。三年一周期,此阁出状元。阳人回望阁，东墙已古色[4]。铁树新着蕾，待与"凤凰"[5]开。今当新作词，执手复期许。龙虎放榜日[6]，重上状元阁。会饮三百杯，与尔同"锵锵"。

西楚阳人清河堂主时年九月十五日于北楼状元阁

注释：

[1] 邑学：县学，此指宜都市第一中学。学校坐南朝北。

[2] 野马：学子对江勇老师的昵称。

[3] 薰甸：学校位于宜都古城迎薰门之外，此地古称薰甸。

[4] 古色：指教室东墙上有古旧的斑痕。

[5] 凤凰：此指凤凰花，在每年高考季节盛开。

[6] 龙虎放榜日：古代科举考试进士放榜的那一天称放榜日，此榜习称龙虎榜。

阳人边唱边讲，意兴处，手之舞之，足之蹈之。众生亦与之和。

阳人提议，全体起立，齐声吟诵这首《凤凰引》。那声音在校园上空盘旋萦绕，许久不去。

清河子言

一场简单的讲座，把它讲得不简单。教师充分利用一切可以利用的资源：学生自己的老师，新来授课的老师，学生本人，乃至教室的位置，墙壁上的一处字画、一点痕迹，都成了人本教育极佳的资源。又通过现场的文学创作，以诗文的方式，把这种情境艺术地呈现出来，把这种育人氛围推演到极致。

10. 浊　莲　子

2021 年 9 月 17 日

早读前，阳人走进九班教室。戴宇轩拿着一篇《浊莲先生传》，对阳人说："听说阳人常居清河，不知养不养浊莲？"引得哄堂一笑。

阳人将文章放在投影下，启卷而读：

湖广故郡，有爱莲者戴氏，名宇轩。自幼慕古圣之道，爱国学，好与乡中彦少争锋。恐不能比肩，窃用功，稍稍拔类，乃奔阳人。

轩家养一"一叶莲"，孤本傲立，以景德瓷畜之，每逢闲时，必赏玩一焉。某日申时,晚风徐来,清晖滟滟,月华流照,莲亦因风而舞。余甚喜,以为得吾之性,乃以浊莲命之,并自号浊莲子,为《浊莲先生传》……

教室里响起一阵热烈的掌声,大伙向浊莲子投去赞许的目光。

待大家静下来,阳人笑了笑,才说:"此莲非彼莲也。畜之名瓯,养于金屋,为风流亵玩!何以谓真莲哉?"

浊莲子不解,站起来问莲,引发一场师生之辩。

"莲亦有真伪乎?"

"彼虽生于污池,然则长于风雨,又有清河灌之。此与之比岂不伪乎?"

"真者何?伪者何?又何辨焉?"

"不在莲!在养!"

"莫若金瓯之不比污池乎?"

"子知虎耶?"

"知少,请详!"

"夫虎者养于山则为是,养于笼则为非。山深则愈虎,于笼则不及犬,又何以谓虎哉?今汝之莲,畜之也贵,藏之也奢,作早晚之弄,若虎然,岂为真乎?"

浊莲子不能对,拱一拱手说:"受教!受教,请再受弟子一拜!"

阳人起身作答,唱了一首《清河歌》:

河清远兮而不污,河清晏兮而不阿,河清流兮而不孤。流兮晏兮清远兮,可养浊莲。

教室里鸦雀无声。忽然,一阵清风袭来,几只秋虫与和。

后来,浊莲子填了首《江城子》,送给阳人。

阳人西楚育贤郎,赋文章,贵无双。青杏坛前,浅水灌横塘。不见黄鸡歌晓处,清河岸,芰荷长。

几翎青盖缀罗窗。月微茫,似晨霜。旧柄新茎,节节有衷肠,待与芙蕖邀满月,观花影,唱东隍。

　　学生以自传向老师推荐自己,老师把学生的自传在课堂上激情而读。然后师生就"浊莲"的话题用文言展开激辩,众多弟子目睹了一场文人学子之间的精彩驳论,彰显了古代的君子之气。辩罢,弟子拱手拜师,先生以歌收徒,弟子又奉词答谢。师生之间,以诗词文赋的方式交流,具有古代君子的风范。这种教育里面,蕴含传统文化的深厚内涵,体现了教师和学生都具有较丰富的学养,尽显师生的智慧。

11. 三 博 文

2021 年 9 月 20 日

　　本届学子中,名"博文"者很多,如邓博文、王博文、陈博文。阳人谓之"三博文",皆好学。一日,阳人邀三人登台献艺。"三博文"各展其才,果有绝活。阳人大喜,随手在白板上写了一篇短文。

三 博 文 记

　　阳人有新弟子"三博文",曰:邓氏、王氏、陈氏。皆言不著于文而博。一日聚,阳人谓曰:"三子比,可争锋焉。"

　　王氏巨,身高体硕。乃先言曰:"择一良日,蹴鞠何如?"

　　陈氏智且娇小。笑谓曰:"力胜不如智胜,斗狠不如比巧。能玩转乒乓者方高。"

　　邓氏猾。折中曰:"王善足球,陈能乒乓,皆不比于骑。酷暑两月,余单车千里。若往返长阳[1],不逾二辰。垂而骑,升而高,可千仞。二博文敢与一决乎?"

　　阳人笑曰:"三子皆能,能言其父母家长之特者乎?"

　　"有何惧焉,言大父可也!"王子率尔对曰:"若吾祖者七岁能文,十岁能诗,乡中路桥、牌坊,皆留其翰墨。然不教吾以文。故吾武。"

　　"论祖,当无胜吾者也。余之能骑,全以仗之。吾之自幼随祖,祖亦多技。童年,教吾弈,教吾钓,教吾车技,亦教吾之为人。"邓子欣欣然以为足,余皆不及。

　　陈子半晌而不应。阳人以为穷,问曰:"陈生博文复有可言者乎?"

　　对曰:"不言祖,言射!"

　　陈子乃起,折一树杈,取皮筋二条及毡角,为一弹弓。附卵石而击,丈余,一柚堕。乃弹衣曰:"若祖,必爆!"众皆奇之。

　　阳人大喜,乃谓诸生曰:"闻二三子言,悉其教,知其学,识其才者也! 汝等宜审之,以为己功!"

　　及众去,有不得者复问阳人曰:"二三子何如?"

　　对曰:"王生武,其祖毕其文以教之。通其姓名,考其文章,岂不著于文乎? 邓能行,皆出于学;陈善技,多习于用。此三者皆学之本,可以养人。是以为倡焉!"

　　彼曰:"欣受教!"乃以阳人言,传诸遐迩,三博文遂有名。

注释:

[1] 长阳:湖北省宜昌市长阳土家族自治县,与宜都市相邻。

　　见文,全班同学一致要求"三博文"现场比试比试,气氛异常热烈。"三博文"也各展其长,他们的故事很快在校园传开了。

清河子言

　　教师在学子的姓名中,找到可以用于做人教育的资源。"三博文"果然不凡,不但展示了自己的才艺,还陈述自己才艺形成的根源。并且,他们背后都有一位言传身教的好老师——祖父。从他们祖父的身上,可以看到他们从小受到的良好教育。教师让学生自己展示才艺,自己介绍自己的祖父,并以比赛争锋的形式,提升现场的热度,场上场下浑然一体,皆受教育。

12. 应物与合璧

2021年9月22日

　　九班学子张颖鑫,爱好诗词文赋。听阳人讲过诗词格律以后,便在网上淘宝。三日后,买了一本上海书店出版社出版的《诗韵合璧》。

　　书到手,启封一看,是清人汤文潞编纂的古籍板刻影印本。没有标点,没有注释,根本无法阅读。

　　张颖鑫找到阳人说:"弟子在网上淘得一书,无人能读,恐怕阳人先生也不能识。"

　　阳人笑着说:"拿来看看。"

　　阳人得书,如获至宝。对张生说:"你有古本秘籍,虽然很宝贵,但不能读。我有今本图书虽然不古,但可以看懂。阳人有一本李洱先生的《应物兄》,该著曾获茅盾文学奖。

以我之'兄',换你之'璧',可不可以?"张生欣然答应。

阳人于是手书《易读记》,并在教室里举行了一个换书仪式,连同书稿一起赠给张生。

阳人有《应物兄》,颖鑫子有《诗韵合璧》。以吾之"兄",易彼之"璧"可乎?

易 读 记

弟子张君颖鑫,网上三日,淘得一宝。乃清人汤文潞先生之《诗韵合璧》。及启,板刻影印,了无标点,不能卒读。乃谓阳人曰:"今得一物,无人能赏。恐夫子亦不得识。"

阳人笑曰:"可来观。"

及摩玩,阳人甚喜。乃谓曰:"君有秘本,虽宝而不能察。余有常物,不古而可读。欧阳子曰:'无常以应物为功,有常以执道为本。'[1]为师有《应物兄》[2],以吾之'兄'易彼之'璧'可乎?"颖鑫子欣然允诺。

呜呼!此可谓有功哉。读者当以执道为本,应物以合璧!西楚阳人为斯文以赠张生,并告诸弟子,乃成教焉。

时年九月廿二日于清河居

注释:

[1] 无常以应物为功,有常以执道为本:语出《欧阳修集·卷一二九·笔说》。原文曰:"道无常名,所以尊于万物;君有常道,所以尊于四海。然则无常以应物为功,有常以执道为本。"

[2]《应物兄》:李洱撰,人民文学出版社,2018年。

《易读记》书稿

后来,张生将这幅书稿装裱后挂在书房,每日晚归,都要看一遍,然后读一会儿《应物兄》。时有明月来照,书页上留下一片煞白的银光。

清河子言

　　教师爱好阅读,自然也会影响学生。人本教育非常重视身教,于是就有了《易读记》里的故事。阅读引领人的精神成长。正因为如此,才有"囊萤映雪""凿壁偷光"的故事。随园主人有言:"书非借不能读也!"这些读书、借书、易书的故事,不但表现的是读书人的雅趣,更是人精神成长的历程。它能让人们从烦躁的尘世和卑污的物欲中走出来,让阅读生活充满情趣,净化人的灵魂。

13. 养"一帆风顺"

2021 年 9 月 23 日

早在今年教师节当日,语文课代表周双如就送来一盆仙草。

阳人展开来看。

青葱的绿叶,中间一只高举的白帆,配上褐色的陶盆,俨然一艘正在航行的船,让人欢喜。

施肥、浇水,放在书案最显眼的位置。

帆益举,爱愈恩。日赏四五次,花色更加讨人喜爱。

花恋人,人也恋花,周末亦有不舍。

过了一周有花的日子,阳人归去。

待周一回来,大吃一惊。仅两日,好好的一盆绿,居然破碎不堪。枝萎叶蔫,帆也不举。

阳人小心地把花盆移至户外,浇了水,一米阳光照过来,微风也来帮助,柔柔地轻抚那点点滴滴散落在盆底的绿。

又两日,小草居然活了过来。

阳人除去败叶,双如君也来帮忙。给那将折的桅杆打了绷带,高高的白帆又举了起来,俨然是一只在大海里航行的船。

阳人把仙草搬到教室里。大伙出了个主意,就在教室养。

生物课代表弄清了它的属性。这是一株白鹤芋,又名白帆,花语称"一帆风顺",属天南星科植物,喜温怕晒,特别提醒大家要按时浇水,按时给它晒太阳。

物理课代表给它做了一个土壤湿度监测仪,实时掌控数据。

数学课代表经过精密计算,给它做了一副微米级的"护桅"。

有阳光的日子,那草更加青翠了。英语课代表来一句:"Golden days(金色的日子)!"

同学们也跟着应和:

哦! 金色的日子! 我们的船! 我们的帆! 我们的绿! 我们的青春! 我们的一帆风顺!

阳人也乐呵呵地跟着笑。

就这样,这株"一帆风顺",一直养在教室里,养在学子们的课程里。

清河子言

一盆花草,经过教师的一番操作,居然成了学生学习的最佳教材,生物课代表用它来引导同学们学习生物,弄清了天南星科植物的属性,学到了平时课堂上难以学到的植物养护知识。物理课代表则带领同学们进行了一场实验研究,获得很多重要的数据。数学课代表则想到了数学建模,培养了大家的数学意识。而英语课代表从这段美好的生活中看到了生活的诗意。至于语文课代表和语文老师则直接导演了一场优秀的人本教育大戏。

14. 语　文　猫

2021 年 9 月 24 日

开学不久,一位老师的车厢里,钻进了一只小黄猫,被老师带到校园里。

小猫瘦骨嶙峋,羸弱不堪。

阳人从食堂买来米饭和一条鱼,小猫就在树荫下饱食一顿。吃完了,又举起它的前爪,像是作揖,十分可爱。

回到教室里,阳人问大家是否见到猫。有个文学才子大发诗兴,写了首诗:

语 文 猫

菁菁校园,丛丛棕榈旁/不知从何处,来了只小黄/从此与语文结缘/常常走进我们的课堂

阳人一听,拍案叫绝:"这'语文猫'好,大家就拜猫为师,学习语文怎么样?"

学子们的兴致被调动起来,每日三餐路过那片棕树林,都要给它带点好吃的。

小猫也就留了下来。

这是一只很有灵气的猫。它善于奔跑,善于爬树,身姿灵巧,一眨眼,就冲上了树梢,连发出的叫声也是"喵——喵——喵——,喵喵——喵喵——"富有诗歌的韵律。

有时,小猫蹲在食堂外面的树林里,等待那老鼠从地沟里出来。一蹲就是大半天,逮住一只老鼠,也不立刻吃掉。非要等到学子们来,才表演一番。小猫先放老鼠跑两步,然后一个前扑,又一个,又一个,如此二三,方才停顿下来。

大家给它奖赏,晚餐自然又多了鸡块、鱼翅。

学子们辛苦一天,难得和猫一次邂逅。每到这时,树林旁就会响起一阵阵银铃般的笑声。回到教室,大家又以猫为素材写随笔,困乏反而消减了不少。

这次,有个学子也写了篇《语文猫》:

自从"语文猫"在我们班上出了名,观猫,赏猫,给它弄吃的,就成了我们日间最大的快乐。

窗户外边的天空逐渐明亮,书声琅琅的教室里,照进太阳的第一缕光。

下早读的铃响了。长长的队伍涌向食堂。

我们班向来是不走大道的,总要绕过教学楼后的小广场,另辟蹊径,从小树林旁走过,再通过宿舍楼前的甬道,直达食堂,又快又方便。

今日也是如此,我和同学一路说笑,路过小灌木丛。突然,一片绿叶抖了抖,又抖了抖,闪出一道橘黄色的光来。

"语文猫!"

我尖叫一声,还没有来得及说完,小猫就扑到我的脚边,受此惊吓,身子不由自主地往后一歪,差点跌倒,惹来一阵大笑。

小猫却是另外一番景象:退后两步,立定了,用它那略带鄙夷的眼光打量了我一番。然后,停下来,也不管不顾,伸它的懒腰。

我再去看那猫。它的身材已不像刚来时那样瘦弱,想来是在校园里过着滋润的日子,橙黄相间的条纹添上明丽的色彩,有了一些油亮,眼睛也分外有神。

过来的人渐渐多起来。小猫真是个"人来风",先是悠闲地展开身体,在地上打一个滚,然后起身,抖一抖,将尾巴一盘,席地而坐,抬起前肢,做出以前对阳人的那

个标志性动作。这才骨碌碌地睁着两个大眼睛,"喵喵"地叫几声。好像在说:"别忘了,给我带好吃的!"惹得众生大笑。

这次相见,可以说是惊心动魄,又诗意盎然。

说来也巧,仿佛是有些缘分,中午吃完饭,我依旧绕道走,又在小花坛中偶遇它。这次"语文猫"在抓蝴蝶。

小猫用爪子拍了拍蝴蝶停留的枝丫,似乎想爬上去,无奈枝干太细。后退一步,拼命一个上扑,可惜高度又不够。只好闷闷地另寻机会,一副垂头丧气的模样,可爱极了。围在一边看的同学都笑了起来。

小猫像是受到奚落,立即改换一副姿态,从容地在树枝间穿来穿去。看似悠闲,可那双乌溜溜的大眼睛,时刻也不忘往那蝴蝶身上瞟。

真是一只有心机的"语文猫"。

"语文猫"在学子们心中落了根,便有了对它的喜爱和牵挂。

这样,经过几个星期,学校军训将要开始,大家也希望"语文猫"能有精彩的表现。

不料,意外发生了。

一连几天不见"语文猫",大家甚是焦急,纷纷去找,终无所获。

有人听说:"是钻到某位老师的车里,被带走了。"

有人听说:"是作为流浪猫被'收监'了。"

还有人听说:"……"

总之,都是一些不好的消息,始终没有得到确信。

有个擅长古文的学子,写了一篇《羸猫论》:

夫世之猫有所谓羸、壮、肥者也。其肥者,体膘而肉腴,性贪而意懒,不喜活动。然其毛色纯亮,油光水滑,世以为贵,每常耗万贯以易之。故其主乃细养之。视为宝,不敢慢,患其害,使之日骄。久之,乃若王侯将相之子孙,不需劳力,亦可好活于类,平步青云。壮之属,不若肥者之非有万金而能易之,然以其气力殊于常,亦独行天下,以己猛敌天下,亦颖然众矣。惟羸猫者常苟于世焉。

尝于学堂见一羸猫,常偷于日下,趴于轼底。其面也瘦,其毛也秃,其躯也小。观其行,常逾于门墙,匿于丛林,徘徊人前;观其处,又以轼为盖,夏以避暑,冬以御寒,皆为生计哉。遂叹曰:古有良禽择木而栖,今有羸猫择轼而待。然轼之劲何其足也,方其驶,有千钧,骨血岂可拒哉。故常有羸猫殒于车下。

世之猫可谓甚夥,然肥者稀,壮者少,惟羸者多矣。推焉,天地虽广,食料多,猫亦多,又逢肥者积食久,不与于羸。纵有得食,众羸者终相争焉,其力弱者由是多毙。

呜呼!羸猫弱也,然其诚为弱耶?盖人之以为羸弱而轻弱也。羸猫无能也,然其诚无能耶?盖人之以为羸以无能而重壮肥也。或有羸者幡然大悟,奋起而争,纵中道身亡,亦胜于苟且哉!

　　是故,猫之所谓嬴、壮、肥者,皆人之所遇也。多食而为肥,多走而为壮。今为此论,以昭天下嬴猫起而拯之,并以吊"语文猫"哉?

时年九月二十四日

睹文,大家很长时间,心情难于平静,怀念他们的"语文猫"。

清河子言

　　在学习生活异常紧张的高中校园里,不知从哪里跑来一只充满灵性的猫。教师把这猫作为教材来教学生,那猫的灵性、学子们的人性被充分地挖掘出来,于是那些原本枯燥的学习生活则充满无限的情趣,那郁结在心头的文思马上奔涌出来,那潜藏已久的才能立即爆发出来。无论是学子们的文笔,还是自身的道德情操都在这一刻得到完美的呈现。

15. 军 训 语 文
2021 年 9 月 25 日

受当时疫情影响,今年新生军训延至九月下旬举行。

今晨六时许,西楚阳人来到教室,学生穿上军训服,已站在教室里高声读书。阳人在走廊里巡视一番,看看大家都在读什么。然后,提笔在白板上写下:

　　穿上军训服/我站在教室里读书/读《师说》,读《劝学》,读《古文观止》/中华五千年文明里/就有了我飒爽的英姿/

下早读前,阳人问道:"今天做什么?"

大家齐声说:"军训!"

阳人笑一笑说:"不对,今天我们上语文课!"

大家交头接耳,似有不解。阳人重又念了一遍他的诗,问:"这是不是语文?"

诸生齐声回答:"是!"

阳人又问:"这是不是军训?"

有个弟子调皮地站起来,抢着说:"不骗阳人,今天不上语文,真是军训!"众生大笑。

笑完,又补充道:"料阳人会说'这是军训语文'。"

阳人止住笑:"你又不是我,怎么知道我会这样说?"

众生则跟着附和。

待大家笑得前仰后合。阳人才说:"小女子说得还真有点道理。如果大家把军训当作语文来学习,不就是军训语文,今天我们就上'军训语文'课。"

阳人和弟子说说笑笑地走出教室,来到校园中的一棵柚子树下,某生模仿阳人的语调,高声道:

> 穿上军训服/我站在树底下看柚子/看它的皮,看它的影,看它硕果累累/大地五彩的光影里/就有了我憨憨的青春/

军训正式开始。大家在蓝蓝的苍穹下练军姿,在浓浓的绿荫下小憩,不时有运水的同学经过,志愿队服务生给大家递来温水。幸福的微笑挂满红扑扑的脸庞,五色的水杯映照着青春的倩影。善歌的学子用美妙的歌声,送给同学喜悦和快乐。阳人也来陪坐,共享这天底下的温情。他又偷偷地拍了一些照片,早晚间放给大家看。众学子看到自己的"英姿",纷纷模拟阳人在教室里吟诵:

> 穿上军训服/我站在苍穹下练军姿/练直行,练立定,练怀抱胸襟/校园五千平米的日子里/就有了我淡淡的惊喜/

> 穿上军训服/我站在烈日下晒太阳/晒我背,晒我脸,晒肚子里的书/男儿五尺英武的躯干上/就有了我黝黑的肩膀/

> 穿上军训服/我站在镜像下沉思/思我来,思我往,思地久天长/操场五千个脚印/就是我对自己的奖赏/

军训结束,学子们拿来一摞奖状,指着被太阳晒黑的皮肤,对阳人说:"来交语文作业。"

清河子言

　　军训是现代学校教育的重要内容,利用这些资源,生动地进行语文教学和做人教育则尽显人本教育者的智慧。无论是军训前的准备,还是军训过程中一些看似平常的细节,教师都能发现其中蕴藏的诗意,适时地采撷而来,制成语文的"大餐",和学生一起品评,体会其中的生活真趣,体验文学创作的愉悦。整个教学趋于一种近乎自然和陶然、沉醉的境界。

师生站在树底下看柚子

16. 至圣孔子

2021 年 9 月 28 日

今日是孔子诞辰。学生子们仍在军训，早读照常。六时许，阳人进教室问："今天是何日？"

"9 月 28 日。"

"孔子出生纪念日。"

……

阳人播放 2013 年 5 月 4 日习近平总书记在中国航天科技集团公司中国空间技术研究院，与我国首位成功登顶珠穆朗玛峰的在校女大学生陈晨的对话视频。

陈晨同学：我非常佩服你。对珠穆朗玛峰，我是"高山仰止，景行行止，虽不能至，心向往之"。

阳人：视频中引用的这段话出自哪里？（学生沉默）不知道，不要紧，请看屏幕（出示原文一）。

太史公曰：《诗》有之："高山仰止，景行行止。"虽不能至，然心乡往之。余读孔氏书，想见其为人。适鲁，观仲尼庙堂车服礼器，诸生以时习礼其家，余祇回留之不能去云。天下君王至于贤人众矣，当时则荣，没则已焉。孔子布衣，传十余世，学者宗之。自天子王侯，中国言《六艺》者折中于夫子，可谓至圣矣！

阳人：请大家仔细阅读短文，找出司马迁评价孔子的原句，想想是什么意思，谈谈你的理解。
学生：（讨论、明确）

①《诗》有之："高山仰止，景行行止。"虽不能至，然心乡往之。
句意：《诗经》上有句话："巍峨的高山可以仰望，宽广的大道可以循着前进。"我虽然不能到达那里，但是心中一直向往。
② 余读孔氏书，想见其为人。适鲁，观仲尼庙堂车服礼器，诸生以时习礼其家，余祇回留之不能去云。
句意：我读孔子的书，由推理可以知道他的为人。来到鲁国，看到孔子的祠堂，他的车子、衣服和礼器，许多儒生在他家里按时演习礼仪，我徘徊留恋，舍不得离开。
③ 自天子王侯，中国言《六艺》者折中于夫子，可谓至圣矣！
句意：从天子王侯，到全国研究《六艺》的人，都以孔子的学说作为准则，孔子可以说是道德学问最高尚的人了！

阳人：请大家根据这段文字的介绍，设想一下司马迁写《孔子世家》前做了何种准备，写作时的心情怎样？
学生：（讨论后明确）

① 司马迁到孔子故居参访，亲历孔子的庙堂，看到他用过的车服礼器，看到孔子的弟子在他家"以时习礼"，充满留恋之情。
② 司马迁搜集了大量史料，看到当时的人们都以孔子的学说作为准则，充满赞赏之情。
③ 司马迁称孔子为"至圣"，把他的思想学说、情操品节比作"高山""景行"，充满

向往之情。

阳人：至圣孔子！大家说得好！下面我们看看《孔子世家》里关于这位至圣的一些记载（出示原文二）。

孔子生鲁昌平乡陬邑。其先宋人也，曰孔防叔。防叔生伯夏，伯夏生叔梁纥。纥与颜氏女野合而生孔子，祷於尼丘得孔子。鲁襄公二十二年而孔子生。生而首上圩顶，故因名曰丘云。字仲尼，姓孔氏。

阳人：大家自由阅读选文，读后讨论这段文字传达了哪些信息。
学生：（阅读，讨论，交流，明确）

① 孔子出生在鲁国昌平乡陬邑。
② 他的祖先是宋国人，名叫孔防叔。孔防叔生下伯夏，伯夏生下叔梁纥。
③ 叔梁纥和颜氏的女儿不依礼制结合生下孔子。
④ 鲁襄公二十二年孔子出生，取名为丘，成年后，字仲尼。

阳人：结合上文，大家发挥想象，议一议孔子出生时他的家境怎样？在这样的家庭里，孔子最终成为影响中华民族几千年的大思想家，孔子少年时期应该接受了怎样的教育？（学生讨论回答，引出下文，出示原文三）

丘生而叔梁纥死，葬于防山。防山在鲁东，由是孔子疑其父墓处，母讳之也。孔子为儿嬉戏，常陈俎豆，设礼容。孔子母死，乃殡五父之衢，盖其慎也。郰人挽父之母诲孔子父墓，然后往合葬于防焉。

阳人：请大家快速浏览上文，回想一下选文内容，看谁记住的信息最多。（关屏）
学生：（讨论，交流，明确）

① 孔子刚出生，父亲就死了。
② 孔子不清楚他父亲的墓址，孔母也隐瞒了这件事。
③ 孔子孩童时做游戏，喜欢演习仪礼。
④ 孔母去世，挽父的母亲告诉孔子他父亲的墓址，孔子将父母合葬。

阳人：孔子少年时经历了哪些事情？
学生：（讨论，明确）

①少孤;②母为父隐;③好习礼;④懂得孝。

阳人:大家想一想,孔子少年时期的这些经历对他青年时代的成长会有什么影响?(师生问答后)请听一段文字(出示原文四,阳人诵读)。

孔子贫且贱。及长,尝为季氏史,料量平;尝为司职吏而畜蕃息。由是为司空。已而去鲁,斥乎齐,逐乎宋、卫,困于陈蔡之间,于是反鲁。

阳人:孔子成年以后又有哪些际遇?请分条找出原文,并翻译,然后分组讨论,说说这中间包含什么道理。
学生:(讨论,明确)

原文
①为季氏史。②为司职吏而畜蕃息。由是为司空。③去鲁,斥乎齐,逐乎宋、卫。④困于陈蔡之间。⑤反鲁。
译文
①为季氏做过家臣。②在鲁国做过小官。③曾到齐、宋、卫宦游。④在陈国和蔡国受困。⑤回到鲁国。
道理
孔子家境贫寒,成年以后只得出任鲁国小官,后周游列国,遭受困境。可见贫穷与困境是人生的一种常态,对孔子也是如此。

阳人:由于这样的出生和经历,孔子最终转向学术(出示原文五)。

孔子之时,周室微而礼乐废,《诗》《书》缺。追迹三代之礼,序《书传》,上纪唐虞之际,下至秦缪,编次其事。

古者《诗》三千余篇,及至孔子,去其重,取可施于礼义。上采契后稷,中述殷周之盛,至幽厉之缺。

三百五篇孔子皆弦歌之,以求合《韶》《武》《雅》《颂》之音。礼乐自此可得而述,以备王道,成"六艺"。

孔子晚而喜易,序《彖》《系》《象》《说卦》《文言》。读《易》,韦编三绝。曰:"假我数年,若是,我于《易》则彬彬矣。"

孔子以诗书礼乐教,弟子盖三千焉,身通六艺者七十有二人。如颜浊邹之徒,颇受业者甚众。

阳人:转向学术以后,孔子取得了哪些成就?

学生1:追迹三代之礼,序《书》《传》,编次其事。

学生2:对于古代流传下来的诗歌,去其重,取可施于礼义的三百零五篇弦而歌之。

学生3:搜集《礼》《乐》,整理叙述,编成"六艺"。

学生4:以《诗》《书》《礼》《乐》教学生,弟子三千,精通"六艺"的有七十二人。

阳人:还有没有疑问?

学生5:有。就是不知"喜《易》,序《彖》《系》《象》《说卦》《文言》"是什么意思?

阳人:你提出的疑问很好。这里老师要讲一下:《易》是我国最古老的学术著作"五经"之一。包括两部分:

(一)《易经》:《易》的经文部分,由64卦的卦象、卦辞和爻辞构成。

(二)《易传》:《易》经文的解释部分,由《彖传》上下篇、《象传》上下篇、《文言传》、《系辞传》上下篇、《说卦传》、《序卦传》和《杂卦传》组成,汉代以后,它们又被称为"十翼"。

阳人:孔子就是这样一位大圣人。很遗憾,这样的哲人,最终也不得不悄然离世,给我们留下永恒的思念。下面我们看孔子是如何离世的(出示原文六)。

　　孔子病,子贡请见。孔子方负杖逍遥于门,曰:"赐,汝来何其晚也?"孔子因叹,歌曰:"太山坏乎!梁柱摧乎!哲人萎乎!"因以涕下。谓子贡曰:"天下无道久矣,莫能宗予。夏人殡于东阶,周人于西阶,殷人两柱间。昨暮予梦坐奠两柱之间,予始殷人也。"后七日卒。

阳人:孔子去世前,唱了一首悲壮的歌,歌中包含哪些情感。大家讨论一下?

学生:(讨论,教师引导点拨,明确)

　　① 太山坏乎!梁柱摧乎!——对春秋晚期礼崩乐坏,社会进入动荡混乱时期的深深担忧。

　　② 天下无道久矣,莫能宗予。——对天下无道、自己的学说主张不能得到治国理政者采纳的悲哀。

　　③ 哲人萎乎!——孔子预感生命即将走到尽头,对无法改变这种现实的无奈。

阳人:请大家把这首歌吟诵一遍,要求读出歌中的情感。然后我们请几位同学来展示。

学生:(自读,展示,评点)

阳人:有没有哪位同学想唱一遍——老师先做一个示范(唱)。

　　太山坏乎!梁柱摧乎!哲人萎乎!

生:(跃跃欲试,课堂气氛达到高潮)

阳人:请大家回顾前面司马迁说过的话,再想想孔子的伟大到底在哪里。

学生:(学生自由发言,评论)

阳人:(惊喜地接过话题)孔子的伟大究竟在哪里? 你们评论过,古今中外很多学者也评论过,我们来看几段。

(多媒体投影)

> 亚圣孟子说:"出于其类,拔乎其萃,自生民以来,未有盛于孔子也。"(《孟子·公孙丑上》)
>
> 北宋理学家程颐说:"仲尼,天地也。"(《二程集·河南程氏遗书卷第五》)
>
> 南宋大儒朱熹引前人言说:"天不生仲尼,万古如长夜。"(《朱子语类卷第九十三》)
>
> 近代国学大师章太炎说:"世无孔子,宪章不传,学术不振,则国沦戎狄而不复,民陷卑贱而不升,欲以名号加于宇内通达之国,难矣。"(《章太炎全集·太炎文录初编·驳建立孔教议》)
>
> 美国著名哲学家爱默生说:"孔子是全世界各民族的光荣。"(《孔学知识词典》)

阳人:对上述评论,你是否认同? 请你从中选择一例谈谈看法。

学生:(学生畅所欲言,场面火热)

阳人:最后老师也要说说自己的理解——孔子之所以伟大,被称为至圣,是因为他创建了我国古代最早的"大学"。通过他的学校教育,普及了一种理论,传播了儒家学说。孔子身边又聚集了一批精英,孔子用心把他们教育成圣贤,最后在各行各业发挥才干,他的弟子又培养弟子。这样,孔子的学说一代一代得到广泛传播,把中华民族的核心文化世世代代传了下来,流传了几千年,一直流传到现在。这是何等的伟大啊? 这才是孔子真正伟大之处!

"高山仰止,景行行止。"孔子是一个令人无限景仰的伟大圣贤。让我们记住 9 月 28 日,记住孔子,记住今天学习的传统文化。

清河子言

孔子 2572 周年诞辰,教师从《史记·孔子世家》中精选六个片段,引导学生选读《史记》。阅读活动起于司马迁对孔子的评价,中间加入孔子出生、少年孔子、成年孔子、学术孔子和孔子离世等经典语段,作为临时教材,引导学生深入学习研讨。选文精粹,内涵丰富,反映了孔子一生最重要的经历,加上原著语言生动,充满情趣,学生学得快乐,课堂气氛活跃,创造的灵光在课堂上时时闪现。

17. 柚 子 语 文

2021 年 9 月 30 日

校园里有一片广阔的柚树林。

每年四五月间开花,新生入校时,枝头已挂满青胞绿果。

那柚子树,据说是本地的良品,初夏开花,初冬果实才会成熟,生长周期长,果大体硕,肉嫩汁黄,有上千年的种养历史。

这几天军训,学子们早晚整队从柚林旁经过。蓝天白云之下,又有小鸟放歌,他们过了一段神仙般的日子。

军训最后一天,难得有半日偷闲,阳人邀大家去逸夫楼前赏柚。他们一到现场就炸开了锅。

有个小伙率先来了一句:

远看前树湿铃铛,昨夜何曾雨淋铃。

"好句!"阳人接住,"莫笑少年多轻狂,只缘老叟少指引!"

大家纷纷起联对句:

柚黄垂华实,人馋生口涎。

灯笼栉比演蜡黄,团栾鳞次泛清波。

或自创,或摘句,句句是实,各显才情,大伙笑得前仰后合。

阳人轻咳两声,大家都静了下来。

"谁能说说这柚子有哪些美称?"

"说是铃铛,有点夸张。说是灯笼,有点不类。好像古人把它称作'文旦'。"

"在我们宜都,统称甜柚。结成片,连成山,状如团栾,大的叫朱栾,顶大的叫香栾。"

"我们山里的柚子不好吃,只有臭橙、臭柚。"

阳人要大家考证一下,在我国,在本地,柚到底有哪些品种,又有哪些文化。

柚子树,成为宝贵的课程资源。前有"军训语文",大家又戏称阳人的这一课为"柚子语文"。

阳人一听,笑笑说:"就让我给你们讲讲'柚子语文'。"

柚,在古籍中最早称"包",见于《尚书·禹贡》。原著记载夏禹时荆州及其所属三邦和九江的贡产。其中写道:"三邦厎贡厥名,包匦菁茅。"

这里的"包",就是橘柚。

今人在解读这句话时,闹出了很多笑话。比如有人将这一句解作:"州内方圆进贡自己的名产,用匣子包好菁茅。"

这是典型的没有文化,不懂语文。

"包,橘柚也;菁以为菹;茅以缩酒。"汉人孔安国对此有明确的注解。

"包",就是橘柚;"菁",就是韭菜花;"菹",当作腌菜;"茅",即白茅,用于祭祀时缩酒。唯独"匦",孔安国原注为"匣也",可能有误。

可笑的是千百年来,一条误注,养活了无数的读书人。明知这条注释有误,不合训诂,但很多人仍然迷信。

近代以来,才有学者指出孔注的错误。一种观点认为"匦"当为"枕"之通假。阳人多方考证,赞成此说。一是《本草经集注》《博物志》等古籍中有关于"枕"的记载。并注:"杨梅也,俗称枕子。"一考方言,在我们本地确有"杨梅枕子"一说。二是"匦""簋""枕"三字,先秦故训中多通用。这样一来,云梦三邦进献给朝廷的贡产就是"橘柚""杨梅""韭华""白茅",合情合理,真实可信,与其他史料记载也相符。

这个千百年来的疑案,就轻易地被我们的"柚子语文"给解决了。

大伙的兴致来了,纷纷对"文旦""香栾""朱栾""内紫""条""雷柚""碌柚""胡柑""臭橙""臭柚""抛""脬"等别称,作了详细考证,合力完成一篇物志。

楚柚新志

橘柚,楚之贡产,最早称"包",见于《尚书·禹贡》"荆州"条。其言曰:"三邦厎贡厥名,包匦菁茅。""包",汉儒孔安国注为"橘柚"。屈子《橘颂》云:"后皇嘉树""绿叶素荣""圆果抟兮""苏世独立"。太史公《史记·苏秦列传第九》引苏子游说赵肃侯时,言"君诚能听臣","楚必致橘柚之园"。橘柚载于正史,见于诗文,为楚国名物贡产无疑。

至于《本草纲目》记载"柚色油然,其状如卣,故名",则较好地解释了"柚"字音义的来源。"卣",音yǒu,古时的一种酒器,与"柚"形似音近。在汉语中,先有"卣"字,后有"柚"名,很好地反映了汉字文化。《本草纲目》又云:"其大者谓之朱栾,亦取团栾之象。最大者谓之香栾。"不但说清了"朱栾""香栾"的特点及其命名的由来。这"团栾之象",团团栾栾,取境之真,写象之细,可谓富含文学的意境,堪比绝唱。

《漳州府志》记载:"柚最佳者曰文旦,出长泰县。色白,味清香,风韵耐人。"又有传说:"古时闽南有一位文姓旦角,不但戏演得出色,而且善种柚,多美实,故以为名。"此多文人附会。今宜都枝城一带,为古枝江县城,介于荆南西楚交接之处,自古岩邑,是临近云梦的三邦之地。何阳店一带,今仍盛产甜柚,以红芯、黄芯为最,品相质色,皆胜文旦,远销海外,有楚贡名产之实。故为新志,以典四海。

此志一出,受到文史部门重视。又作《新柚吟》,在当地广传。

新　柚　吟

远观一树柚,问人是文旦。高枝挂甜果,清风吹团栾。文旦不唱戏,好果贡朝廷。朱栾味可甘,深山人不谙。香栾大无比,内紫饷来旅。《广志》呼作雷,《尔雅》始称条。香瓤分三色,赤黄多琼苞。臭橙不知药,乡人常多抛。碌者何所是,悠哉胖所之。遍访白头人,翻着《新柚吟》。

清河子言

校园的柚子成熟了,人本教育的大戏才刚刚开始。这柚子引出来的教育情境、语言学习材料、学术研究问题、文学创作灵感,都必将成为佳话。教师把功课做得很足,巧妙地利用这些资源引导学生说文解字,考证故训,吟诗作赋,每一项教学都做得细致且有成效,充满艺术魅力,又极富创造性。

---

18. 倒　时　差

2021 年 10 月 5 日

国庆放假四天,学子归来。

早读,阳人见诸生还没有从假日的节奏中调换过来,又不时有人请假去洗手间,便在白板上写了一首小诗。

倒　时　差

嘉年遇佳节,贤阁为君开。月晦迷前路,凄风冷玉台。入堂心未至,引吭气难回。旧读诗无律,新吟目发呆。

等到语文课,阳人征询大家的意见:"今天学什么?"

"《劝学》!"一个弟子拿出语文书说。阳人接过话:"今天不劝学,咱们倒时差!"

大家也跟着起哄。阳人道:"我数一……二……三……开始倒!"

"问今是何世?"

"乃不知有汉!"

众弟子哄然一笑。阳人故作惊讶:"哎呀!君子一笑不得了,这时差已倒——恐怕不止十之八九了,咱们不用倒到汉魏去,倒到隋唐就够了。"

遂从书袋里拿出一本唐代训诂学大家陆德明的《经典释文》,大手一挥,说:"这就是'倒具'。"

阳人先口述一段《新唐书》:

> (隋炀帝大业末)王世充僭号,封子玄恕为汉王,以德明为师,即其庐行束脩礼。德明耻之,服巴豆剂,僵偃东壁下。玄恕入拜床垂,德明对之遗利,不复开口。(《新唐书·儒林上·陆德明》)

然后敷陈:

> 隋末,胡人王世充篡位称帝,封其子王玄恕为汉王,想上门拜访陆德明为师。
>
> 陆公深以为耻,便行一计。等王玄恕来拜,先服巴豆散一剂,僵卧于书榻之上。回言:"前日染痢,正在倒时差。"
>
> 那巴豆散乃大泻之药,待王玄恕进房,毕恭毕敬地站在先生床前,陆公腹中药力发作,乃当面拉痢,终不与王氏答话。

大家听得一本正经,突然,阳人话锋一转,指着大伙说:"诸君倒时差啊,可千万不要轻言请假如厕。"闻言,众生大笑。

阳人重又讲道:

> 那陆公是何等人才?唐高祖于国子太学祭奠先师,召经学博士、浮屠高僧、道士"各讲经"。陆德明以一敌三,"随方立义,遍析其要"。高祖称其"一举辄蔽"!当然,诸君如果有陆公一样的才学也可请假上厕所。

众生笑得更加厉害。阳人这才说:"我们把前诗修改一下,一起诵读。"

倒 时 差

嘉年遇佳节,贤阁为君开。月晦迷前路,凄风冷玉台。入堂心未至,引吭气难回。旧读诗无律,新吟目发呆。斯言化妆去,当有陆公才。弟子倒时差,先生休莫哀。

这一日,学子终无倦意。

清河子言

放假归来,从休闲模式转入学习模式,学子们往往有很多不适。教师引入《新唐书》中的《陆德明传》,用贞观十八学士的故事,编演了一出《倒时差》的课堂剧。不但演得学生一个个捧腹大笑,陡然忘记了疲劳,而且在这种看似轻松愉快的笑声中,让学子们感受到古代先贤的学识修养、人格魅力和精神品质,又在诗文的吟讽、唱和中体会到语文本是才子们的嘉会,令人难以释怀。

19. 寒 露 天 象
2021 年 10 月 8 日

早起遛江,秋水灌横塘,随意冲起惊天浪。

早晨六时,来到两江口岸,从长江回流至清江的激流掀起巨大的波浪。西楚阳人发出一声惊叹,随即摄下一组照片。

行至合江楼前,顺着那高大的篝灯,望向对岸。江枫依稀可辨,顶上挂着几团白雾。阳人兴致又起,唱一句:

遥望篝灯千万里,隔岸江枫几处雾。

待回过神来,那眼前江流滚滚,秋波万种,波心荡漾。阳人将眼光驻留在合江楼前,几阵寒风吹来,呼啸作响。一排排整齐的石柱、石墩、石兽,连成线,泛着光,延伸至远方,直逼天际。阳人因景得句:

楼前高风吹寒桠,台上石兽接天路。

左岸,清江河水还在上涨,几只野鹭,依在河池边,躲在菖蒲下,不舍不离,似在留观那近岸的残荷。

河左水涨收残荷,池上鹭冷夜难宿。

阳人忽又想起,昨晚为应节气,熬制了川贝雪梨膏。哪知眼前已是这般秋景。这时一只玉蝶飞来,阳人想到柳永,想到柳永的《玉蝴蝶》词,想到古今文人的秋愁,忍不住问那蝴蝶。

飞来可是玉蝴蝶,伤情还唱水茫茫?

古港码头边,有一个小小的博物园,搜罗了一些晚清时候的旧物,摆列着一批青铜铸件,有往来的舟子和行旅。

阵秋风吹来,落下片片桐叶,走在上面沙沙作响,阳人仿佛又看到了古镇往日的繁华和天下思妇的牵挂。

这一晨充满无限的诗意。

回到学校阳人把这些图片和文字制成课件,与学生一起分享,开讲《二十四节气与中国文化》:

古人因时象天,以五日为候,三候为气,六气为时,四时为岁。将一年分为二十四节气,共七十二候。寒露,正是农历九月的一个节气。此时露气寒冷,即将凝霜,故有此称。

到了九时三十八分五十三秒,阳人赶紧和诸弟子对表。说:"现在是辛丑岁九月初三日九时三十八分五十三秒,阳人依古历法推算,此时当为今年寒露节气的正点时刻。下面请窗边的同学推开窗户,我们一起观看户外的天象。"

遥望天际,此时白云蔽日,天光泛黄;近前,寒风依依,宿露已干,身有微凉。

这正是寒露节气初至的征象!

阳人拿出《诸子集成·吕氏春秋》,翻开《季秋纪第九》,投影给学生看:

候雁来,宾爵入大水为蛤。(《诸子集成·吕氏春秋·季秋纪第九》)

并出示高诱注:

是月候时之雁从北方来南之彭蠡,盖以为八月来者其父母也,其子羽翼稚弱未能及之,故于是月来过周洛也。宾爵(《说文解字注》:爵象雀形)者老爵也,栖宿于人堂宇之间有似宾客,故谓之宾爵。大水,海也。《传》曰:"爵入于海为蛤",此之谓也。

弟子兴趣大增,有人说:"阳人采得今日候象,可不可用来创作诗词?"
大家纷纷应和。阳人遂作古风《寒露行》:

秋江潮涨灌横塘,随意冲起千重浪。洪涛滚滚波万种,白浪滔滔流大荒。遥望篝灯千万里,隔岸江枫几处雾。楼前高风吹寒柸,台上石兽接天路。河左水涨收残荷,池上鹭冷夜难宿。昨夜新尝贝梨味,今朝已识寒露凉。飞来可是玉蝴蝶,伤情还唱水茫茫。

又有词作《御街行·寒露》并序:

辛丑九月,丑日丑时,西楚阳人早起,观两江寒露,时风起浪涌,又有行旅遗迹,颇多感怀,唱双调仄韵,遂有此阕。及归,与学子授《吕氏春秋·季冬纪》。
踏莎遛岸惊江鹭,秋水连横渡。随风卷起万轮波,长栈高枫岚雾。问今何季,老翁遥指,楼外垂寒露。
隔年商旅青铜铸,遥把韶华付,此流东出是宜都,自古此多歌赋。秋鸣河唉,风来楼楚,幸与菖蒲遇。

阳人这才引导学生把实景、时令、古今人事放在一起比照。
有人说:"景有景美,事有事趣。"
有人说:"诗豪放,辞婉约。"
阳人则说:"受格律限制,有很多自己较满意的句子不能入词,有几分遗憾!诗词大要有三:一曰格律,工稳无瑕,较难;二曰意趣,意象自如,画面圆合,意境浑成,不易;三曰境界,隔与不隔,实与不实,虚与不虚。由物境而人境,由人境而化境,方为高格。"
学生感获颇多。最后师生一起欣赏柳永的《玉蝴蝶》:

玉 蝴 蝶
柳 永

望处雨收云断,凭阑悄悄,目送秋光。晚景萧疏,堪动宋玉悲凉。水风轻、蘋花渐老,月露冷、梧叶飘黄。遣情伤。故人何在,烟水茫茫。

难忘。文期酒会,几孤风月,屡变星霜。海阔山遥,未知何处是潇湘。念双燕、难凭远信,指暮天、空识归航。黯相望。断鸿声里,立尽斜阳。

　　教师把寒露时节的自然天象采集而来,并引入相关的诗词、古籍,通过多媒体技术在课堂中复现出来,生成语文教学的情境,引导学生认识自然,观察物候,感知文化,学习创作。古人今事,古情今景,交相融合,不同媒介,不同主体,相互作用。形成跨学科、跨媒体、跨时空、多主体的互动,从而实现教学和育人效率的最大化。

20. 小 沁 子

2021 年 10 月 11 日

　　儿班学子向沁轩坐在前排的讲桌边。早读,人皆高声诵读,唯其沉默不语。时间久了,阳人询问原因。向生才说:"我有祖传秘诀,轻易不示人。阳人若想了解,可以看我背书。"

　　于是拿出《师说》,要求背诵。一试,果然倒背如流。

　　阳人大喜,问:"这是哪位高人教给你的技术?"

　　向生站起来说:"这是我祖父教的。他老人家曾给我讲'沁''泌''溢''浸'四个汉字的奥义及其妙用,说里面有读书治学的方法。我便自己体会,终于摸索出一套行之有效的学习方法。"

　　阳人大喜,专门给他传授古代圣贤的学习方法,并作了一篇"外传"送给他。

小 沁 子 外 传

　　小沁子者,向生沁轩也。一年来学,坐台右,与余邻,每读皆默观。一日,阳人谓曰:"汝为吾右,当为肱股,何不读?"小沁子乃出《师说》,讽诵如流,又倒背。乃曰:"可乱为耳。"

　　阳人以为奇,曰:"何如此?"

　　向生乃欣然曰:"夫子可知吾之乳名乎? 小沁子之谓也?"

　　阳人惑曰:"何言小? 莫若有法耳?"

　　对曰:"诚如此。吾祖尝传余'沁''泌''溢''浸'四法,独得'沁',故名。"

　　阳人愈异之,向生乃详曰:"'沁'者,不二之法也,源乎其心,其状如泉,自内以广。不比'泌',虽涓涓焉,然不自心,固存,不可溯,亦不可靠。又不比'溢''浸'之属,满而出,满亦不出。惟沁者为吾所钟。又难为,只得其小,是以自谓。"

阳人大喜曰:"汝为其小,亦有大。愿从学乎?"

小沁子再拜,阳人乃出《宋史·程颐传》,谓曰:"尔祖之教皆出于程子。"乃引伊川先生言:"然学之道,必先明诸心,知所养,然后力行以求至,所谓'自明而诚'也。诚之之道,在乎信道笃;信道笃则行之果,行之果则守之固,仁义忠信不离乎心,造次必于是,颠沛必于是,出处语默必于是。久而弗失,则居之安,动容周旋中礼,而邪僻之心无自生矣。"(《宋史·程颐传》)

又出《二程集》,传程子之教曰:"涵养须用敬,进学在致知。"此之谓"得一善则拳拳服膺而弗之失矣。"

向生勤,日有进。阳人促其分享。众仿,多有得。是日晚归,阳人得梦,后二十年,此屋君子从小沁子者,皆为贤良。遂记,以为外传。

西楚阳人时年十月十一日于清河居

诸生见文,都与小沁子为伍,切磋共进,终有所益。

清河子言

大千世界,无奇不有。我国自古就有很多奇才偏才。学生向沁轩,善于默诵,而且能够过目成诵,可谓一绝。教师从该生名字中的"沁"字入手,引导学生探讨学习的规律,又深入了解,发现该生一段难得的家教经历。兴趣大增,以《宋史·程颐传》的记载,引出古代圣贤读书之法,教导学生,并创作《小沁子外传》,嘉奖弟子的善行,激励众学子探究学习方法,体现了人本教育为学生终身考虑的宗旨。

21. 秋考之教

2021 年 10 月 12 日

今日举行秋季考试,学子刘博宁从考场下来,找到阳人,畅谈考场上写作之事。阳人将其写成一篇文章,板书在教室里。

考事

秋考,博宁子自考室还。阳人问:"今者发何题?"

对曰:"窗子与镜子。"[1]

复问:"其为也难易乎?"

"为文易,为人难。"博宁子从容曰:"自吾来,多为临窗,日以观,夜以继,心有得焉。又面多痘,尝自备一铜,日鉴二三,感亦深。今皆以入文,著《朝窗暮镜》[2],类古倚马者,立就。然亦心有戚戚焉。"

阳人责曰:"既已为文,又何戚?"

博宁子思之再三,曰:"今人之设窗者多己,不与人;而谋镜者又多与人,不予己。与林公之言不类。吾虽以为文,有违阳人之教[3]。"

阳人曰:"无妨,可放言之。"刘君乃滔滔曰:

"余观今世,凡窗者设于堂,或室、或厨,甚或于圊[4]。其设在堂,多大且广,煌煌者也,万景皆入,阳光自来。目花红而喜春,睹柳荫而乐夏,见桐零而知秋,载风雪而玩冬;其设在室,多小而精,井井者也,东则来阳,南则通风,西则有画,北则含湖。又垂帘,喜则启,怒以绝。其设在厨,多仄而逼,啬啬者也,挂垣偷壁,复又多隔,不惟光来,稍更气息;其设于圊,愈诡,多曲而深,可观外而不可窥内,又有风鼓焉,其臭秽者,源源焉播于市井。独不设于心而常开,其悲也矣。

"至于镜者,或设于奥,为迷宫,以惑来者[5];或设于道,刈弯径,以警来旅[6];或设于车,为后视,专诸人祸。更有其潜为舟艇者[7]皆大祸于人。又发越为镜头[8],专摄人,独不鉴己。此皆去圣贤远矣。"

阳人曰:"博宁子之言可谓至矣!今之人不古!好为文而不好为人,何不设朝窗以示人、存暮镜以鉴己哉?"西楚阳人乃发秋考之教。

注释:

[1] 窗子与镜子:当日考试作文题为"林清玄说:'一个人面对外面的世界时,需要的是窗子;一个人面对自我时,需要的是镜子。'自己命题,联系自身经历写一篇记叙文"。

[2]《朝窗暮镜》:刘博宁考场作文自命的文题。

[3] 阳人之教:阳人平日教导弟子,对人要多留窗,对己要多照镜。博宁子以为当今世人,与此相反,故言"有违阳人"。

[4] 圊:此指卫生间。

[5] 以惑来者:此为游乐园迷宫之镜。

[6] 以警来旅:此为道路弯道处所设之镜。

[7] 潜为舟艇者:此指潜望镜。

[8] 发越为镜头:此指今人开发出来的监控镜头。

写完,阳人又邀刘博宁为众生作现场讲解,大家也积极参与讨论,获益匪浅。

清河子言

　　一次考试，一篇作文，一场对话，演变成一个人本教育的故事。首先是学生的写作，《朝窗暮镜》能从做人的高度来构思立意，把作文和做人结合起来，本身就很有意义。其次，教师又巧妙地通过对话，引发学生对相应的现实生活作深入探究，启迪和引导学生思考镜子和窗子隐含的深意，在师生的对辩中提升学生的认知水平。更重要的还是教师把辩论的情境，以文章的形式呈现出来，让更多的学生参与讨论，从中获益，无论是写作教学，还是做人教育都有较高的价值。

22. 重阳话"九"

2021 年 10 月 14 日

　　阳人所带九班，多才俊。传言："九班，因才而立，缘九而名。"重阳日，阳人乃引《皇极经世》及《易源奥义》在班上开讲易学，为学子讲授大成之数"九"。

　　古以一、三、七、九为阳数，二、四、六、八为阴数，五为中数，十为全数。阳数主生发、扩张。阴数主收缩、内敛。九由一、三、五生发而得，故称老阳，有发越之意，大成之象；六自四、二收敛而来，故为老阴。《易经》中，阳爻皆用"九"，阴爻皆用"六"。

　　问今是何节？皆不知重阳已至。阳人感慨良久，叹曰："九班可知九乎？九班可称九乎？九班有才俊乎？"无节应，无诗文。因诗曰：

　　　　常道九班因九立，今逢九九重阳日。
　　　　大成之象自天回，空有所才无长律。

　　至晚，户外风起，骤雨来袭，淋高桐，远近皆有响应。阳人乃援笔而补，遂成七律，名曰《重阳遇雨偶得》：

　　　　常道九班因九立，今逢九九重阳日。
　　　　大成之象自天回，空有所才无长律。

南苑[1]学儿夜读痴,北楼[2]堂外风来疾。

满城响应雨淋铃,始解红绡作卷帙[3]。

注释:

[1] 南苑:指学校南校区,多植林木,故称南苑。

[2] 北楼:位于学校北校区的教学楼,习惯称"北楼"。

[3] 红绡:原为红色薄绸,这里代指红色的纸张。卷帙:题写诗词所用的卷轴。全句意为学生把红色的纸裁开了,制作成卷轴,用于诗词创作。

因赋《雨霖铃·南苑秋望》:

华灯甫上,暮钟添晚,隔远云嶂。清园空廊篷张。回观转踏[1],贫叟[2]藜杖,驻屐褰裳跂望,雨收湿平壤。放眼去,西郭东隍,白水迢迢两河[3]涨。

英才任性人言妄,怅西厢,总把双闱帐[4]。群芳怎堪秋肃,薰匐[5]里,箨凋筐尚。气节犹存,寒暑相因,大化纵浪。雨霁处,月映偏塘,滴落檐前响。

注释:

[1] 转踏:指校园内循环往复的台阶。

[2] 贫叟:西楚阳人自称。

[3] 两河:此指长江和清江。

[4] 双闱帐:因双闱(春闱、秋闱)而设帐,这里借指设考室,严格监考。

[5] 薰匐:学校位于宜都古城南门外。南门,明代城门,名迎薰,门外故称薰匐。

这一晚,弟子诗词甚多。

七律·重阳致外祖父

张颖鑫

青葱不似旧时花,此际重阳仍素华。馥郁含香自芳锦,楚中秋士唱琵琶。

鹊桥仙·致祖父

熊哲昊

寒风秋瑟,又逢重九,心腹满为憔悴。唯凭得隐逸消愁,赏秋苑,影幽竹碎。

浮生若梦,江鸿有志,荣贵必先炼淬。悲行悲坐更悲酬,谁人晓?皆为孙辈。

清河子言

　　教师联系学生的生活,选择重阳节,给学生介绍传统文化,将深奥的易数之学,从容地介绍给学生,并现场创作,以诗词的形式反映这段生活,激起学生浓厚的兴趣,引发学生的关注和探究。将生活底蕴、现实情境、文学意象浑然组合为一体,生动地呈现在学生面前,构建生态课堂,供学生察象观理,品物体情,感受语言之趣,体会意境之美,接受综合的做人教育。

23. 秋 读 纪 事

2021 年 10 月 20 日

　　阳人开阅读课已一月有余。今日,学子在教室读书,户外秋光正好。阳人提笔在教室板书了下面这则小文。

秋　　读

　　初时,秋老虎还很厉害。学子们耐不住室内的闷热,不时发出窸窣的响声,加上电扇扑扑地转着,算是奏响了这秋读的序曲。

　　阳人有意让学子们在这烦躁的环境中,尽力去平息内心的浮躁。几个回合下来,他们的心果然静了下来,天气也跟着凉了起来。

　　再后来,学子们已经习惯了秋,习惯了这秋的温婉。喜欢在这不冷不热的秋光里阅读,一直读到今天这个下午。

　　几阵寒风吹来,弟子们赶紧把门关上。

　　阳人透过那隔而未隔的窗棂望过去。几枝半黄的修草,在风中摇曳。站在窗前观望,明媚的天,还有那些娇羞的长草,算是送给这满屋的读客最美的陪衬。

　　秋终于在这个下午,平静下来。但孩子们的功课却日渐紧了。阳人极力从有限的课时中,每周拿出两节课,让他们守住秋天赋予他们的这份宁静。

　　每阵风吹来,小草都要摇曳,而教室却愈发的静谧。

　　秋天马上就要走到尽头啦!可阳人的阅读课才刚刚开始啊!阳人庆幸让学生在这个寂静的下午,捧着他们那五颜六色的书,向晚而读。

　　秋影似乎有些残破,但教室依旧寂静。或许只有滴答的时钟会告诉他们,这里是下午,接下来还有晚上,但前面必定又是一个新的黎明。

感谢秋天消弭了学子们的烦躁，感谢秋天这些日子的陪护，也感谢秋天留给我们宁静、惊喜和明天……

西楚阳人时年十月二十日观学生阅读，书于九班教室

阅读课就要结束了，阳人的文章也已写完。待众弟子抬起头来，俨然又进入阳人创作的文本世界里。师生一起品读这篇文章，也品读文中的自己，其乐融融。

清河子言

学生的阅读课，也是教师的创作课。在本节课创造的情境里，一方面，学生在静谧的环境里享受书香带来的乐趣，接受书中文化的濡染；另一方面，教师又根据现实的情境、室外的物景，记载这段时光。学生刚刚从文章的文本中走出来，马上又走进记载他们生活的文本世界，品味人生的价值，品评生命的真谛。把整个阅读过程定格为一段历史的镜像，留待学生今后仔细品评。

24. 家桂与野桂

2021 年 10 月 21 日

秋考陆续放榜，一向自负的叶宇航成绩未能如愿，来对阳人诉苦："我叶宇航自幼胆大，一岁时祖父即教我下塘游泳，五岁时随父母入京城上幼儿园。见父母务工的厂房前，有两株桂花树，便以桂花自喻。七岁回乡后，外祖父念我最爱桂花，就在门前种了两株桂花树。后三年，外婆去世，我和外公在桂花初开的季节，送别了外婆。不想，到宜都一中，首考，就在这桂花季陨落。"

"宜都一中的桂花有结果的，也有不结果的。"阳人笑一笑，对叶宇航说。

一股劲风吹来，教室里传来一阵清香，馥郁、浓重，是十月熟悉的味道。

大家十分惊喜，课余纷纷去桂园赏花。三三两两地走在石板上，花径中，那香味却更加地浓了。

高高低低都是树，挂满黄色的蕊。风是吹得异常地得意了。

来到近处，那黄色一点一点在空中飞舞，伴着旁边高大梧桐树的叶子，飘落下来，那姿态出奇的美。

不知不觉，地上扎满厚厚的落蕊。平铺着，堆积着，像是奋斗的样子，一点也不像是

在挣扎。而秋雨却一滴一滴地把它们打湿了。地上有笤帚扫过的痕迹,有人踏过的痕迹……或许是害怕落蕊遭践踏,或许是出于对陨落的伤感,大家远远地站在路边观望。

天灰蒙蒙的。放眼望去,满是凄凉。

"落了就落了!"阳人见学子们忧伤的样子,有意转移话题说,"你们跟我来!"

阳人把大家引向校园南边的一角,指着一棵不起眼的桂花树对大家说:"你们看这棵怎么样?"

大家凑拢来看,这棵桂树果然与众不同。没有傲立枝头的繁华,没有大开大放的热闹,有的只是在深绿的叶柄下,潜藏着一些娇小的花蕾。它们似米粒,似花针,毫不起眼,如果不仔细看,甚至都不会发现。

阳人这才告诉大家,校园的桂花有两种:一种只开花,不结果,俗成家桂,是人们种养了专供观赏的。这种桂花占据显耀的位置,即开即落,它们把花开得蓬蓬勃勃,但开即意味着陨落。若要欣赏真正的桂花,则要找僻静的地方,欣赏野桂。这种桂不事张扬,它们把花开得很小,隐藏在绿叶里,但是一到第二年春天,就会长出绿色的果实,然后慢慢变红,五六月间成熟了,就会把红黑色的桂子奉献给大家,是一种医用价值极高的药材。

学子们都被眼前的这株野桂惊呆了。

这时,一阵秋风卷着大片的落叶吹来,吹得大家瑟瑟发抖。

叶宇航好像明白了什么道理似的,从地上拾取一片硕大的梧桐树的叶子,先是高高擎起,然后用尽全力把它抛向天空。

那叶子就此起飞,向着空中飞去,飞了很久很久,像似远航……

四周响起一阵热烈的掌声。

一阵更大的风吹来,那桐叶航得更高。秋声瑟瑟,呼呼作响,仿佛是诗人在吟唱。

> 啊!我们的桂花!/我们的初开!我们的陨落!/
> 啊!我们的桐叶!/我们的起飞/还有我们的航——/

清河子言

花开花落是大自然的常态,考试有成功也会有失败,但是在一个人本教育者的眼里,它们都是语文学习和做人教育的最好教材。明面上的桂花,繁华、热闹,但只开花不结果。暗处的桂花,把花开得很小,却能把丰硕的果实奉献给人类——这是一部多么生动的教材。教师把学生引向这两种桂树,就好比在学生面前竖起两面镜子。对镜自照,能悟出很多学习的道理,也找到了考试落败的根源,让学生在这种亲身的经历中获取人生的智慧。

25. 志愿者归来

2021 年 10 月 22 日

　　上午,西楚阳人到校门前参与志愿者服务活动。一回到教室就给学生讲大街上发生的事情。

　　天泛着淡淡的蓝,又铺开一层薄云,像鳞片,像棉朵。阳人走在大街上,透过街道两旁香樟树间的空隙望过去,秋是愈发高朗了。

　　红色的自行车道笔直地伸向远方。偶尔一阵寒风吹来,复又落下几片香樟的红叶。

　　阳人似乎感到那份薄薄的秋意,随手拾取一片樟叶,好像整个秋都被他拾了起来,也跟着沉醉。

　　前面的人行道上,走着一个身穿蓝色制服的巡警。她一只手拿着手机,横着放在耳边,另一只手自由自在地摆动着向远处走去。

　　阳人跟在后边,拾取一枝被风吹折的树桠。

　　不远处,一位穿着橙色工作服的清洁工,正在一点一滴地清理停车位旁的垃圾。

　　来到路口,一位和阳人一样穿着红马甲的志愿者在街头游观,旁边站着一个抱着孩子正准备过马路的女子。

　　他们四处张望,似又有所隐忍,唯有孩子的眼睛里充满无限的期待。

　　大街上也不乏匆匆的行客,以老者居多,或手提三两个柚子,或怀抱一沓衣服,但手中不忘拧着一袋新买的菜种。他们或许是想把秋天的这份收获带回家,甚或是为来春做准备,赶在冬天到来之前,为明春筹备好种子。

　　更有年事已高的老者,相互搀扶着,老太露出机警的神色,老头则用他的拐杖敲出这个上午最沉稳的节奏。

　　也有累了就在树旁石墩上歇脚的大妈,一脸的惶惑,或许是担心儿子的工作,或者是念叨孙子的功课,甚或什么都不是。

　　人行横道上的那位老太,向阳人这边走来,脱下猩红色的外套,露出一脸的沧桑。

　　阳人迎上前去,小心翼翼地问道:"老人家今年高寿?"

　　"八十五了!"

　　"看您,身子骨还很硬朗!"

　　"不行了。说来不怕你笑,我这人身板不硬,命硬,三十五岁就死了男人,把三男一女养大不容易,老骨头早就压弯喽!"

　　阳人望着老人有些佝偻的身形,赶紧凑了过去,提议和老人留下一张合影。

老人愉快地答应，目光有些深邃，又若有所思。不知老人是在看什么，想什么？是那相机的镜头，还是那镜头下的人生。

老人始终不曾放下手中的菜种。

"儿女们都有事业。几个孙子都已参加工作，老大那边还有了曾孙。"

"今天上街来，买了一包菠菜籽，回去种了等他们过年回来吃。"

阳光从树叶中穿透过来，在老人古铜色的脸上留下斑驳的翠影，阳人依在老人身边，仿佛旁边就是一座雕塑。

相较于老太的健谈，那些满头银发的街头闲客，拖着行囊的旅客倒是更喜欢清闲——或跛着双脚在这个深秋的阳光下踽行，或蹲坐在光滑的石凳上晒太阳，仿佛周围的一切都与他们无关。

那边，一个年轻的母亲，单手驾着一辆袖珍三轮车，后厢里载着一个两三岁的孩童，在橙红色的自行车道上逆行。小孩露出十分恐惧的样子，一边紧紧地抱住自己的母亲，一边哭啼，母亲不得不腾出一只手来按着孩子。

一阵秋风吹来，小孩哭得更加厉害，好像这个世界上只有她最害怕。

回到校门口，阳人看见一位满脸尘灰色的男人在等他的儿子。

听说阳人是学校老师，便与阳人攀谈。

"我们村子小，我儿子是唯一在'一中'读书的孩子。我不放心，每次放假我都提前下班，骑两个小时的车来接他。"

"今天又不放假，您为什么来得这么早！"

"老师说，课间操要到医院去做一个什么检查。早点来，可以多看几眼儿子的学校。"

说着，说着，那父亲露出一脸的微笑。

为了不耽误儿子的功课，那人在工地上请了一天假，早早来校在门口，已经等了一个多小时。

不知这位父亲的儿子此时是在听讲，还是在做题，抑或是在做其他一些难言的事情……

那父亲没有看到儿子的教室，只看到经风雨浸染的樟叶在教学楼前摇曳，不时露出几点猩红。

一个小时，阳人从学校门前到"都市一号"，来回巡察三圈，从地上拾到五个烟头、两只树枝和百十片秋叶。

看着这些"成果"，阳人脸上露出满意的笑容，仿佛把一个秋天的晦气都收敛在这黑色的袋子里，等把它们抖搂出来，又全是美好的故事，满满的人情。

听完阳人的故事，众弟子高兴地说：今天街上有三类服务者，独有我们的阳人与众不同！

清河子言

　　一次街头志愿服务,教师不放过任何有教育价值的生活镜头,用相机把它们拍摄下来,用文章把它们记载下来。回到教室,一帧一帧、一件一件地回放,让学生观看、品味。秋天的景观、秋日的人事、生活的本质一点一点呈现在学生面前。加上街上巡警和身着红马甲的志愿者,无不打上鲜明的时代烙印,向学生展现着当年最真实的中国。无论是三轮车上惊惶的孩童,还是人行道上淡定的老人,都在向学生暗示人生的意义和价值。把"真实"的社会,展现在学生面前,展开来让学生看,让学生在自己的观照、思考中获得最好的教育。

26. 园子与芦管

2021 年 10 月 25 日

　　《宜都一中学刊》发行一百期时,阳人找来一些"古董",决定给学生讲讲这座"古老的园子"。

　　2001 年的秋天,阳人接手《宜都一中学刊》编辑工作,正好赶上第 20 期。时任校长讲了一个优美的故事。

　　许久以前,在一个美丽的小湖边,住着一个白胡子老人。湖边长着很多芦苇,风一吹,湖水荡漾,甚是优美。

　　一日,老人从江上而归,用芦管做了一只短笛,居然弄出美丽的歌吹。从此,一年四季每日或天亮,或傍晚,湖边就会响起一阵美丽的笛声。春天的曲子欢快,夏天的调门高昂,到了冬天则又近乎奇崛,唯有秋吹最为清远,吹出的却是一地的湖光。

　　那一期,阳人以《芦管·老人和歌吹》发于刊首。

　　一晃二十年过去了。《宜都一中学刊》也正如那芦管,在一个一个的春夏秋冬中吹出好听的曲子,吹出它的一百期。

　　一百期是个完美的数字。

　　诚如宜都一中北校门高大的罗马柱上的"沟壑",阳人数了一下也正好是一百道。那每一道既是一道坎,又是一个新的高度。更巧的是这些柱廊在淡蓝的天底下,也巍峨地屹立了二十年。

　　《宜都一中学刊》记下它们最美的风华。

又如宜都一中的南校区，大大小小的回廊、阁道、教室、门厅也正好一百间。这每一间、每一廊都留下莘莘学子的踪影。或许没有人去数那门厅的确数，但每一天、每一刻，学子们一定是走在这圆满的廊道上。

下一年、下一季，学子们又将这样走着。或许又会走出一个王永彬[1]，甚或是杨守敬[2]。《宜都一中学刊》新的百期，说不定又是这历史的见证。

还是回到先前的芦管。这些年来，阳人一直在寻找。

走遍三乡大大小小的江湖，有所似，但终又不是。那湖已不知何处，那白胡子老人也不知所终。直到前不久，阳人做了一个梦，梦到那湖。阳人依稀记得梦中的情境，好像是一个有些喧闹的黄昏，芦苇仍在秋风中摇曳，歌吹突然从湖边响起，飘向江海，飘向遥远的天际。等他醒来，已是黎明，始终没有见到那个白胡子老人。

注释：

[1] 王永彬：清代文学家。今湖北宜都人，著有《围炉夜话》。

[2] 杨守敬：湖北宜都人，国学大师，晚清著名学者，开创舆地绝学，著有《杨守敬集》（全十三册）。

弟子们听了阳人的故事，都说这是一座好园子，要到那里去看黎明，望海。

阳人带来一些二十年前的样刊，学生抚摸着这些饱经岁月剥蚀的"文物"，才知道《宜都一中学刊》有如此悠久的历史，感受到它的厚重，心目中对这所学校、对自己的未来有了重新的认识。

见大家有些动情，阳人拿出一只藏了很久的芦管，用心为大家吹奏了一支曲子。

那笛声清越、悠远，深深地叩击着每个学子的心……

阳人说，要把这只芦管送给大家，送给会吹笛子的弟子。教室里异常寂静，班长代表大家接过芦管，指着"学刊"对大伙说："这园子很大，适合练笛，大家都要好好练，吹出好听的曲子。"

清河子言

一份出了一百期的校刊，一段二十多年的校史，教师通过一个小故事，浓缩、展示在学生面前。校园的变迁、学校的文化尽在其中。一些平时看惯了的建筑、景观、标识，拨开岁月的外衣，内在美立即呈现出来。教师采用实物展示和文学描述的方式，娓娓道来，故事具有很强的文学性，"园子"和"芦管"，富有众多的隐喻，让学生在倾听和品味中去感悟。

27. 寻找"创新"

2021 年 10 月 27 日

　　宜都创新实验学校,是由北京师范大学中国教育创新研究院提供学术支持的一所学校。当地人亲切地称它为"创新"。西楚阳人前往该校参加一次学术活动,行前在教室板书了一则告示。

　　　　阳人将往宜都创新实验学校参访。有自该校来者,盼告。或诗或文或纸条,各美其美,示余佳处,阳人将代君访旧。

　　　　　　　　　　　　　　　　　　　　西楚阳人时年十月廿六日启

　　早读结束,有十多个来自该校的学生,做出回应。他们纷纷用优美的文字回忆自己的母校,有人还给阳人绘制了参访的线路图。

　　阳人把孩子们的"愿望单"收好,交给他们原来的校领导和老师们。为了不让每个学子的愿望有失,"创新"学校的老师还专门给阳人拟定了一个参访目录,并一一排序。

　　校领导领着阳人走进这个"创新的世界"。

　　初入校园是一个巨大的庭院。两幢教学楼前各自并立着五株银杏树。光洁的叶子,娇羞、矜持,而又不失活泼——说是淡绿,而又鹅黄。一点也不像深秋的样子,扑面而至的是浓浓的春意。想到学子们平时的活泼开朗,或许正是从这里得来的底蕴。

　　走进一楼活动中心,这里敞亮、大气,没有五颜六色的广告、标语。廊柱上一律挂着洁净的书橱。除此,就是静,出奇的静,静谧得没有一点异响,只有门帘上那紫色的风车在扑扑地转动,似乎应和着日月星辰运转的节律。

　　阳人偷偷地想,弟子们可曾坐在这古朴的条凳上,读过《论语》。

　　深入后院,有一块巨大的文化石,是建校时郑州创新实验学校捐赠的。这巨石,来自岐山之阳,带着周文化的厚重,又经过周南德风的沐浴和大自然的雕琢,满是岁月的沟壑——浑朴、古典,而又时尚。

　　不知半年前,弟子们每天从这块灵石前走过,在暖暖的春日下,欣赏那腾腾而起的紫气,可曾吟过:

　　　　蓝田日暖玉生烟。

石头上满满的是文化。

学子们最喜欢的是连廊边、楼道旁的那株海棠。据说一到秋天,那树便褪尽浓密的叶,开始孕育花蕾。深冬时节,便绽放出满满的火红——没有绿叶陪衬,全是一树的赤。

好笑的是,弟子们误以为是梅。大概是这海棠和梅都在寒冬盛开,有着几分相似的缘故吧。

阳人也喜欢海棠。常吟那两句诗:

绿嫩难扶醉,红轻最觉寒。欲知花有恨,来向雨中看。(舒岳祥《咏海棠》)

连廊外是竹海。每到春天,竹苞遍地。来时,有个弟子曾说:

阳人!您一定要替我看看那竹林是否还有笋。

弟子们的喜爱似乎毫无理由。这一奇葩之问,在这个反季节的深秋,或许会被人斥为愚蠢,但阳人喜欢弟子的这种朴拙。

通向食堂的连廊,开着大窗,只是偶尔有隔,每扇窗都是一幅画,载着学子们的过往。这隔与不隔之间,恰似王国维老先生所称的那种境界,难怪"创新"学校来的学子都会写诗。

连通操场的走道上,有一只石龟。说是石龟,自然与龟有几分像,但又多了几分野趣,与那些顽皮的弟子颇为相似。想来弟子们或许正是每日从这里经过,淘得了灵性。顺着操场那猩红色的旗尖望过去——山岚、雾霭、楚江还有孤来孤往的云……满眼都是沧桑。几阵秋风吹来,铮铮作响。

图书角是我见到的最真实的那种,占据了楼道的一整角。有公约,有捐赠单,有借阅记录。书橱是自由开放的,阅读完全是自助式的。

阳人在书架上拣了一本喜爱的书,坐在窗边的沙发上,临风而读,一米阳光照过来,在书页上映出饱满的米黄。

来到二楼台阶,有一道曲尺形的回廊,这边接教室,那边分开,一路至寝室,一路至食堂。弟子杨佳乐说,每到傍晚,他都会站在这里看夕阳,看那黛远的连山,看那大雁在天际翱翔……

最怕的是看完风景后的抉择——到寝室小憩片刻,还是到食堂加点油荤,甚或是到教室去做灯下的第一个读客……确实是个难题,但从这里也学到了很多哲理。

走进学子们曾经的教室,有他们熟悉的老师。听说了孩子们的念想,老师们放下书本,从不同的年级赶来,留下美美的合影,嘱咐阳人一定要把最美的微笑带给孩子们。

这"孩子"的称谓远比阳人口中的"学子"来得亲切。

忽又响起急促的钟声——激越,洪亮,有穿透力。穿过广场,越过渔洋河,在瑟瑟的秋风中回响。

教室里一下子挤满孩子。真是孩子,从他们那调皮的神态中,阳人分明看到了弟子们昔日的影像——或疯狂,或痴迷,或内敛,嘴里有时还淘气地衔着一瓣柑橘。

走过一片涂鸦墙,不同于乱画,写着:

鲁迅　周建(树)人　藤野先生。
……
门外有两棵树,一棵枣树,另一棵也是枣树。

不知有没有搞错,倒是幽默。

来到弟子们喜爱的语文办公室,"最是书香能致远"的横幅下,布满老师们的读书清单和工作日志。

弟子们告诉阳人,他们最留恋窗外的那株合欢树,枝丫发达,通体蓬勃,充满欢乐。

不管是在黎明,还是在晌午,甚或是夕阳西下,只要有风,都会摇曳。摇着青春,摇着绿意,也摇着温暖的人情。

他们想念年少的岁月,想念合欢树,想念他们的老师。

走廊尽头是壁窗。每当黎明时刻,朝阳升起,这里的人气最旺。开明的老师们常带着学子们来这里观赏——看那日出前的彤云,看那喷薄而出的朝阳,看那雾气腾腾的渔洋河。

这一天,这一季,重又充满希望与力量。

沿着朝阳升起的地方,走到一处环形广场,昔日弟子们在这里没少忙活——猜谜语,放风筝,赛诗,演讲。阳人站在弟子从前的出发处,也玩了一把"来此一游"的"奇葩",留下这份温情与笑意。

走出"创新"学校的大门,前广场上,整装待发的校车,涂满学子们作品的石墩,分明又在等待下一个出发。

这时,渔洋河吹起一阵"巴风",输来西南土司的水汽,也带给这座"创新"学校更多的清新。河畔荡起一道道芦花,层层叠叠,高高低低,在这肃穆的秋光中,傲立,挺拔,摇曳……

一回到学校,阳人就对学生说:"把'创新'帮你们找回来了。"

阳人将图片一帧帧地放给学子们看。

看着那熟悉的地方,学生一个一个上前指认,那里有他们恋恋不舍的"创新"。大家一起看过去的校园,看风景,看人情,回忆过往的人事,也是在品校园,品散文,沉浸在美美的回忆中——在这深秋的季节里同样留下一道美丽的风景。

清河子言

　　一则告示,一次出访,带回一组照片,也"带回"学生的"母校",带回一段生命的历程,教育的情境由此产生。教师通过多媒体技术,把时空倒转,把过去的岁月重新定格下来,让学生在银屏的大幕里看到自己的影像,看清自己的面目,进而回忆自己的所喜所乐,所忧所虑,反思自己的生命价值,增长人生智慧,从而达到育人的目的。纵观整个教学寻找"创新"的过程,虽由教师完成,但又始于学生,终于学生,在学生那里达成最终的教育目标。

28. 江头文学课

2021 年 10 月 30 日

清江夷水八百湾,一弯弯到长江岸

　　辛丑岁的秋天,还有最后一周,阳人趁周末放假,邀几个爱好文学的学生,去长江和清江口岸上文学课。

　　弟子们应约而至。

　　西天挂着几片彤云,江上已经开始起风了,有大片梧桐叶吹落。

　　突然,一个学子发出一声感叹——

　　哦!这西楚的秋天——终于像个样子了!

阳人大喜,说:"你们听,你们听——这就是文艺小青年应有的吟腔!"惹得大家哈哈大笑。阳人又说:"注意观察,寻找灵感。"

夜行的人明显减少,老人头上多了顶帽子,红红绿绿的秋装上了身。当然也还有赤膊从江岸爬上来的泳客,但秋意分明已经写在他们抖索的脸上。

江面开始起雾。

在霓虹的影像中,水汽一丝一丝地浮了起来,摇着,摇着,就慢慢飘向了远方。近处还有些薄,但愈远愈厚,一直厚到广袤的夜幕里。

阳人指着前面的暮霭问大家:"你们谁能说出这雾有多厚?"

有人说:"五十米。"

有人说:"一百米。一百米以外,我就看不见了。"

阳人摇了摇头。一个弟子似有所悟,但又有些迟疑。说:"都说清江八百里,这厚度大概也是如此吧。"

阳人喜出望外,连声赞道:"这就是一个作家应有的悟性。作家、诗人,在他的骨子里应该有不安分,在他的血液里应该流荡着激情!"

于江岸夜走,似乎成了宜都人的一种时尚。彼此见面,都要问一句:"今儿,走了几千步,过万了吗?"这宜都人用千步、万步来度量他们的悠闲,度量他们那闲情的长度。

不管是老叟,还是童子,都在这秋的余温里分享着最后一份亲热。

阳人告诉大家,这是获取灵感、产生创作激情的绝佳时机。大家不要放过任何激活想象的机会。

夜渐渐深了,行客开始他们的归程。而杀红了眼的棋手却战得正欢,好像永远都有走不完的着。他们冷静的面容里,大都藏着妙着、险棋,盘算着怎样才能一着置人死地。而一旁的看客,或袖手,或叉腰,也期待着这样一盘绝杀。

这些上了年岁的人,把每一着都看得神圣,就像他们走过的人生一样。让阳人身边的这些年轻弟子看不懂他们的套路。

阳人诡秘地笑了一声:"这个——你们看不懂……"

随行的弟子似乎有些不服。阳人说:"等你们三十岁、四十岁、五十岁时,可以分别想一想我说的话。"

不远处的秋江、秋风,好像也应和着,动起了真正的杀伐。月亮、航船、远处的村庄,应该还有鱼类、贝类吧,大地多了几许灰暗,在这澄明的大江里,留下自己的暗角。秋风掀起波浪,卷起岸边的几根水草,摇曳着,摇曳着,大江慢慢地就睡着了。

夜终于平静下来。

这大概才是肃秋的本象吧。

阳人忍不住哼起了他的《夜江行》:

清江夷水[1]八百湾,一弯弯到长江岸。长江万里流中国,荆门虎牙噬江沱[2]。

沱江一去开九派,云梦波涵庾信台[3]。接舆[4]此去唱凤歌,屈子归来吊楚才。自古夷道[5]通土司,顾彩[6]容美从此还。

注释:

[1] 夷水:即清江,古时名,在宜都汇入长江。

[2] 荆门虎牙噬江沱:长江经过荆门、虎牙山,在宜都境入荆江,始生江沱。

[3] 庾信台:南朝梁时庾子山读书处。乾隆五年《枝江县志》中记载:"庾信台,在百里洲之北,去县六十里。"

[4] 接舆:即陆通。乾隆五年《枝江县志》中记载,江口东北肖家山东,相传为接舆故里。

[5] 夷道:县名,宜都旧称,汉武帝建元六年置。

[6] 顾彩:清代文学家。康熙四十二年,从古枝江县城(今宜都市枝城镇)出发游容美土司,著《容美纪游》。

这时一道激光从对岸划过来,照亮清江,也照亮了路边的棋手。望着前方的吴烽蜀燧,看到江边垂钓的闲人,弟子们也跟着应和起来:

此地原本燃汉烽,哪知镭射照吴燧。谁道西楚不胜秋,今夜两江起巴风。路边棋子杀红眼,隔岸篝灯映江岸。江岸渔子学太公,解开秋江任尔钓。碧水洄澜激浊处,杨门[1]新翻邻苏楼[2]。万物皆静随秋去,唯见江心夜放舟。

注释:

[1] 杨门:指杨守敬故居。

[2] 邻苏楼:杨守敬在黄冈任教谕期间,曾自号"邻苏老人"。邻苏楼,指杨氏故居的藏书楼。

"好诗!好句!"看到弟子一个比一个吟得好,吟得巧妙。阳人居然唱了起来:

阳人——此与——弟子来,问道千古——谁——风——流。

那歌声传得很远很远,最后又消弭在这个深秋的夜幕里。

清河子言

周末放假,对于两周才休一次的师生来说,本是难得的"躺平"时间,但是人本教育不会放过这一机会。教师带着学生以现实生活为"教材",走进大自然,阅读秋江,品读秋夜,品味人生,在江头滩涂上起文学课。教师随景起兴,随遇创作,随情敷讲,边创作,边讲解,文学作品的意境在现实的情境中孕育,文学教育的课堂在天地间生成。即景赋诗,即情吟诵,即时讲解,创建生态课堂。文学创作的观察、领悟,选材、构思,立意、布局,都在真实的情景中自然而然地完成。

29. 乡 贤 语 文

2021 年 10 月 30 日

　　授完陶渊明《归园田居》，正值周末放假。阳人带着学生前往清代文学家、《围炉夜话》的作者王永彬先生的故居探访。

　　驱车四十分钟，来到宜都市枝城镇泉水河村。汽车沿着一条蜿蜒的小河向西行进。两岸高大的白杨木，叶子大都已经零落，河床委曲，遍地芭芒。鹅黄的秸秆高高挺立，一丛一丛褐色的芭芒穗像马尾一样当风抖着，呼呼作响。远处的七岭连山显得更加青黛了。

　　阳人指着前面的小山，对弟子说："那里就是我的故居。"

　　来到跟前，大家才发现，原来那是一座"牛"状的小山丘。前有松坡曲水，后屏七岭连山，人称"犀牛困湖"，是一坎风水宝地，育养名流。据同治五年《枝江县志》记载，此地上下五里，清乾隆以来，出了敕授修职郎、明经进士、大文学家、《围炉夜话》的作者王永彬；敕授文林郎枝江大孝子彭昌珍；清同治三年甲子科举人彭大兴（字云峰）；晚清拔贡彭子佩……

　　阳人兴致勃勃地给弟子讲述自己的家乡。

　　走进阳人的故居，老屋已经坍圮。眼前只有一抔黄土，上面长满蒿草。唯一令人感动的是还有几枝高大的芭芒穗在风中摇曳。

　　听阳人讲，前些年他父母去世，老屋就一直锁着。只是在每年的春秋两季，回来看看。最近一次回来是 2014 年 8 月。这一年村头宜昌至岳阳的高速公路正在修建，回家的道路已被锯断，老屋也几近坍圮。阳人百感交集，写了一篇《清河赋》。

　　　　甲午之秋，七月在晦。阳人携酒与客归清河。有快路宜岳高速在建，耕机隆隆。复行半辰，见故屋已老，残垣斑驳。启扃入户，浮尘匝地，蛛网充栋。及除，又见旧题"清河居"；生炉煮茗，复有清香满屋。邻人亦来，洽谈甚欢，半日不绝。

　　　　既午，有风大作，满目云来，蓬荜摇落，几倾。客惊，大骇曰："故路已断，老屋将圮，拘囿一室，恐同毁！"

　　　　杨子闻言，开坛酌酒，与邻饮，及酣，起而歌："龙脉锯乎！梁柱摧乎！阳人归乎！居士复乎！"

　　　　客喜，与和，至夕不去。

　　　　　　　　　　　　　　　　　　　　　　　　　　　西楚阳人于清河居

　　没想到过了几日，老屋就轰然倒塌。看到阳人悲戚的面容，大家恋恋不舍地离开那里。回望故土,阳人眼中噙满了泪花,泪光中分明有对前辈艰苦创业的感怀,有对慈母养育自己的深切怀念……这里留下他太多太多的童年记忆。

来到桥西山馆故址,已是日中。阳人一行登上笔架山,找到王永彬先生的墓葬。

午后的阳光,照在青石垒成的塚茔上。

阳人指着前面的坪和后面的山,对学生说:"真是一块宝地——前对砚窝淌,后靠笔架山,含笑深山。"

走近墓碑,两旁的碑柱和碑帽已经残缺,但碑身依然完好。虽经岁月的剥蚀,但上面的文字清晰可辨,阳人一一向学子们介绍。

碑顶题字:垂裕后昆(语出《尚书·仲虺之诰》)。
碑身正文:敕授修职郎王公宜山之墓。
碑联:著述高风青山含笑,俯仰陈迹绛云在霄。

学子们怎么也不会想到,这位写出《围炉夜话》的大作家,居然在这深山老林里沉睡了两百多年。阳人把弟子引向碑身的背面——刻有前清进士、鄂学大师王柏心撰写的《敕授修职郎宜山王公传》,拿出自己亲自校勘的文本,在先生墓前,讲起他的乡贤语文。

讲完,阳人拿出他随身携带的宝物——王永彬早年读过的古籍《纲鉴易知录》。

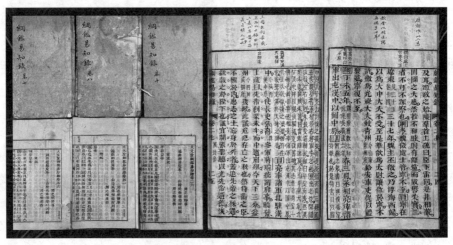

王永彬长子王海琴珍藏的《纲鉴易知录》书影

只见书上盖有王永彬长子王海琴的印章,写满密密麻麻的读记。阳人告诉弟子:"这或许就是王永彬先生的手迹。"

三十多年前,王永彬第六世孙王朝望,曾送给阳人六本《纲鉴易知录》。2011 年 8 月,阳人首次把外界学人引入桥西山馆,经新闻媒体报道,《围炉夜话》作者的生平行藏才得以证实。

上完课,捧着先生读过的古籍,告别先生的塚茔,从山上下来,大家百感交集,对家乡产生了全新的认识,对乡贤文化有了第一次近距离的接触。

一道绛云高挂云霄,夕阳透过祥云照在笔架山上,照着古墓上的碑联,拉出一道长长的光影,映出这片土地上二百多年的沧桑……

清河子言

让乡贤文化走进课程,把学子引近乡贤,为他们树立一个可以终身效法的楷模。乡贤的道德文章、实物遗存、塚茔碑刻,乃至读过的典籍、后人的撰述、相关的人事,在这样一个特定的时刻,超越时空的限制,呈现在学子的视野里,文字、文章、底蕴,以及现场所有的实景构成一个地域文化大课堂,让学生在这种鲜活的情境中学习乡贤语文,在真实的世界里接受人文精神的濡染。

30. 寻一块东坡
2021 年 11 月 4 日

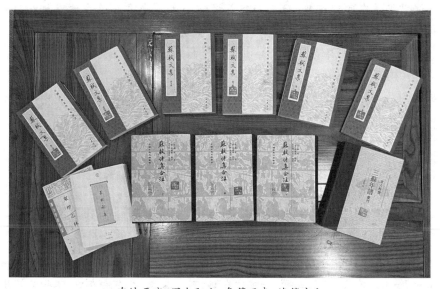

东坡于室,因尔阳人,负笈而来,谈笑言之

阳人新授苏子《念奴娇·赤壁怀古》,带来《三苏年谱》《苏轼文集》《苏轼诗合集》《东坡志林》等古籍,弟子纷纷前来观赏。

授课开始,阳人板书"东坡",问弟子:"东坡是何物? 东坡在何处?"

张生抢着说:

在我家门前! 我家东面有块坡,常年背阳,人迹少至,多生绿苔,有鸟常来啄食,当是东坡。

毛君见状,赶忙接过话说:

不对! 应该在黄州! 东坡也不仅是东山之坡,还是大文豪苏轼。

北宋元丰三年,苏轼贬谪黄州,有友人相助,于城东五里黄泥陂,得到一处废园,建了一座雪堂,此处才是东坡! 此人便是苏东坡。

李子见二君相驳。便笑着说:

二君所言都不对。依我看,在我们教室!

你们看,阳人携《东坡志林》而来! 放在教室里,里面不是就有'东坡'吗?"

众生闻言,皆大笑。待大家笑过,阳人才说:

诸君知道东坡有苔藓,而不知其苔缘何而生。诸君知道东坡有栖鸟,而不知此鸟将飞往何方。诸君知道东坡有雪堂,不知苏子雪堂所歌。诸君知道东坡在古籍里,不知书中说了些什么。诸君知道东坡在阳人口中,不知阳人何以开讲。

众生闻言,都与阳人争。阳人乃出古籍,授《念奴娇·赤壁怀古》,并板书《阳人问东坡纪闻》。文曰:

阳人将授《大江东去》,乃题"东坡"二言。问弟子曰:"东坡者何?"

一曰:"东垣也。其上有坡,常不得阳,苔藓生焉,有鸟来食,盘之桓之。"

一曰:"黄州也,苏子于东坡之胁,得废圃,筑而为堂,行歌以采薇。"

又一曰:"吾室也,阳人怀《东坡志林》而来,置台上,此中有'东坡'也。"

阳人乃笑曰:"尔等知东坡有苔,不知其怀;知东坡有鸟,不知其往;知东坡有陂,不知其黄;知东坡有堂,不知其歌;知东坡在籍,不知其说;知东坡在口,不知其将几何?"

闻言,众弟子纷然而起。争曰:

"东坡之苔,背阳而生,有鸟来啄,化而为鹏,怒而飞,千里也哉!"

"东坡有堂,黄泥为垣,其歌唱曰:'前后兮春草与齐,左右兮斜径以微。'"

"东坡于室,因尔阳人,负箧而来,谈笑言之,其口虽齿,必有故事,退以为文,吾皆期之。"

众大乐。阳人乃授《念奴娇·赤壁怀古》,并为之记。

时年十一月四日于九班教室,西楚阳人书志

这一堂课上得别有情趣。

清河子言

人本教育强调语用,重视育人,绝不在静止、消极、被动的状态下向学生灌输知识,而是把知识激活,在真实的情景中,在语用状态下,让学生自己去感知、接受和内化。这种教育,因情而生,因境而变,往往能够触动人的心灵,冲击人的灵魂,在宏大的视野里,在生动的情境中,让学生接受综合的做人教育。

31. 望 江 柳
2021 年 11 月 6 日

弟子江君在家疗养两月有余。每来教室,阳人都要询问她什么时候返校。今日早晨,一进教室,阳人就指着空位,随口吟了几句诗:

此席何所留?此君何所归?昨晚巡江岸,江柳何依依。

随即,提笔板书了一篇小文。

望 江 柳

清晨六时,西楚阳人来到两江口岸,迎接这辛丑岁的最后一个秋日。

天灰蒙蒙的。东方微微露出一点红影。江水无声地流着。远处几点篝灯或明或暗,在风中摇曳。沿着长长的古栈缓缓走下桥河,踩得脚下的石板咯噔咯噔地响。灯光中,阳人的影子也越拉越长。

一旁的古城墙上,爬满深苍的青苔,有经风历雨的痕迹,在这深黑的早晨愈是古暗了。

稍远处,好像有蜘蛛在结网。一夜的劳作,此刻有了结果。灯光映在江面上,泛着淡淡的影,也映着那绵密的网。

蛛王悠闲地躺在自己编织的大网上,又像是蒙着头在睡觉,似乎知道马上就有"自投罗网"的来客,不必再去四处奔劳,就可挺过接下来的冬天。哪知勤劳的蜜蜂在这一刻也已经出巢。

不知这布下的是网,还是战场。

原来正当人类还在沉睡的时候,动物们已经在忙着为漫长的冬季做准备。但愿这样一个宁静的日子里不会有杀伐。

垂钓的渔子也已上位。铆足了精心调制的饵料,坐在石凳上,耐心地等待鱼们上钩。没有风,四周静得出奇。只有那人嘴上的烟斗,在这深黛的天幕下,发着一闪一闪的红光,似乎在和鱼儿斗着心机。

远处,天幕下,江流滚滚,泛起层层的涟漪。

那渔翁或许不知道自己和鱼儿此时正同在一张天网下。

阳人走在桥河码头的古石上,脚下就有宜都首任太守张飞留下的足印。前方还有东吴都督陆逊隔岸观火的哨位。在这秋与冬的交接中,望着隔岸吴烽汉燧的残壁,心头涌起无限的追忆。不知哪里是肃杀?哪里又是生机?

一排杨柳整齐地排列在江边,几株文竹在一旁无声地依着。柳叶已有些黄,但又泛着紫红,而竹叶却是清一色的翠绿。

眼前突然一亮,天光透过浓密的叶子,给大地送来几许晨曦。

一阵江风吹来,大片大片的杨柳开始飘动起来,舞着优美的腰肢,又像千手观音拂动着柔美的手臂。

这一刻,江柳终于拂动起来,拂着黎明,拂出最美的秋意。想来待明日,立了冬,这柳也一定会这样拂着。

拂了秋,也拂冬。

回到学校,天已大亮。阳人赶紧把这些文稿书写在白板上。新季开学已经两月。弟子江君在家疗养。在这个秋季,江君入阳人师门,阳人在这秋的最后一日想念她!全班学子都想念她。写了这篇文章发给江君,祝她早日归来。

时年十一月六日晨,西楚阳人书于九班教室

写完文稿,阳人对学生说:"明天就要立冬了,江君也该返校了。今天早晨,我五点钟起床,在江边看到依依的江柳,拍了些照片,你们连同这篇文章一起传给她吧!就说阳人想念她,同学们想念她。"

早晨的太阳,正好在这一刻顺着窗户照进来,照在江君的座位上。

"把人当人,让人像人。"教师不但把因病休学的学生时刻挂在心上,还努力地把这种情怀用文学的形式传导给其他学生。学生与老师在这个秋天相识,又在这个秋天离别,在这秋天的最后一日里,自然生出些牵挂来。眼看天就要变冷了,弟子的身体可曾安好。这种博大的爱,已经超出了以往的任何教育。

32. 同唱《冬日歌》

2021 年 11 月 8 日

昨日立冬,是夜寒风怒号。第二天早晨,冬天果然就来了。

阳人早早地起了床,迎接这辛丑岁的第一个冬日。此时,风停雨歇,曙光初上,弟子们陆续来到学校。阳人谱写了一首《冬日歌》,书写在教室的白板上。

> 北风一鼓两江[1]冬,天高地寒初霜重。
> 鸥鹭燕雀始不出,孤鹘瞑目立高松。
> 长龙滚滚随日来,黉门森森向君开。
> 三乡弟子一声吼,风震千年吴相台[2]。
> 前路迢迢通中庭,竹缨飘飘高节青。
> 银杏[3]闼上演金钗,苞柚园前动铜棰。
> 红果冬青迎风舞,罗汉松正傲霜露。
> 休言此后寒日重,窗前檵木每与红。
> 桃李园[4]里早观柳,长歌唱罢无三九。

注释:

[1] 两江:指长江和清江。

[2] 吴相台:咸丰己未岁重刊康熙三十六年本《宜都县志》载:"在县南三里,吴赤乌七年,以陆逊为丞相,屯兵拒蜀,故筑此台。"

[3] 银杏:同下文苞柚、冬青、罗汉松、檵木,皆为校园内种植生长的植物。

[4] 桃李园:校园内的著名林园。

歌中写到很多景物,所取景致皆为校园实景。想到它们将要陪伴学生度过这个冬天,阳人希望弟子们在每日的歌声中与这些来自大自然的亲密"伙伴"一起抵御这个漫长严寒的冬季。

写完歌,阳人与学生一起在教室里吟唱。课余,又引导大家到校园里寻找这些"伙伴"。

这一日,不时有歌声在校园响起。其声铮铮,声传两江……

清河子言

在冬日来临的第一天,教师谱写了《冬日歌》,并将户外的景物写进歌里,于是自然界的银杏、苞柚、冬青、罗汉松、檵木都成了与学生一道抗击严冬的伙伴。这一冬,学子们在这歌声中,与这些亲密的伙伴,共同抵御酷寒,磨炼意志,澡雪精神,俨然把大自然变成自己的朋友。

33. 观 月 讲 禅

2021 年 11 月 10 日

辛丑岁十月初五,是立冬后的第二日。这一晚,江南小镇宜都陆城,一点也没有入冬的感觉。大街上,车水马龙,异常热闹。熙熙攘攘的人流、流光溢彩的霓虹,一派都市风光。入夜时分,万里无云,一弯新月高挂天心。阳人突发奇想,携一客子,带着儒家《周易》与释家《心经》,攀爬宜都城中雅思楼以观月。

阳人与客从一层至二十八层,逐级而上,戌时正点,攀至楼顶,于月下展经夜读,论易道而辨禅宗,又望月赋诗,互有酬唱。归家,整理成稿。

今日,一早来到学校,阳人就给学生讲昨晚的故事。先出示一组在楼顶拍摄的视频和照片,把昨晚所见的情景真实地复现在学生的面前。待学生兴起,又激情讽诵昨晚创作的《七绝》。

登雅思楼观月参禅并序

入冬初晚,阳人欲净其心,乃携客子与《周易》《心经》,于雅思[1]二十八楼顶层夜读,中道[2]正观,参悟心月[3],遂成此绝。

夷水[4]长江绕暮云,千篝万火迎归人。此来静候巴风起,坐看天心孤月轮。

注释:

[1] 雅思:即宜都雅思楼,建于长江和清江之滨,楼顶可观全市及两江胜景。

[2] 中道:佛教语。即所说道理,不堕极端,脱离二边,即为中道。

[3] 心月:佛教语。心中之月,谓明净如月的心性。

[4] 夷水:古水名,即今湖北省西部长江支流清江及其上游小河,此指清江。

最后,出示在楼顶创作的《观月赋》:

观 月 赋

辛丑新冬,十月初五。阳人与客负笈登雅思二十八楼观月。古水云泛,两江绕城。挽客登楼,临轩望水。任江风之革面,容清晖以洗心。煌煌乎如焚膏之浴火,身心净而俗灭;欣欣焉如休沐之行吟,意兴发而不止。及顶而观,月清明以垓心,光影千匝,皎皎如轮;回望足下,车逶迤而长龙,星火万点,滚滚似潮。

客大骇曰:"此乃孤拔,非可久处也矣?"

阳人乃展经而读,讽偈颂以发道风,抚心月而悟禅宗,喜极而歌。唱曰:"望北斗兮何乃天罡;目红尘兮何以地坤,赞彼君子兮居中央。"

客惑,乃问:"何曰乾,何曰坤,又何为君子乎?"

对曰:"《易》有三才[1],在天为乾,在地为坤,坤乾养人,其正为君子。吾之登,天渐近而地远,如君子所止;吾之临,俗方去而道化,如佛子所特。"

客子复问:"吾之观莫非真月耶?"

阳人乃大笑曰:"汝知天之月,不知心之月。汝知月之实,不知月之喻。"

"月之实者何,喻者亦何,宁有别乎?"

"月实在天,其初惟新,朔至望以白分[2];月运而化,其终惟空,望至晦以黑分。圣者,托月之明以伸志,佛者,藉月之盈以鉴心。君子有德,见初而知慎,仰白而思进,望满以怀谦,目黑以自惕。佛陀修定[3],见初[4]而识色[5],仰白而证相,望满[6]以觉果,目黑以悟空。故曰:其月在天,其道在心。天象可观,心道难测,以别君子小人哉。"

客喜,乃与阳人厚敷蒲团,戴月跌坐[7],天地人位焉[8],任清辉以沐,不知漏断[9]。

注释:

[1] 三才:易学指天、人、地,又称阳、中、阴三位。

[2] 白分:旧历每月初一至十五的月亮。后文的黑分为旧历每月十六至最后一天的月亮。唐朝玄奘《大唐西域记·印度总述》中记载:"月盈至满,谓之白分,月亏至晦,谓之黑分。"后文的"仰白"的"白",即指白分月;"目黑"的"黑"即指黑分月。

[3] 佛陀:是"佛"的梵文音译,意译为"觉者""知者""智者""觉",是佛教修行的最高果位,凡证得此

果位者都可称为佛陀。修定：致力于内心平静，是佛陀的三教义之一。

[4] 初：指初月。

[5] 色：同本句中"相""果""空"，皆为佛学概念。色，即形色，指一切物质形态。相，指事物外在真实的表象。果，指修佛时能够达到的境界。空，指一切超脱了"自体、实体、我"的存在物。

[6] 满：指满月。

[7] 趺坐：指佛教徒盘腿端坐。

[8] 天地人位焉：意即人居天地之中，各得其位。

[9] 漏断：即更漏已断，指夜深。

《观月赋》书稿

阳人边吟诵边讲解——讲那天边的云霓、奔竞的江流；讲那满街的灯火、滚滚的红尘；讲那西沉的落日、天心的明月……讲尘世的闹与动，讲天心的静与宁，讲人间的收与藏，讲阳人心中的"易"和"禅"。景到深处，开怀大笑，情到真处，又掩面而泣，弟子无不为之动容。

清河子言

　　在这个从热闹趋于宁静的初冬之夜,教师突发奇想,学苏子携客夜游,登楼赋诗,观月作赋。将江流的动景、人世的闹态、天月的明静、人心的躁动,融入诗赋创造的艺术世界之中。通过览物观月、坐禅悟道、主客问答来探究宇宙人生的奥秘。在这里,宇宙的广阔、大自然的神奇、君子的坦荡融为一体。同时,巧妙地利用现代多媒体技术,把自然景物、世态人情和诗赋所创造的文学意境,立体地、全面地展现在学生面前,引导学生参悟其中哲理,思考人生的意义,激发学生对生命的热爱、对岁月的珍惜之情。

34. 寻访老校址

2021 年 11 月 12 日

　　校史陈列室存储着一张老照片,那是学校抗日战争(以下简称"抗战")时期在宜都西南山区望佛桥村办学的故址。2021 年秋季,当地政府在原址上建纪念墙,学校请阳人作记。

　　阳人把这个消息告诉学生,并把他们领到校史陈列室,察看有关的历史照片,搜集史料。

　　1940 年,日寇大举进犯鄂西荆南地区,先后侵占长江以北的沙市、宜昌。一江之隔的宜都,遭到北岸敌寇的狂轰滥炸。一座千年古镇,瞬息变成断垣残壁,学校被迫迁至西南山区。1941 年夏,在五眼泉望佛桥村,师生自己动手把小溪边的一座古庙——净心庵,改造成学校,在这里坚持办学,长达 6 年。

　　教室是依山土砌茅盖的平房。蔬菜自种,粮食自运,早晚自习,以松脂油灯照明。但是目睹了日寇的暴行,师生胸中荡起强烈的爱国激情。虽身处山沟,仍然书声琅琅,歌声不止。

　　学校请国学功底深厚的廖致亭先生撰写了校歌,早晚歌唱。在那艰苦的抗战岁月里,大家唱得热血沸腾。那歌声在山谷里回荡,传了很远很远……

　　　　清江清,长江长,梁山何峨峨,宋山何苍苍。繄惟我校,随抗战序幕而创始,随时代进程而恢张。勖哉我辈宜自强,术德兼修,蹈厉发扬。如山岳之磊落,如波涛之汪洋。掀天揭地,大风泱泱,为我民族争荣光。

　　这首歌就这样传唱下来,唱了 80 多年,一直唱到今天。

周日,阳人带众学子去寻访那块热土。纪念墙主体工程已经完工,站在净心庵的故土上,阳人说,首次来访,听人讲古庵原有两重大殿,中间有台阶……当年每日早晨都能听到一种"吱——呀——,吱呀——"浊重的木门声。听到这里大家激动不已,脑海中不由浮现出当年前辈学子艰苦求学的情景。

临末,学子们每人掬了一捧古庵旧址上漉湿的旧土,恋恋不舍离开了那里。回来以后,师生一起撰写了一篇小记。

宜都一中望佛桥故址复修记

辛丑岁,秋八月。五眼泉镇于望佛桥宜都一中故址建纪念墙,采故纳新,设馆兴园。于是焉明坛新筑,高墙岩壁,甬道相属,雕栏逶迤。移步左右,满目苍翠,人文相契,风景妙绝。

夫古水绕峦,映月鉴日;秀峰叠出,松响壑鸣。梁山望处,两峰留阙[1]。朔风鼓天,云开日出,岚雾尽,山川远。回观日下,故园犹在,襟连山而带白水,坐南向而朝金顶[2],犹犀牛困湖。

遥想当年,民族危难,倭寇来犯。先贤于上世庚辰(1940)岁来此继学,长达六载。三乡子弟负笈而至,明道硕儒设帐授业。蛮荒之野,破庙之所,读不尽而歌不绝。开学术之风,传礼义之真,稻菽亏而无以果腹,寒暑烈而不能抑志。呼大风以揭地,昌科技以制夷。一日三唱,惊天动地。其口号曰:"楚虽三户,亡秦必楚!""大风泱泱,中华不亡!"是乃一代之绝响!

比及当世,天下太平,国泰民阜,建美丽乡村。明府耆宿及父老乡亲,不忘故实,复其旧址,赓续前贤,此乃邦之大者也哉!

值此落成,欣然为记,为贺为念,时年十一月十二日志。

梁山望处,两峰留阙

注释：

[1] 梁山望处，两峰留阙：净心庵前临古水拖溪，后靠两座连峰，庵前为望佛桥。过桥，西行七十步，于两峰罅隙间，可见当地佛教名山——梁山金顶，望佛桥由此名。

[2] 金顶：即梁山金顶。梁山，位于鄂西宜都市西南32公里的潘家湾土家族乡境内，其山势雄奇，自然风光秀丽，有着1500多年的宗教历史，山麓有佛教观音禅寺，山顶为道观金顶。传说梁山与武当山同为一祖师菩萨，朝梁山，暮武当，显灵二刹。

清河子言

　　修建学校故址纪念墙，学校邀请教师作记。教师把这作为一项教学活动来规划。将学生引向校史陈列室、档案室，察看图片，搜集资料，带学生实地参访，特别是又把这段历史与学生每日所唱的校歌直接联系起来，激起了学生的兴趣。最后师生一起撰写了这篇记作，把过往的岁月"写"在纪念墙上。今日，该记已经镌刻在纪念墙的石壁上，成为一道风景，也把这个人本教育的案例载入史册。

35. 天 公 传 书
2021 年 11 月 14 日

　　前日早餐毕，西楚阳人从紫薇苑返回教室。在逸夫路口，看见地上有一糕饼，色黄，体大，还微微冒着热气。

　　看得见，前面走过很多学生，但没有一个人捡走它。

　　这时，过来两个男生，其中一人从地上拾取这块饼。

　　阳人心头一喜，赶忙抢拍了一张照片。但那生似乎有点不自在，脸上有几许羞涩，如同做了件不光彩的事。

　　见状，阳人上前问道："同学：你是哪个班的，能不能告诉我姓名？"

　　没等阳人说完，那生，拿着蛋糕，快步逃离了现场。

　　回到教室，阳人把这事讲给学生听，还发了一则启事，寻找那丢蛋糕和拾蛋糕的人。今日又写了篇《天公传书》，贴在室外粘贴栏。

天 公 传 书

　　早餐毕，阳人自食苑还，目道中，一糕，色黄，有气。往来学子甚众，皆视而不见。

忽一赤鞋侠[1]至，躬身而拾，怀之甚察，身手亦敏。阳人欲问之名姓，不得，径去，乃发启事，广告天下，寻弃与拾者。

是夜，阳人得梦。此告为天公所知，乃遣雷神稽之。得验，雷神告天。天公乃传书阳人。曰：

"此弃、目、拾者，吾皆察之。其弃或为无意，然竟于吾之下径去，不知有耻；其目或以为非己，亦于吾下而去，知耻而不节亦为有耻。独其拾者至伟，然不敢于吾下正大之，亦有恨焉。请传此书于二三子。"

阳人得此书，不敢隐，为斯文以宣焉。并书："天公欲达之者请取。"

时年十一月十四日西楚阳人启

注释：

[1] 赤鞋侠：指这个拾取蛋糕的学生，当时他穿着一双红色的球鞋，且动作异常敏捷，固有此比喻。

一连三日，此文无人来取。阳人便笑着对诸生说："他们不敢取！我们取！"于是，便和众弟子一起揭下此文，贴在教室的后墙上，并组织学生开了一个讨论会，对文中三类人的品行进行了热烈讨论。

有人说："在光天化日之下，随意抛撒食物，扬长而去的行为，实在可耻，所以遭到'雷公'警告，大家应该引以为戒。"

有人说："众多的学子，从这块面包前经过，视而不见，这种事不关己、高高挂起的行为，同样需要批评！"

也有人说："对于捡起食物的同学，虽然应该表扬，但是他做了好事，害怕别人讥笑。当下这种现象还比较普遍，凸显了正义感的缺失，应该引起大家的深思。"

后来这个故事，又一传十，十传百，传遍了校园，从此，校园再也没有人乱丢食品。

清河子言

这是一个精彩的育人故事，案例中的抛撒者、过客，甚或是与其类似的拾者，三类人在现实生活中都普遍存在。但是，以前很少有人关注这类事件。现在教师以文本的形式把他们呈现出来，采用浪漫主义文学的手法，借助一个梦境描写，把自己意思和看法含蓄地表达出来，启迪学生深入思考，用以引导学生检点自己日常的行为。事后，又有意让学生把这个故事在全校传讲，像春风一样，吹进校园，吹进学子的心里，吹到哪里，就绿到哪里，从而在更广的范围内产生教育效果。

36. 吟 月 诗 教

2021 年 11 月 15 日

昨晚夜行,阳人见新月愈丰,大喜。遂满街觅寻,适时留影。又不拘格律,步陈子昂《感遇诗》[1],随拍随吟,归来整理成稿,是谓《望月随吟》[2],凡九首。今课上,阳人与弟子共赏,辨月喻,学语文,探究人生哲理。

望月随吟一·楼月

两楼共玉盘,孤光照乾坤。

皆言楼得月,哪知月自明。

望月随吟二·星月

天高夜自清,孤星伴月明。

月正银盘大,星小天地冥。

望月随吟三·隐月

天光影高树,清辉失林间。

睡前二分夜,醒来五更天。

望月随吟四·朗月

天朗月正心,远看是孤轮。

谁道夜行单,牵手成双影。

望月随吟五·云月

云动天庭开,月随云影来。

梦中一壶酒,独饮青云台。

望月随吟六·晕月

轮转几回波,垓心一金梭。

夜幕密密织,树下滴露多。

望月随吟七·偏月

月起照偏厢,夜深起徬徨。
最怕滴漏尽,醒来满枯桑。

望月随吟八·正月

楼正月幌高,冬寒起清宵。
读客挑灯冷,商旅市行早。

望月随吟九·分月

夜自戌亥生,月有黑白分。
朔晦本相缀,善恶不可因。

注释:

[1]《感遇诗》:陈子昂撰,共三十八首,全是五言古诗体,或咏史,或抒怀,或感事。

[2]《望月随吟》:与《感遇诗》手法同,以月为喻,言人情世故和自然的道理。所咏之月,有九种情态,皆著情状。

众生纷纷对景物、人事、诗情、文辞展开激烈的辩论,畅谈夜月带给他们的人生启示。

清河子言

教师于月夜晚行,以不同的视角观察月亮,拍摄照片,创作诗歌,抒发感慨,揭示物理,然后把这些生活引进课堂,和学生共同学习探讨,提升文学创作和欣赏水平,是谓诗教课。现代教学拘囿于教室,学生很难接触外在的社会生活,错失了很多美好的事物。人本教育的教师,则善于采用文学和艺术手段,把这些生活采集回来,创作成诗文,与学生分享,弥补学生对生活认识的不足。

37. 唱《夜吟曲》

2021 年 11 月 17 日

昨晚，阳人行走在这西楚的古镇上，走进清江边一条名唤"燕子岩"的老巷。相传这巷有 300 多年历史，巷外曾有一块巨石，矗立江岸，常有燕子来栖。这条巷子的名谓就由此而来。

古巷空空，篝灯长明，昔时的燕子岩已成残影，阳人百感交集。不由对天激问："夜是什么？"古巷发出声声回响，好像在说："是我，是篝灯，是篝灯照耀下的古街石板。"

镇上的古建大都已经绝迹。

走进新街 ——这是古时的称谓，今天叫邻苏巷，北面尽头就是杨守敬故居。

听老人讲，当年新街两旁商铺林立，设有盐局、水报局、茶马巡视等。著名的商号、客栈、货栈有四家。

"陈星记"是当时最大的客栈。两层院落，砖木结构，中多天井，院院相通。上层为客房，下层为起居、饮食、会客大厅和商铺。店内设有货栈和骡马栈房。主要接待恩施、容美方向的茶商和其他客户。

南头是著名的"余培记"客栈。两层临街门面。后有大院，陈设雅致。主要接待沙市、汉口来客。紧邻"余培记"有酒肆和茶庄。今天，"余培记"客栈的旧址上，还绘有记载当年商业情境的壁画。

新街河口的"诚斋商号"是我国晚清著名国学大师杨守敬祖父杨诚斋先生所开老店。据《邻苏老人年谱》记载，杨守敬从小就在商铺学艺。其中有一段关于当年商业经营的描述：

> 壬寅（公元 1842 年），四岁，10 月 12 日父病殁。父讳有纯，字粹然，幼敏慧，十余岁担任祖父两店事。能左右手握算，不爽分毫，以操劳过度，得咯血疾不起。

可见杨家当年在新街开有两店，生意兴隆。

新街上的商行还有"杜华记"和"魏记"，主要经营山杂、皮货、桐油、茶叶等，其他小商小贩数不胜数。

今天，走进这条百年古街。茶肆不再，石板犹存，满目青苍。一阵河气吹来，鼻头陡生一种古老的况味。坍圮的残垣、挺拔的断墙、矍铄的杖藜老人，似乎仍在向我们传讲新街那些不朽的往事。

阳人感叹这自然、人事的兴衰和那生命的永恒,少不了又来几句随吟。

街头有一家做糯米粑粑的小作坊,在当地小有名气,孟姐小糍粑曾是街头巷尾谈论的美食。近两年,因疫情,很少有人到外面用餐,这糯米粑粑也就不再出笼。此刻,大门紧锁,只有那金字招牌在这黑夜里闪闪发光。

这一幕不由勾起阳人对老家的回忆。

小时候,每年秋天晚稻成熟。母亲都要从特意留种的几分糯谷地里,收割了稻禾,单独脱粒,打成糯米,然后选一个有月的夜晚,做一次糯米粑粑——我们把它叫作糍粑。经油煎过的糍粑,撒上几颗葱花,那香味便是异常得浓了。月下食饼,望着腾腾的热气,心也跟着热络起来,那里有最美的童年故事。

走出小巷,江亭边依着四五个闲人,他们睁着一双双张皇的眼睛,似乎遇到了什么天外来客。待看见是阳人在拍照,重又回过神来,望向那夜空中的明星,在这夜幕里,指指点点,谈天说地。

也有上了年岁的老者,则有些木讷地坐在亭边,似乎是在"消遣"他们的那一大把年纪。

江渚上的钓翁,已经布好了鱼竿。许久许久,没有鱼儿上钩。原来他们布的都是空钩,又何曾想到要施撒诱饵呢?

他们以足够的耐心在等待,等待夜尽情地给他们释放宁静。来这里的人大都不是为了鱼,那是为什么呢? 大概是人们所说的那种钓吧——借这个寂静的夜晚,把那些烦心的家务事消弭在这江水的黑暗里。

老一辈驻守江岸,如这夜已渐次地走向深黑,但儿孙辈却是在等候明天的朝阳。

一群文艺小青年,借着江水的背景,在做网络直播。二三乐工,鼓吹着本地最有名的南管,弄出那种缠绵调子。

阳人突然醒悟过来,原来这夜什么都不是,只是把一个白天走到了尽头,然后又分娩下一个黎明,不由哼起一首《夜吟曲》:

> 夜是什么? 是空空古巷/是古巷长明的篝灯,照耀着/照耀着燕子栖过的残岩/
> 夜是什么? 是一椽老屋/是老屋残垣上的破壁,长满着/长满着三百年不败的青苔/
> 夜是什么? 是街头作坊/是作坊的糯米粑粑,散发着/散发着家乡久远的芬芳/
> 夜是什么? 是小镇闲人/是闲人张皇的眼睛,弥望着/弥望着古暗夜空的明星/
> 夜是什么? 是江渚钓翁/是钓翁银线上的空钩,系挂着/系挂着这个冬晚的淡泊/
>
> 夜是什么? 是滩涂播客/是播客线上的南管,鼓吹着/鼓吹着缠绵的土曲/
> 夜是什么? 什么都不是/只是把一个白天走到尽头/然后,分娩下一个黎明/

今日一到校,阳人就把景观物存——展示在学生面前,引导学生跟随教师的行踪,追寻它们沧桑的阅历。在传统和现实交相辉映的环境里,师生一起吟唱《夜吟曲》,大家仿佛又重回那历史的岁月,满目尽是家乡的风味,更加热爱这座城市。

清河子言

把学生引进宏大的历史视野,引进现实的情境之中,是人本教育常用的手法。两项都不能少:缺少了历史视野,教育会显得肤浅,缺乏厚度;缺少了现实观照,远离生活,难于调动学生的情愫。教师以现存的景观为观察对象,把学生熟悉的对象置于广阔的历史背景中,然后在现实的情境中观照,很好地实现了二者的统一。

38. 刘君的"涂改机"

2021 年 11 月 18 日

早晨来校,观学子早读。阳人见刘欣雨课桌上放着一个"小机器"。取来一看,上书:"静音涂改机。"

阳人好奇地问:"有什么用处。"刘生说:"是专门用来修正那些错讹的。"

阳人又说:"怎么用? 能不能演示一下。"

刘生便拿出一本书,找出一处认为有错的地方,迅速涂改抹去,不留一点痕迹。

阳人以为神奇,追问刘生为什么要准备这样一件文具?

于是,刘生便给阳人讲了自己读书的一个癖好。听了刘生的话,阳人大喜,就在白板上写了一篇短文。

刘 君 好 骂

朝来,阳人观读。见弟子刘君欣雨案上一物,甚异。取阅,名唤"静音涂改机",乃问其用。

对曰:"专治不轨!"

阳人笑问曰:"可试否?"刘君乃取一策,指其讹。曰:"此乃不轨,可立去。"及试,果不复。阳人以为绝,问其来由。刘君乃曰:

"余有一癖,好读书,亦好骂人。每读必骂。读古读今,读中外名著。骂南骂北,亦骂风流名士。"

阳人惑之,问曰:"读亦读,何骂之有?"刘君乃例曰:"余读雨果,必咒其文尽悲;读余华,必数其《兄弟》皆难。至于世之胡编乱造者,每取必治其不轨,观吾读,尽为治迹。"

阳人闻言,乃喟然曰:"今之人好阿,更有面谀人者。独刘君常备修正之物,火眼金睛,发人过以正之。有古士之风,真乃阳人之高足也。是以为斯文,演其宝物以倡哉!"

时年十一月十八日于高一·九班教室

刘欣雨上台演示她的"涂改机",阳人则讲解《刘君好骂》,又拿出《战国策》给学生介绍齐国高士颜斶不趋炎附势的故事,在班上倡导古贤之风,禁绝阿谀之气,遂开批评风气。

清河子言

人本教育重视人的综合素质培养,善于利用现实生活中的典型事例,来对学生进行人格教育、品质塑造、精神养育。教师见学生桌上有一个"涂改机",引发一场师生对话。从谈话中,了解学生骨子里有一种批判的风骨。教师敏锐地意识到这是一个培养学生健康人格的大好时机,写下一篇文章,表扬这种批判意识,并以此为例在班上禁绝阿谀之风,这有益于良好风气的形成。

39. 观月偏食
2021 年 11 月 19 日

很早就获知,今日,我国将经历 21 世纪最长的一次月偏食。据国家气象局预报,本次月蚀将于北京时间 15 时 19 分初亏,17 时 2 分食甚,18 时 47 分复圆。全程持续 3 小时 28 分钟又 23 秒,为此后 580 年间最长的一次月偏食。

阳人提前把这一信息通报给学生,并提请学生搜集有关月蚀的知识和本次月蚀的信息。

18 点 30 分,阳人带学生登上校园运动场观礼台等待月出。

天色渐暗,天边聚满白云。正当大家担心月亮被遮掩,错过看月蚀的大好时机时,突然东方云开月出，一轮红月从山岗带蚀而出。众学子立即欢呼起来，纷纷拿出相机，拍下这一精彩的天象。

月亮一点一点复原。阳人诡异地一笑，对大伙说："不是每个人都能看到真正的月蚀。请大家瞪大眼睛，仔细看，看你看出什么？"未等阳人把话说完，便有人抢着回答：

"月偏食——"引起一阵大笑。

"天狗食月。"又是一阵笑声。

"不对！不对！我们只看到月亮复圆。"

现场充满欢声笑语。阳人大笑一生，说："君子啊！有蚀，人们都看得到；及更，人们都敬仰它。"

一回到教室，阳人就板书了下面这篇文章。

有蚀，人皆见之；及更，人皆仰之

辛丑岁观月蚀记

辛丑新冬，十月望日。天朗气清，晚霞犹在。前报是晚有月蚀。十八时三刻，阳人携弟子往体育场观礼台候月。

时天初暗，白云东聚，其造甚晦。余方恨，忽而云开，月带蚀而出。阳人喜不自禁,众生乃开机而照。其形亏,其影瑕,甚爱。俄儿,有更,又渐满。阳人随抢数帧,皆有大美。乃赞曰:"君子也,有蚀,人皆见之;及更,人皆仰之。"

夫月于满时有亏焉,其亏也长,其更也久,其复也全,为今后五百八十年之极哉。阳人喟然叹曰:"呜呼,月如此!人如此者,凡国有几?"及返校,遂为斯文,板书,与诸弟子教。

西楚阳人欣记,时年十一月二十日于九班教室

及毕,一轮全月正好照进教室,把智慧带给每个学子。这一晚,大家学得很多做人的道理。

清河子言

月蚀是一种常见自然天象。看月蚀的人很多,但把月蚀作为课程来教学生的很少。教师从了解到本次月偏食的信息就开始布局。无论是安排学生了解月蚀的知识和信息,现场观月蚀、论月亏、赞月复,还是回到教室后教师作记,学生读文,都是在真实情境中发生的。教师通过巧妙引导,激发学生主动去观察、去探究、去感悟,体现了人本教育重视现场经验和实际体验的特征。

40. 哲昊子言志

2021 年 11 月 20 日

熊哲昊,为高一·九班语文课代表,阳人以"哲昊子"名之。哲昊子为人性格和善,为学勤勉用功,做事勤勤恳恳,在班上深得学子们信赖。班上同学曾戏言:"昊兄,可入选'杨门七十二贤'。"

一日,哲昊子,在班上与各位学友言志:"古人称十年为一秩,三十年为一世。十年之后,大家应该学有所成,三十年后我们中间应该有大学教授、校长。听说刘博宁是想做南京大学校长的,浊莲子想入主复旦。席下诸君,北大、清华我们做不了校长,有没有想做院长、教务长的,想不想做华中、东南各省的大员。兰州、重庆、西藏、两广地区,你们的公司又在哪里?……"

哲昊子,边讲边画,画了个"公鸡状"的旅行图,目光中充满了向往和坚毅。大家纷纷附议,教室里热火朝天。

哲昊子接着说："三十年后，我将自驾一车，带着妻儿，一一去拜访诸君。"

阳人听完，随手在教室里板书了下面这篇文章。

哲昊子言志

　　熊生哲昊子，辛丑秋为阳人课代表。性孝友，甚敦厚，诸生亦友之，谓曰"昊兄"。哲昊子亦自喜。曰："吾等同师阳人，汝以兄视吾，吾必兄焉。"学愈勤，事愈恳。众生皆言，可入"杨门七十二贤"。

　　一日，哲昊子与诸友言志。曰："古者以十为秩，三十为世。期十年众必成，三十年后吾将率妻儿往拜焉。及彼，自驾一车，以造诸友。自宜都始，往汉，'武大'可有与吾赏樱者？又东游造宁，博宁君[1]定于'南大'邀吾开讲国学。东南，入浙复沪，众兄当道迎。后闽、湘、徽、鲁焉，诸公须以名食宴吾妻儿，并备厚赏。京津乃必达之所，主'清华''北大'者，请于红楼[2]设会，邀诸子来。待入西北、西南，及川、藏、滇、黔、二广，则宜游沙漠、观江河[3]，住土司，以得山水之乐哉！"

　　阳人闻言，乃口："诸生当与争贤，昊往，阳人必同，以亏[4]汝耳。"众生笑，誓曰："此生不逮昊兄志者，非人焉耳矣！"

　　西楚阳人喜志，时年十一月二十五日，于九班教室，书以证焉。

注释：

[1] 博宁君：刘博宁，同为阳人语文课代表。志向是大学毕业后到南京任教，做教授、校长。
[2] 红楼：此指"北大"红楼。
[3] 江河：指长江和黄河。
[4] 亏：使其财亏，即破费意。

　　读完文章，大家兴奋起来，一致提议：今天一定要留下一张照片，三十年后，哲昊子扶着阳人去寻我们。

清河子言

　　古人十分重视对学生的志向教育，孔子曾与弟子在轻松自由的氛围中言志。人本教育从孔子那里得到启示，力求创造一种自由的化境，在近乎闲谈的环境中与学生交流讨论，鼓励学生把内心真实的想法说出来。也许，就是今天这样一句谐语，就会成为激励学生终生奋斗的动力。顺乎人性，在近乎自然、陶醉的境界引导学生学习。

41. 送给学子的"早餐"

2021 年 11 月 27 日

　　高中学子，难得一次周末放假，阳人让学生尽情地享受周末，独自出来赏夜，拍了一些照片，写成一则小文。等到早晨七点钟，发在网络空间里，送给学子们一份特别的"早膳"。

西 楚 的 夜

　　这西楚的夜，在初冬倒是很和煦。

　　杨柳的叶子还没有褪尽那份青苍，挂着彩，夜空又晴朗。一阵惊动过后，窸窸窣窣地响……

　　阳人出去一看，是东南风摆起来了。心想："在这月份倒不多见，这黑暗包裹的夜里一定有一轴大卷，不知该不该帮学子们打开。"

　　想着想着，双脚就迈出了家门。

　　夜真是静啊！静得一条"婆婆街"上，一个婆婆也没有。弹棉花的也早早地关了门，只有一座深院的竹篁把高节露了出来。

　　合江楼前的亭台上倒发着光，是橘黄的，照着银杏树，弄出些婆婆的影子。江水没有一点声息，灯光照在上面也不摇曳。

　　长江就这么懒懒地流着，也不来惹清江。倒是光影很多情，闪过来又闪过去，让夜黑得不踏实，惹得人心痒痒的。

　　寒夜不冷，本已失去冬天的那份韵味，现又静而不宁，没有期待的那份简朴……

　　这夜，本是和学子们共有的。无奈，辛勤了半个月的孩子们，放了假，难得一回清闲。这会就让他们尽情享受一回世俗的快乐吧——不打搅他们。

　　一个人走在这西楚的大街上，倒是增加了更多的自由。

　　沿着江岸一直往下走，望着对面货装码头上的灯火，那昏暗的灯影里，不知有哪几个孩子的父亲正在忙碌着。

　　一条街有一条街的树，玉兰、香樟、毛叶山桐子，陪着老塔，借着路灯的光亮堂着。有的得光多，就多几分姿色，有的得光少，就打着罗伞，或零落了叶子，露出几许光秃……

　　回到家，夜已很深了。没有给诸弟子发送照片，也没有发信息。不想打破这夜的宁静，让它保留那么一点西楚的样子。

一觉醒来,已是凌晨五点。下弦月正高挂在天心。阳人想,只要天还没亮,就应该还算夜。

走在大街上,偶尔也遇到晨跑的老人。还有野狗在街心做着游戏,仿佛眼中没有人似的。

夜仍然很静,似乎还想为这座千年古镇,保留一点冬的古样。

当然,也有例外的。一座城,大大小小的早餐店却开始忙活起来,尽显着另一种繁华——蒸笼里冒着大气,小摊边开始来人,还有人喝着小酒……越是偏僻的小巷,聚集的人越多。

餐馆是来自全国各地的。有沙县小吃,楚汉园早餐店,重庆摊摊面,汉正李记热干面,巴东牛肉大面,当阳老贺家的牛杂早酒馆……嘎嘎香、杨小脆脆皮五花肉之类的店面更是数不胜数,大概有三四十家。

有忙得不可开交的,也有关门歇业的。

只有几家西餐大店的灯亮着,还没有开始营业,或许它们的食客是最富有的,这时还在睡觉,根本无需开门……

发了这篇短文,阳人又追加了一个便签。

诸君:早上好!

当你醒来,推开窗户,已是阳光灿烂。此时此刻,阳人经过一夜的制作,为你备好一份精致的"早餐"。这"早餐",以昨夜古镇的风景为"食材",用阳人惯用的清新明快的抒情笔调,制作而成,但愿你们喜欢。

清河子言

周末放假,学生沉浸在自己的世界里,第二天早晨,一觉醒来,教师通过互联网,给大家送来一份特别的"早膳"——有昨夜的风景,有身边的人情。似一道农家"三蒸",弥散着红薯、高粱和野菜的芬芳;像经月经日熬制的高汤,入口爽滑,回味深永。人本教育是制造惊喜的艺术,让学生在这种惊喜中感受教育的温情,感受生活的多彩,与爱一起成长。

42. 许璐璐的东坡

2021 年 11 月 28 日

九班学子中,有叫璐璐的,也有叫贝贝的,还有叫姗姗的。不经意间,阳人常把贝贝叫成姗姗,又把姗姗叫成璐璐,闹出一些笑话。

上周,阳人讲苏轼,询问众弟子家门前有无东坡。璐璐当时很想回答有,但又心有所惧,后来她写了篇随笔。

我 的 东 坡

许璐璐

不知可否称东坡。

我家屋后东面有座山,足足有几公里长,与镇上的医院、水库、学校后的山相连成一体,前人谓之石羊山。

我家门前有条河,不知有几十、几百公里长,也不知连系了多少县,多少乡镇,多少村庄,前人谓之渔洋河。

大家常常笑道,开车开了好几公里,还在自家的大山脚下徘徊,游船游了老半天,还在自家门前的大河口徜徉。

东坡上,白天挂着太阳,晚上挂着月亮。从六岁开始,爸爸就经常带我看东坡。白天,我们站在自家门前看太阳从东坡顶上升起,又从对面的山顶滚落,我常想是太阳帮我把东坡照亮,把我的心照亮。

晚上,又沿家门前的小路,走到河边,看七子拐[1],看月亮,看月亮从渔洋河、从七子拐上升起,看渔洋河上的游船。

那时,我常对爸爸说:"你在东坡上栽大树吧,等我长大了,把树砍了,造一条船,我要坐着船到外面去,到好远好远的地方去。"

今年,我考上"一中",爸爸栽的树也已经好粗好粗。我想,三年后,该是爸爸为我打船的时候了。

我一次一次地告别东坡,也一天一天地长大。但我舍不得东坡,舍不得爷爷和爸爸,他们也是我的东坡。

我有一个心愿,等我将来有了钱,一定要买一个"单反"[2],把东坡所有的风景照下来。让同学、老师看,让世界上所有的人看,看太阳从我家东坡升起,看月亮从我家东坡落下。看东坡上的爷爷、爸爸,也看他们那像山一样的高峻……

注释：

[1] 七子拐：贺龙元帅早年闹革命的地方。

[2] 单反：口语，即单镜头反光相机。

看完文章，阳人心头一震，决定在这个周末，无论如何也要去看看璐璐的东坡，看璐爷璐爸，看璐爸栽的树。

吃过午饭，阳人从陆城出发，开车沿着崎岖的山路行驶了 40 分钟。来到璐璐家，见到东坡的那一刻，被震撼了。

那是一块令人敬畏的东坡。

坡长数公里，不陡。是攀登者始终能耐受的那个坡度，但一直向上延伸着，直到伸向白云里头。挺拔的青松屹立在行道的两旁，枯桑垂下落木，混着香樟的气息，把脚下的路铺成灰黄，留下车轮碾过的痕迹，显着百般的耐性。

坡上长满形形色色的植物，每一个生命，都在这里享受日光的爱抚，尽情吮吸着山野里的甘露。它们根叶下的土地，是那样的板结而老黄。想不到，竟能把每个生命又演绎得这样蓬蓬勃勃——成群的杉树张着一排排尖狭的长叶，高大的栗子树长满无数包突，纤细清婉的疏桐参差其间，与娇羞的银杏挤弄着眉眼。野藤缠绕着，你连着我，我连着你，铺展开去，有几十米，甚至上百米，一路攀岩附壁。山茶遍野，松柏林立。各种野树、杂木，叫得出名字的、叫不出名字的应有尽有。

走在去东坡的路上，璐爸随手采摘了一颗火棘果，送给阳人，刚到嘴边，就闻到一种山野的味道。待细品，则又甜中带着涩，后味无穷。

"好吃吧！"璐爸边走边聊，尽情地给阳人讲这山中的故事——

不管什么时候来，只要攀上东坡，就有享用不完的野果。春食茶苞，夏吃桑葚，秋打板栗，冬摘拐枣。三夏或中秋季节，还可以吃到胡颓子、山捻子、酸桐子、八月炸、地捻果、野山梨……每一种都是值得一品的上果。

一年四季坐在自家门前看云，那是一个啊——惬意！几层或是几朵薄云，稀疏地挂在天宇。时而遮蔽天日，时而又露出红霞。春日的早晨，有云雀在其间歌唱。夏晚则隔三岔五地送来宿雨。到了冬天，下了雪，又像升起来的雾气，飘在山顶。只有秋天带给人们的才是满满的高朗。

云就这样笼着——笼着天，笼着地，笼着东坡，也笼着璐璐。

十五年了……

父女俩最好的交流方式，就是到东坡看树，看大树，看树是不是又长高了。每到这时，父女俩就迈着坚定的步子，只要向前走，就好像走向了未来——在黎明或是黄昏时，常留下他们偎依的背影。

这一次，阳人来，璐爸一高兴，用双手合抱着大树，又比画着该有多粗。夕阳下，重又

许璐璐的东坡

（璐璐说："等我长大了，要爸爸把树砍了，造一条船，我要坐着船到外面去，到好远好远的地方去。"）

留下他们深长的背影。在那浓黑的影像中，延续着他们的昨天、今天和未来。

回来的时候，阳人的耳边一遍一遍地响起璐爷的一席话：

"女人要走就让她们走，但男人必须留下，都走了怎么办？这么好的东坡，不能一走了之。"

阳人被这坚守大山的两代男人的故事感动着！为璐璐拥有这样美好的东坡而高兴！但此刻更多的是痛惜：痛惜自己经常把璐璐的名字叫错！痛惜自己对璐璐的东坡了解得太迟！痛惜现代的教育没有贴近学生！

傍晚时分，阳人把璐璐带出大山，带回学校。经过那片东坡，深情地望向远方——夕阳已经挂在对面的山巅上，霞光恰好映在东坡，也映在璐爷、璐爸身上……

阳人对璐爸说：

"感谢你栽了棵大树，养了个好闺女。"

走了很久，很久……阳人和璐璐走出村口。回望行处，两个男人还站在门口挥手，屹立在晚风中，俨然像两尊雕塑。

不知他们是希望璐璐走出这大山再不回来，还是回来……

回到学校，阳人把这个故事告诉众学子。一遍一遍地询问学生：什么才是生活应有的样子？什么才是真正的幸福？"

引发了大家热烈地讨论。

清河子言

随着科技的发展，越来越多的人告别贫困，走出大山。与此同时，还有一批人，他们需要在大山里坚守，因为那里是他们祖祖辈辈的家园，那里有美丽风景，有丰富的物产。璐爷说："女人可以走，但男人必须留下，都走了，大山怎么办？"正是这句令人泪目的话，让两代男人留了下来，坚守大山，也把璐璐留了下来。在我国还有很多这样的留守子女、单亲家庭。如何关怀这一部分学生，留住中华民族几千年的农耕文明，也给现代教育提出了一个严峻的课题。

43. 校园月令歌
2021 年 12 月 1 日

月令是古代天子按月号令天下的文告。岁末冬初，颁朔诸侯，藏之祖庙，月朔启视，告民受行，在我国奉行了几千年。阳人因古例，依旧历纪月，以一年十二月的风物为导引，将高中学生每月学习生活的大事、要领，以歌诀的形式，谱作《校园月令歌》，月旦启观，起立讽诵[1]，教导学生遵循自然之理，以养圣明之德；日学不辍，不废学时，积日功以成大德。

注释：

[1] 月旦启观，起立讽诵：即在旧历每月的第一天拿出《校园月令歌》，全体起立，高声诵读。古人称每月的第一天为月旦。《校园月令歌》，根据传统惯例，采用旧历纪月。

其歌曰：

七月翌风张高天，两江潮头白云间。风华少年启征程，三乡才俊聚学苑。
八月蓼风三四回，晚来朝凉雨霏霏。东窗未明西厢亮，座中争比读书郎。
九月金风不复热，戴月晚归秋瑟瑟。此季难得逢长假，叼陪鲤对适庭下。

七月间，立秋过后，东南风刮起的时候，秋汛来临，四面八方的学子就要入学了。大家要提前做好各种准备，以饱满的精神状态，迎接新学期的到来。

八月秋风渐起，天气转凉。但整体上不冷不热，是一年学习的黄金时段。大家要抓紧时间学习，特别是要早起，高声诵读，相互激励，通过诵读提振精神，培养语感。

九月是西风吹起的时候，始有寒露，白天黑夜温差较大，学子们早出晚归，要注意加衣。这月末，通常还会放一个十一长假，学子们学习了两个月，已经有些疲惫，要很好地休整一下，并且还要利用这段时间和父母多交流，做一些力所能及的事情，以培养感恩之心。

十月霜风吹游子，一周连雨冷单衣。朝读夜诵不觉得，自古学人涵大义。
冬月凛风动杀伐，此闹过后堪芳华。长廊复道藏九室，我身寄处自高闶。
腊月朔风逼年节，数九寒气催梅发。年糕哪堪书中味，抱得长卷岁暮归。

十月的早晚，开始起霜风，会很冷，大家要注意保暖。即将进入冬天，但又不是十分寒冷，这时人的心很容易静下来，非常适合涵养，大家要用心学习，以小涵大。

冬月会吹起凛冽的寒风，对大家是个考验。进入高中已有三月，这时一般会有一次比较全面的考试，考前大家要认真准备，尽量适应，这样今后的学习会比较顺利！

腊月北风怒号，是磨炼意志的好时期，也是收获的季节，将迎来寒假，大家要以高昂的斗志，挑战严寒，创造佳绩，迎接新春的到来！要安排好自己的寒假生活，多读一些有益的书。

正月东风自东来，花心与君一般开。暖阳此出复暖日，陌上青衿踏春回。
二月恺风响五弦，遍抚瑶琴演韶年。北楼晨钟催早课，南苑学子唱朝歌。
三月惠风常细细，楼高烟云复疏疏。几回月影起西阁，开卷总把圣贤读。

正月的春风吹暖大地。正式进入春天，大家要保持好心情，不管以前如何，都要让和煦的春风扫除心头的坚冰。重回学校，大家要乐观向上，以新的姿态迎接新的一年。

二月温暖的南风会不断吹起，是春光明媚的日子，这个时候大家要尽力展示自己的才华。要让歌声充满我们的生活，要让学习变成快乐的事情！一切都有可能，奇迹由此而生！

三月惠风和畅，大地清明，万物生长。最适合读圣贤书，修养品德。朝读晚诵，增长知识。感月赋诗，怡情养性。此时要多参与实践活动，培养各种技能；多观察万物的生长，陶铸精神。

四月岚风鸣高岗，迎日锣鼓起锵锵。急弦一起千翎舞，短道百骏金镳出。
五月熏风鼓铁树，铃铛高挂魁元路。满园竞开凤凰花，金榜次第发三甲。
六月暴风向晚疾，横扫乌云千万里。随吟月令三百韵，岁月最是青春季。

　　四月高风吹山岚,初夏到来,日长夜短,除了学习,还要加强体育锻炼。一般会有一个五一小长假,学习了两个月,也有一些疲乏,放假了要多走进大自然,放松心情,调整状态!

　　五月的熏风温暖不燥,铁树多在此季开花,此时是一年的高考季,大家要沉着淡定,从容应考。在那凤凰花开的日子,高考一榜、二榜、三榜会陆续发放,辛苦了三年的学子,此时最适宜在家里静候佳音!

　　六月酷热难耐,又会吹起暴风,时有疾雨。这时大家会有一个较长的暑假,可以尽情地放松一下。读书、写诗、远足旅游都是不错的选择。需要保持愉快的心情,迎接新的征程。

清河子言

　　根据每月的时令特点,把学习重点和注意事项以歌诀的形式编写出来,对学生的品德修养、行为修炼、学习活动、体育锻炼,提出全面的要求,并在每月首日与学生一起吟唱,反复熏陶、濡染。这种教育非常重视培养学生尊重自然、尊重规律的品格,培养学生利用自然、顺应天理的品性,通过潜移默化的影响,陶铸学生的圣贤人格。

44. 冬 夜 的 船
2021 年 12 月 4 日

　　傍晚时分,阳人行走在长江和清江两岸。

　　江边泊着一艘渡船,工作了一天的渡工已经上岸,任江水拍打着小船。哗哗的流水,从小舟边流过,流向东边的大海。江心驶过一轮大船,开启一道逆旅,它背对着东方,驶向三峡。近岸的杨柳,向着江心垂着枝条,枝上孕育着一排一排的苞芽。

　　夜安详、静谧,又暗藏着生机。

　　阳人随赏随吟,陶醉于眼前的这幅美景,突然一颗流星划过天际。那不是流星,是中国空间站正在过境。于是录下一段视频,写下一首小诗,用作明日的课程。

冬 夜 的 船

冬夜的一艘船,泊着/泊在黑夜的江滩/那是一首眠歌/哗哗的流水,流向/流向

东方的海洋/那有明日的朝阳/

冬夜的一艘船,航着/航在黑夜的江心/那是一道逆旅/近岸的垂柳,垂着/垂着冬天的模样/那有明春的芽囊/

冬夜的一艘船,泊着/泊在黑夜的天边/那是一座天宫/巍峨的空间站,载着/载着华夏的来客/那有千年的梦想/

冬夜的一艘船,无论/在江岸或是天庭/都是一个民族的风景/二十年后,定要在太空邀约/咱们彼此共赏朝阳/那里有国人炽烈的肝肠/

西楚阳人,入夜游江,喜逢中国空间站过境头上,遂有此稿,时年十二月四日十八时三十三分二十一秒于长江、清江之滨。

清河子言

把天上的飞船、江中的游轮、岸边的泊舟,在一个宏大的叙事背景中呈现给学生,让学生看到科技的力量、大国的映像、岁月的恬淡、梦中的情怀、乡俗的野趣……教师巧妙地把这些组织在一个画面中,生成文学的意境,让学生在接受文学的熏陶中获取生活的意义,感受天地大道,实现育人功能。

45. "冬考"四则

2021 年 12 月 7 日

今日逢考,阳人早来观学,中午与众生闲聊打趣,又行监考事。多有雅遇,随行随记,为此三文。

李子有万宝囊

有考,阳人早巡于廊,众读甚洽。见李子瑜座前置一囊。色黑,貌寝,鼓鼓焉。阳人疑之,乃问:"此者何?"对曰:"李氏家风耳。"

愈疑,方复问。继曰:"自吾祖,以种树为业,好洁整。其设也考,其类也丰,其养也富,长此,为癖焉。及吾出,祖曰'李氏有子,当如玉之光鲜哉!'乃以瑜名。"

惑曰:"与囊何?"

瑜复曰:"前此吾来,祖授一囊,告余专治不洁!"

阳人大喜,启囊而视,有万宝,遂以名之,板书以告众焉。清河堂主得以闻,乃记。

陆生能"秒睡"

将考,阳人入,宣曰:"读久,不振,可小憩。"乃令诸生伏案而寝。俄而,有鼾声鹊起,如雷。众皆惊焉。巡视,乃陆生也。子性悟,每学皆捷且入深,犹之睡。阳人乃笑曰:"此乃秒睡,天才也,能者必擅秒杀!"众大笑,陆生方醒。相呼曰:"秒睡君!秒杀郎!"

一班大振,欣赴考。陆生骤起,又首!阳人复大笑曰"陆生乃真能秒哉!"

阳人用牛刀

及考,为监。入室,众相窃言,"已矣!已矣!"阳人乃笑曰:"以小考,为高考,终无考。"其督甚苛。启封,分发,预览,皆依旧例。及出,有生笑曰:

"今遇一古怪耳!"

阳人闻言,追曰:"见者何古,遇者何怪?"

生乃止,笑曰:"来遇服古,去见服人。此公监考,着一汉服来,当是巡铺[1],杀猪盘,焉用牛刀?"

阳人亦笑曰:"此用牛刀,终不用刀!"

生逃,阳人乃归,俱告弟子诸生。

注释:

[1] 巡铺:即巡铺内侍,古代科举考试监考官。诸生刚学《宋史·苏轼传》,中有"巡铺内侍每摧辱举子,且持暧昧单词,诬以为罪,轼尽奏逐之"句。此戏言阳人监考过于认真,有似"巡铺内侍"。

真 自 习

新高考,行选科。早读,校告语文,而将考者政治、地理。诸生以为难,阳人乃告曰:"可语、可地、可政。"众大悦,相曰:"今乃真自习耳!谢阳人,其盼也久哉。"阳人太息曰:"呜呼,学本私焉。苦诸子者久矣。天下子多不刚,不能去奴根者皆由此,尔等当更焉!"

众闻,皆振振曰:"吾生当以为志!"清河堂主闻之,喜记。

时年十二月八日

阳人在教室里板书上面四稿,记录考场花絮,展示学子风采。待学生考试结束,回到教室,书稿已展示在教室。在班上宣讲后,将书稿赠予四人。

阳人在教室板书《万宝囊记》

清河子言

　　人本教育的课堂立意往往很高,多从大处着眼,培养学生的理想、信念、人格、品质;但在教育手段的选择上,又善于从小处着手,选择生活中的点滴小事、饭后茶余的闲处谈资,大做文章,把事物外在的表象展示开来,把事物内在的本质挖掘出来,让学生自己观照、省验,获得感悟,享受佳趣。

46. 知　　耻

2021 年 12 月 19 日

　　西楚阳人隐居清河,日教学子,夜读"五经",前后近四十载。今日有少时好友来访,阳人拿出美酒,与客人在堂中开轩对饮。

　　客问:"杨子每天睡三更,起五更,这读书究竟有什么好处?"

　　阳人回答说:"您不是见到大街上做包子的、卖面条的很多吗?"

　　客人不解地问:"杨子读书与做包子、卖面条有什么关系?"

　　阳人答:"做包子的睡三更,卖面条的起五更,您知道他们的耻辱是什么吗?"

　　客答:"卖包子的以没有人吃他们的包子为耻,卖面条的以没有人光顾他们的面馆为耻,难道杨子也有自己的耻辱吗?"

　　阳人笑一笑,回答说:"古今读书的人,都以没有学问为耻辱。阳人虽称不上读书人,但唯独不敢忘记读书人的耻辱。"

　　过了一会,月亮出来了,洁白的月光,照在清河的山岗上,万籁俱寂,只有那些经过风吹霜打的残叶还在寒风中婆娑起舞……

　　阳人与客人醉倒在客厅里。一梦醒来,东方已经大白,隐约记得梦中的一些情景,于是把它们记载下来,作了这篇古文。

清 河 忆 梦

　　辛丑之冬,畅月既望。杨子寓于清河,坐堂以读《书》。涉乎《洛诰》[1],证乎观堂浩卿事[2],及暮未逮。忽有访客临轩,阳人出酒与饮,主客有问答焉。

　　客曰:"睡三更,起五更,不知杨子何益哉?"

　　对曰:"君不见,市井之为包子,为面条者,夥矣。"

　　曰:"杨子读书,与包、面者何干?"

　　对曰:"包者睡三更,面者起五更,客可知其耻乎?"

　　客曰:"包者以尢市为耻,面者以不获为耻,若杨子者亦有耻乎?"

　　杨子笑曰:"学者亦以无学为耻,阳人纵不堪论学者,独不忘其耻哉!"

　　既而月出,照清河,残叶婆娑,杨子与客俱酣,乃作《月歌》,唱曰:"起兮清河,来兮东郭,照尔西牖,鉴尔耻怍……"

　　及醒,东方既白,不知是梦,余不复记,遂志。

时年十二月十九日于清河居

注释:

[1]《洛诰》:即《尚书·洛诰》,作于周公还政成王、营建洛邑之时。

[2]观堂浩卿事:观堂,即王国维《观堂集林》,有《洛诰解》。阳人读记:"三年读简本,五年读古注,今观静安先生(王国维)《洛诰解》,成王之谦,周公之恭,至察也。"浩卿事,即《与林浩卿博士论〈洛诰〉书》载《观堂集林》。

　　第二天,阳人把这个故事讲给学子听,教导弟子,为学者须知耻,众生皆受教。

清河子言

　　读书治学,身教为先。教师的治学态度,学术修养对学生有示范作用,直接影响学生的成长。教师把自己一个极具个性化的读书故事讲给学生听,并用一篇《清河忆梦》的古文生动形象地展示出来。情趣高雅,情操不凡,具有中国古代士人的遗风,又能凸显语文的特征。这种源自人格的力量,或许能够对学生的成长产生持续的影响。

47. "民食语文"

2021 年 12 月 11 日

"食者,天也。入一地,观其食则知其民俗生计。"

为了引导学生关注家乡的饮食文化和地域风情,阳人连日早起,遍访一镇早餐面馆。先后造访永福早点、禾香园面馆、曹记油条、沙县小吃、楚汉园热干面餐厅、秦记米线馆、豫蒸香包店、宜宾燃面馆、季狗子包子连锁店……凡四十八家。每到一处,先饱口福,然后撰文品评,并和店主留影,回来以后,与学生观赏,谓之"民食语文"。

今早,阳人入城西锦江社区,寻得一家包子店——"七里鲜"。正墙有精裱的大屏,上书"包子文化"。阳人大喜,进店与包子哥叙谈。店主拿出注册的"鄂渝湘"商标,文绉绉地对阳人说:"欲知包子哥,当先知包子文化。我家包子有荤有素,取宫廷秘方,可入御膳,可为民食。其荤在鲜,其素在香,虽名七里,实可广布全城。本号虽小,十年之后,分号当立全鄂及渝湘邻省……"言语中充满自信。

阳人问:"七里鲜的包子与人有何不同?"包子哥侃侃而论,讲起他的包子之道。阳人以为高明,写了下面这篇短文。

七里鲜包子记

邑人早膳,喜包子,肆中以包子铺为最,南北来,凡四十余家。阳人遍食之,观其色,得其味,辨其异,以为志焉。

一日,往锦绣江南,遇"七里鲜",号曰"鄂渝湘"。阳人以为妄,乃谓包子哥曰:"何此耳?"对曰:"欲为包子王,本号此,分当全鄂与渝湘焉。"

阳人大喜,乃谓来食。及尝,果特。复问:"何以异哉?"

包子哥乃侃侃曰:"吾家包子有五,人所未之有也。一曰材:面、馅、辅三料者皆生于土,高山养之,以尽鲜焉。二曰味:猪牛羊,三味具,本油调和,以成正焉。三曰工:老面发酵,醒以次之,其造也玲珑,皮薄筋软,是为美焉。四曰艺:取大小葱、香菜、蒜头,擅五香之味,以红油浇之,为高汤,灌馅。开胞而视,馅外有汤,汤中养馅,得皇家之绝焉。五曰文化:吾之售,非包子,信誉也。小号以真立世,凡假罚十;以善施人,凡征必应;以德留口,凡顾必惠;以敬待老,凡来必赠;以教启后,凡学必授。是以广焉!"

清河堂主闻之,以为得道,其志必达,其号必显,为之记,以昭告天下。

时年十二月六日于清河居

第二天,阳人到校,把这个故事告诉学生。有弟子姚馨靓站起来说:"阳人啊!包子哥,就是我爸!"全场热闹起来。大家说这也太神奇了,周末空余时间,一定要把宜都的民食考察清楚。

周一归来,大家带来很多美文,或文言或白话,都很有特色,阳人又在课上一一展示。兹录几篇:

李 氏 包 子
周李涛

李氏包子馆,是我人生之首遇。我从醒事时就在那里吃包子,老板的种种善良、诚信都在他的包子里。他们一家做包子,卖包子,度过了春夏秋冬,度过了青春岁月,度过了他们的大半个人生。我吃他们的包子,那美味中也有我的人生。

炸 酱 面
董静洁

走进宜都最有名的炸酱面馆,没想到掌勺的居然是一位老太太。她能根据每个人的喜好,麻利地调配出顾客喜欢的味道,让你吃了还想再来。日复一日的劳作,老奶奶的手已经熬得蜡黄,但她依旧以那双古旧的手,善待每一个到店的顾客。

肠 面
王欣喆

我最喜欢的早食是肠面。这个早晨,我寻到了本地最有名的肠面馆——"知味鲜"。小店的生意好,种类很多,老板也热情。

"有原味的,加火腿末的,加鸡蛋的……"听了店主的介绍,我有点迫不及待地说:"就来碗肉末儿的!"

那人拉开抽屉式的蒸笼,刷上一层植物油,用大勺舀起一种黏糊糊的东西。

"这是面粉吗?"我问。

"这是用米和水磨制的米浆。"

随后,他用竹板将那液刮开,铺平,撒上肉末儿,推回蒸笼,一两分钟后取出。上面是一层薄如蝉翼的面皮儿。他小心翼翼地割面皮儿为三条,再用竹片一刮,一卷,盛入盘中,淋上汤汁。

那汤汁真如同店名一样,只能用一个"鲜"字来形容。据他说,是用大骨熬的汤,加酱油、料酒、沙茶酱、花椒油烹制而成,味道鲜美。

从知味鲜出来,我知道了宜都肠面的制作工艺,可以写进《食典》了。

老 四 样

谢白芸

本邑近郊,村人早食,好"老四样"。其一曰豆干包,一字评曰"香";其二曰青菜包,一字评曰"爽";其三曰猪肉包,一字评曰"鲜";其四曰银耳汤,一字评曰"滑"。

宜 式 馄 饨

刘佳琪

宜都馄饨有三绝:一曰清淡,谓其汁也,久煮弗糊;二月软糯,谓其质也,久嚼无骨;三曰飘香,谓其制也,久闻不厌。

好 外 婆 米 粉

陆庆生

好外婆米粉店,乃宜都老字号。传前清光绪间,端康皇贵妃——瑾妃,偶感风寒,废茶饭,日瘦,尽治无效。光绪帝乃命太医房寻古方,及治,亦不得解。时有宫女,秘制牛肉米粉以侍。味辛,瑾妃用,大汗淋漓,风寒遂去。帝大悦,乃令传其方,御膳房加草引二十四味,使为良品。甲子(1924年)岁,瑾妃卒,宫女还民,与御膳房厨子婚配,生养一女,传其艺。更曰:"好外婆米粉。"经年,女流落宜籍,发其技,成为老号。

清河子言

人本教育把地域文化引入课堂,创造"民食语文"课程,引导学生考察本地民食,搜集整理民俗文化,撰写介绍文章。这种基于真实语用的写作训练,包括对写作对象的生态观察、相关资料的搜集、文章的构思立意、语言的选择和组织,最终完成文本写作,让学生走完写作的全部过程,获得完全的技能训练。从民食这样一个细小的维度切入,引导学生关注家乡文化,培养乡梓情怀,增强学生报效家国的责任意识,符合现代课程理念。

48. 砚　教

2021 年 12 月 13 日

前日，西楚阳人喜得一方宝砚，据称出自肇庆老坑。阳人大喜，撰成小记，今日上课将砚台带到教室，与学子们一起观赏。

阳人，先让学生用手试拿，感受砚石的沉重。又现场对砚呵气研墨，告诉学生，此所谓"呵气生云"，让大家感受此砚的保湿效果。这才给学生讲解端砚的奇绝，说它具有"秀面多姿，呵气研墨，发墨不损笔毫"的特点。学生兴趣大增，纷纷上台观摩体验。

接着阳人给大家讲中国古代的四大名砚。讲甘肃洮砚的石泽之美，安徽歙砚的曼妙无比，山西澄泥砚的沉静坚韧；讲《洮砚志》，讲澄泥上的铭刻；又讲自己试用这方小砚之后的感悟，历数其八品。告诫诸弟子，砚品即人品，阳人讲治砚，亦是讲修身。这才拿出《喜得宝砚记》，与学生一起，开怀讽诵，研读学习。

喜得宝砚记

辛丑仲冬，胞弟淘得一方古砚，意兴来会。启而观，乃砚中名品，辨其色，当出自肇庆老坑。明日，阳人持砚，示之诸弟子，众皆来贺。阳人笑曰："诸子知为贺，复知砚否？"众愕，不能语。阳人乃教曰：

天下砚甚多，独以四品为最，乃岷之洮、肇之端、歙之龙尾、绛之澄泥者也[1]。

端者以古绝称，母岩鹤龄，号有四亿之寿。歙者，产于土，成于徽，以龙尾尤特。苏子称其"涩不留笔，滑不拒墨，爪肤而縠理，金声而玉德[2]"。米公[3]赞曰："其质坚丽，呵气生云。"南唐后主[4]以为甲天下。

端、歙之外，有洮河绿石，为北方最宝。其石绿如蓝，润如玉，发墨不减下岩。又隐于大河深水之底，非人力所致，乃为无价之物。然自宋以后而不显，盖以处之边陲，得之不易，兼无专书著录者也。非才不良，诚为憾焉。余曾往甘肃，观《洮砚志》[5]。其意曰：凡物产于舟车交经之区，则其名彰而播述；产于梯航难及之乡，则其名晦而不传。物因有幸与不幸欤！彼洮石者绿沉泽腻天然胎孕之物，足为文房之大宝，秘阁之至玩者也，然产于斯土，竟不能与端、歙之石争短长于文房哉！其言可谓深矣。

至于澄泥者，取黄河千年之渍，炉火炼成，抚之如石，呵之生津，其工可比石造，亦为砚中绝品。

今余所得，非有诸砚之名，而独擅其德。小试，有八品。一曰温，历寒不冰；二曰润,贮水不耗;三曰柔,研墨无泡;四曰嫩,发墨无声;五曰细,停墨浮艳;六曰腻,护毫加秀;七曰洁,起墨不滞;八曰美,经久不乏。此砚道即人道,彼砚德亦人德也矣。为斯文,告诸弟子,以为教焉。

时年十二月十一日西楚阳人于清河居

注释:

[1] 岷:即岷州,今甘肃省定西市岷县。肇:即肇庆,今广东省肇庆市。歙:即歙州,今安徽省黄山市。绛:即绛州,今山西省新绛县。

[2] 引文见《孔毅甫龙尾砚铭》,载于《苏轼文集》(第二册)。

[3] 米公:即米芾。引文见《钦定四库全书·砚史》(北京:中华书局影印本)。

[4] 南唐后主:即李煜。

[5] 《洮砚志》:即《甘肃洮砚志》。

清河子言

教师得砚一方,对于学生而言,就是一节文房宝物的欣赏课,同时也是一节人格修养课。教师带着砚台而来,让学生从直接的观摩开始,然后又现场演示端砚能够呵气研墨、润笔保湿的特性。经过预热,教师再给学生讲述中国古代四大名砚的相关知识,出示自己创作的短文,精准地向学生传授有关知识,讲述治砚同修身、赏砚如赏人的道理。这种教育,起于实事,成于实境,化于实用,最能体现人本教育重日常、重实际的特征。

49. 古巷里的母亲与儿子

2021年12月18日

辛丑隆冬,庚月庚日[1],月圆望满。阳人携二三子往古城南正街游观,目千年古镇,赏百年老巷。

从清江大道入幸福巷。此处是宜都古城南门外的一条横巷。阳人拿出随身携带的咸丰己未岁重刊康熙三十六年本《宜都县志》,借着明亮的路灯,阳人给弟子讲宜都陆城的故事。

城在川江之南,滨临清江。大江适当此来会,清浊奔流,飞涛东下。远望楼橹(望楼)雉堞(城墙)巍然,称雄镇焉。三国时,吴大都督陆逊屯戍宜都,见沧茫溪[2]产五色异石。喜曰:"此地露文章也。"遂筑城于此,以据蜀汉,后因号曰"陆城"。

学生大惊。家住陆城,今始得其典。指着前方的路口,阳人告诉大家,这里就是陆城南门的故址,旧称迎薰门,里面就是南正街,北端直抵两江口。阳人拿出古籍,给大家详细介绍宜都古城。

明成化庚寅都宪杨浚,因旧城筑土城,周围六百五十一丈,高一丈二尺。立五门,东曰"朝天",南曰"迎薰[3]",西曰"天平",北曰"临川"。东北曰"合江"。

万历丙子年,知县许梦熊因土城不堪防守,改用砖石,重筑城墙。改迎薰门为大观门,题额:"宜阳古郡"。

此时,站在这块故土上,放眼四望,明城清墙已成残垣断壁,唯有古巷深深。街头快餐、剃头、小卖、客栈诸铺,还保留着以往的旧样。瞻观门牌,纵向,"幸福巷";横向,"南正街",又有某某号为证。

此时,一轮满月从东方升起,有母子徜徉其间,仪态甚闲,雅意深致。阳人感其景物人物,鼓励弟子们写诗。于是有人吟道:

夜越寒越长/长长的古巷,长长的老屋/长长的岁月,长长的幸福/

又有人随声附和:

月越冷越亮/亮亮的云彩,亮亮的街灯/亮亮的背影,亮亮的徜徉/

每人续上几句,遂成一首小诗:

夜越走越长/长长的古巷,长长的徜徉/长长的曾经,长长的姑娘/
月越升越亮/亮亮的古巷,亮亮的街灯/亮亮的背影,亮亮的母亲/
巷越深越红/红红的灯影,红红的古墙/红红的领带,红红的脸庞/
月越高越圆/圆圆的心月,圆圆的心意/圆圆的笑靥,圆圆的记忆/
夜越行越长/长长的老巷,长长的徜徉/徜徉,我不再是姑娘/
月越正越亮/亮亮的前路,亮亮的瞩望/瞩望,我不再是儿郎/

古巷里的母与子

注释:

[1] 庚月庚日:即公元 2021 年 12 月 18 日,农历为辛丑年庚子月庚子日。

[2] 沧茫溪:在江北,古属宜都县。

[3] 迎薰:指迎薰门,明代宜都古城南门名,门外旧称薰甸。

这一晚,阳人将南正街定格在学子们心里,留下一份永久的记忆。

清河子言

　　教师引导学生参访地方文化遗存,接受地域文化的教育,培养学生的乡梓情怀。教师利用周末假日把学生带到当地著名的古代名胜——"宜阳古郡"旧址参访,借助古籍,现场指认历史文化遗存;利用史料,回顾历史岁月和人物。让学生感受古镇的沧桑巨变,得到人文熏陶。又巧妙地利用古巷中现实发生的事情,引导学生进行文学创作。整个教学设计,具有很强的现场感和体验性,产生了多方面的育人效果。

50. 制作《消寒图》
2021 年 12 月 21 日

　　早晨,一到教室,阳人就对学生说,今天是辛丑岁的冬至日,民间从今日开始"数九",计算寒冬。接下来,我们将要度过九九,也就是八十一天的寒冬,才能迎来春暖花开。这段时间是磨砺心志的好时机,大家可不能白过。看看今天户外有哪些令我们感动的物候天象。

　　推开窗户,室外一排整齐的香樟,屹立在校园东墙的路边,远处的翠柏在寒风中瑟瑟作响。从门窗里望出去,一轮澄月,带着清辉,从西岭滚落,曙光慢慢地盖住它的余晖。阳人得句,随吟道 ——

　　　　胜柏琦窗垂凤阁,路樟院柳映长寒,月澄下凸盈西岭,上将清晖余日端。

　　回望室内,学子们仪态正酣。阳人高兴地告诉学生古人冬至日,有制作《消寒图》的传统,便借机给学生讲授。

　　旧时,每当冬至来临,人们就会用淡笔画上一枝梅,描出九朵梅花,每朵又正好画成九瓣。从当天开始,每过一天,就用朱笔填描一瓣。在每一瓣的丹色上,再用白色细笔细细注明当日的气象。就在这美美的诗意中,过完九九八十一天。讲到兴会处,阳人询问诸生:

　　"大家愿不愿意也做这样一件《消寒图》!"

　　学子们反响强烈,有人高呼:"阳人愿意! 我们就愿意!"教室里欢声雷动。

　　这时园丁正好搬来两盆盆景:一株小柏,一盆柳苗。它们是阳人特意定制的。那小柏和室外的"柏爸""柏妈"一样青翠;那柳苗则全无枝叶,只是偶尔还露出几点青皮。阳人指着它们,对着户外的霜风吟道:

　　　　何意霜风声瑟瑟,岂知贤阁绿团团。坐看东牖开芳节,陌上千枯第一丹。

　　大家齐声叫好,纷纷响应。誓言要和这小柏一起度完九九,要看着柳苗一点点地返青,要望着东窗外的阡陌上开出第一朵红梅。

　　阳人提议,从他刚才吟诵的诗句中选出九个笔画全为九画的汉字,制一份《消寒图》,贴在教室里,每过一天,就用丹笔填涂一笔,迎接春天的到来。最后,学子们选中了以下九字：

胜柏映，院柳待，春重盈。

阳人将上吟补成一首七律，加了序言，书写后与《消寒图》一起贴在教室里。

七律·题辛丑冬至《消寒图》并序

今日冬至，阴极而寒，民间以此数"九"，凡九九八十一天。古人遇此节，多制《消寒图》以待阳春。阳人与诸弟子仰慕古贤，誓以室内户外柳柏为伍，乃仿古制，以"胜柏映，院柳待，春重盈[1]"为之，日涂一丹，共御苦寒。时年十二月二十一日，西楚阳人书志。

胜柏琦窗垂凤阁，路樟院柳映长寒。月澄下凸[2]盈西岭，上将清晖余日端。何意霜风声瑟瑟，岂知龙室绿团团。坐看东牖开芳节，陌上千枯第一丹。

注释：

[1] 胜柏映，院柳待，春重盈：此仿古制，以文字制作《消寒图》。这种形式，最迟在我国清代已有人为之。相传"亭前垂柳，珍重待春风"最有名。

[2] 下凸：农历每月十七、十八的月相。月满前后，月面上绝大部分是明亮的，故称凸月，有上下之分。此日农历冬月十八，故为"下凸月"。

清河子言

冬至是我国二十四节气中的重要节气。古人以此日开始"数九"，民间有制作《消寒图》的传统。在冬至日到来之际，教师给学生介绍相关知识，宣讲传统文化，并经过一系列的精心安排铺垫，以现实的景观和物象为素材，创作诗词，以"胜柏映，院柳待，春重盈"，九个九画的汉字制作《消寒图》，和学生一起消寒，并用养柳柏盆景的经历，感受人类和大自然是如何一天一天地战胜严寒、走向春天的。后来，尽管学子们因为选科分班了，但大家仍然把这一活动延续下去，并在不同的班级传播开来。

51. 贤 阁 别

2021 年 12 月 25 日

本届学子,自入校跟随西楚阳人入 206 教室学习,共 116 日。阳人声言以圣贤立教,又此室小,故以"小贤阁"命之。今因高考选科,学子重新分班,行将分别,阳人此作《贤阁别》,以赠诸生。

贤 阁 别

大江两万里,华夏五千年。宜郡[1]养圣贤,西楚出人杰。三乡才俊特,负笈来贤阁。日诵名家诗,夜论经史子。秋凉复冬寒,灯下埋头人。秋分观日月,短影复长影。冬至图柳柏[2],此寒我消寒。丹笔来人绘,还望与春盈。孔圣七十贤[3],亚究七十世。小阁五十子[4],当修五十季。此来入杨门,终身仰圣明。月学存高范,日课无遗憾。西厢连东榭,此去不言别。有志在四海,早晚出阁去。功业不负名,从此奔前程。

清河堂主西楚阳人十二月廿五日吟别

注释:

[1] 宜郡:即宜都郡,汉建安十五年(210 年),刘备得南郡,改临江郡为宜都郡。

[2] 冬至图柳柏:以"柳""柏"等字制作《消寒图》。

[3] 孔圣七十贤:此指孔门七十二贤士,此取整数。

[4] 小阁五十子:此指班上共有五十名学子。

师生一起在教室里一遍又一遍地高声吟诵,依依惜别。

清河子言

师生在一起学习生活了一百多天,学子面临分科的选择,师生即将分别,但教师没有放弃最后一次教育学生的机会。而是把这一百多天的经历,日常的学习情境,师生之间发生的重要事件,以及未来的期许,通过《贤阁别》这样一首古风,艺术地展现出来;又通过反复吟诵来渲染这种感情,强化这些意识,给学生留下终生难忘的记忆。

52. 龙室与凤阁

2021年12月27日

高一年级学子高考选科结束，是日傍晚，有冰雪，诸生返校。西楚阳人执教五班、十二班。五班，四十五人，皆为才俊，有龙虎之志。十二班，四十二人，能诗善吟，好作鸾凤之声。阳人分别作《龙室吟》《凤阁赋》，启龙室、凤阁，以畜之。

龙 室 吟

形云滚滚朔风烈，暮道皑皑万嶂雪。隔岸舟车溜百回，过江舆马载梦来。南苑霜林隐青葵[1]，北楼[2]鸿鸾乘云归。诸子文章今犹在，圣贤曾作日月读。但将贤阁[3]铺龙骨，且与玉露哺英才。龙室宣告从此立，古今辞赋常修习。朝著文章可射日，夜秉明烛赏好诗。曙钟清扬催日醒，孑然一叟[4]赋新曲[5]。待到六月风暴起，云聚龙骧动霹雳。奋鬐一击向霄汉，翻转扶摇撼河山。此间岁月胜千日[6]，不负三江万古月[7]。

辛丑岁冬月二十四日，西楚阳人始立龙室甫有此吟。

注释：

[1] 青葵：此指青葵苑。女生公寓名，位于该校南区。

[2] 北楼：北区教学楼。龙室、凤阁均在此楼。

[3] 贤阁：原高一·九班教室，阳人曾以小贤阁称之。

[4] 叟：老叟，此为西楚阳人自称。

[5] 新曲：此指《龙室吟》。

[6] 千日：此指三年，学生在校约千日，取整数。

[7] 三江：指长江、清江、渔洋河，宜都市境内三条大河。

凤 阁 赋

辛丑岁末，阳人启凤阁，招鸾鸟，有凤来焉。所得凡四十有二。古人云，此鸟好居丹穴，阳人乃以阿阁畜之。因以为赋，辞曰：

北楼绣闼兮，有高桐比于邻；结以阿阁兮，引新凤次于林。朝为养兮，集练实[1]以为食；夕以止兮，采玉露以为饮。如是三日，声啭而色回，锵锵以和鸣。其休美兮，犹仓庚载阳[2]，羲阳著其华；其播远兮，如《箫韶》[3]之唱，风月附其质。西楚阳人大喜曰："快哉！吾将与天下共焉。"

有沁赫子[4]曰："此为凤物，阳人所专，岂可分焉。"

阳人喟然唱曰："凤兮凤兮，其来何求？不有高桐，不有珍木！天地纵广兮，知吾何德？天下含弘兮，知吾何能？游必方兮，德伍君子；行必止兮，能耐术士。群凤来仪，立池兴阁，天下共畜！"

沁赫子乃集王子安[5]旧句[6]以和。唱曰："九成则那，率舞而下。""怀彼众会，固知淳化。""念是欲往，敢忘昼夜？"

时有诸凤来和，其声清扬，弥亘凤阁。西楚阳人以为奇，乃操觚而志哉！

乱曰：天地悠悠，君子于居。丹枝向阳，鸾凤于飞。天赐甘露，可啜可饮。地生篁竹，可乘可依。有彼君子，择贤而伴，日修德义，夜继文章。有彼凤雏，择高而处，日亮三嗓，夜正冠缨！鸣声四海，来会九州。咸有六仪[7]，日月亨兮。

注释：

[1] 练实：又称竹实，竹子所结之实。语出《庄子·秋水》："南方有鸟，其名为鹓雏，子知之乎？夫鹓雏发于南海而飞于北海，非梧桐不止，非练实不食，非醴泉不饮。"

[2] 仓庚：黄莺，向阳之鸟。典出《诗经·豳风·七月》："春日载阳，有鸣仓庚。"

[3] 《箫韶》：舜时的乐舞名。

[4] 沁赫子：即赵沁赫，凤阁学子，时担任语文课代表。

[5] 王子安：王勃，字子安。

[6] 旧句：原句。"唱曰"下引六句为王勃《寒梧栖凤赋》原句。

[7] 六仪：即淑仪、德仪、贤仪、顺仪、婉仪、芳仪。此指具备淑、德、贤、顺、婉、芳六种德行。

西楚阳人于分科后首日命两班教室为龙室、凤阁，以《龙室吟》《凤阁赋》为教材，给学生讲古吟古赋。

清河子言

学生选科，进班伊始，教师作《龙室吟》《凤阁赋》，以龙凤喻学子，激励学生成人成才，并以此为教材，以培养圣贤人格为目标，开启人本之教。此后，本书收录的所有案例都发生在龙室和凤阁。教师以学生自己的生活作为教育资源，经过深度开发，精心设置教学环节，用于人本教育，具有鲜明的育人特征。

53. 阳 人 坤 包

2021 年 12 月 28 日

早读,阳人执一坤包来,进入龙室,放在讲台上。有弟子袁锦灿问:"阳人来龙室,为何放一小包在此?"阳人不语,稍作思考,随手板书下文。

阳 人 坤 包

昨日,辟龙室、凤阁。阳人今来龙室,持一坤包。有弟子袁君锦灿谓曰:"彼号阳人,何以坤哉?"

阳人笑对曰:"某刚,以坤和之。"

袁君复问:"刚者何? 坤者何? 其和又何?"

对曰:"刚者乾乾,日有进焉。坤者厚也,日有纳焉,和其坤乾,是为中哉!"

袁君不得解。谓曰:"其言深矣。"

阳人乃为说《易》,论天道,析地理,作《乾》《坤》之教。指曰:"此小,有坤名,承载焉,包容焉,养育焉。其涵也古绝,囊天下之学,擅万世之用。余将以此置龙室,而身往凤阁,反之,入凤阁亦然,以养圣贤。诸君当见《坤》而知《乾》,视'无'而等'有',睹物而思人。"遂以监学,众皆有得。

时年十二月廿八日西楚阳人书于龙室

当日,阳人又把该文书于凤阁,与两班弟子约定:"而后早读,阳人到龙室,即把坤包放于凤阁。入凤阁,则又将坤包留于龙室。诸君睹物如见人,见包当知阳人在前,万勿懈怠。"

众弟子大乐,一朝不疲。后来,阳人又用翰墨宣纸手书了这篇文章,赠予学生,此事被诸生引为佳谈,遂在校园传开。

《阳人坤包》书稿

清河子言

　　一人执教两班，分身无术，但育人有道。教师以一个小包为道具，导演了一出人本教育的大戏。一个创意，激活师生的智慧；一个坤包，开启一场《易》教。教师借以给学生传授"慎独"之理，传讲"坤厚"之道。古谓"君子慎独"，但凡君子，不管行到何处、处境如何，都须坚守本我，不离本节，此乃圣贤处世之本。坤卦的卦象，内外都是地，地体坤厚，能够承载一切，包容一切，养育一切。君子观此卦象，知当厚德载物，此乃圣贤立身之要。教师以幽默风趣的语言、新奇简明的创意，向学生传授中华文化的精髓，传达的不仅仅是知识，更是人生的智慧。

54. 博 文 子
2021 年 12 月 29 日

　　初入凤阁，讲台上放有一个信封。上书："致阳人。"打开一看，里面用一个塑料袋密封着一柄枫叶，上题一款小字："轻拨小窗看山色，漏入人间几叶红。"阳人多方打听，是弟子李博文，分科前回乡，特意从家后山间采来的"礼物"，原本是要放在案头，供自己每日观赏的。现在，她要把它作为家乡的风物，献给阳人。收到"礼物"，阳人甚是惊喜，手书一文以赠之。

博 文 子

初入凤阁,有弟子馈余以封。上书:"轻拨小窗看山色,漏入人间几叶红。"内储枫叶,有秋霜。阳人甚喜,遍查二室,知为新弟子李博文之雅赏,乃以博文子称之。

博文子者,枝邑[1]九道河[2]宁家畈[3]人氏。前日,告余曰:"其土甚幽,旧时有茶道,门前走骤马,先公杨守敬出于之。又曰:'两山对峙,溪贯其中,桑麻满畴,松篁成韵。'"[4]

前日还乡,博文子采古道红叶,以为封,及返校,常置于案,日观夜摹。

阳人甚疑。问曰:"何为耳?"

对曰:"此乃家物,为父母所高。携而来,见叶如见人,抚封知感恩。"

阳人大惊曰:"此乃贵重也哉! 何以授人。"

对曰:"阳人为吾师,知吾乡,为吾传'杨学'[5],亦当恩公视之。授轻,恐不恩!"

阳人闻言,乃知博文子有古贤之风,是为之记。

时年十二月二十九日西楚阳人于清河居

注释:

[1] 枝邑:枝江市古称。

[2] 九道河:位于宜都市枝城镇南,境内有旧石器时代洞穴遗址和茶马古道遗存,古代由此可通西南容美土司。

[3] 宁家畈:位于今枝城镇,是著名国学大师杨守敬先生的祖籍地。

[4] 两山对峙,溪贯其中,桑麻满畴,松篁成韵:语出杨守敬《和州杨氏家谱序》。

[5] 杨学:国内外研究杨守敬学术思想的学派。

清河子言

人本教育以顺应人性为依归,尊重个性,遵循自然,追求平静、自由、陶然的教学境界。教师和学生之间一次看似平常的馈赠和酬答,印证了"君子之交淡如水"这句古训,情义无价。无论是学生采集枫叶,还是教师回赠书稿,都充满文人的雅趣,具有鲜明的个性特征。重视人文熏陶,以此培养学生高雅的情趣,借以塑造学生的圣贤人格。

55. 锦　溪　子

2021 年 12 月 30 日

早读,阳人来凤阁。天寒,学子邹锦溪桌上放着一个精致的水瓶和一个小巧的暖手袋。阳人快速地把锦溪、水瓶、水袋联系在一起。邹锦溪则给阳人讲述了一个优美的故事。阳人随即在白板上写了下面这篇文章。

锦　溪　子　记

辛丑冬,廿七日,早读,阳人往凤阁,见弟子邹君锦溪子,座中置二器,其一瓶,高八寸,内贮白水,外有彩绘之属;其一袋,亦白亦水,其饰甚典,五星者灿灿若金。阳人以为异,问曰:"此二者何?与芳名宁有缘乎?"子笑曰:

"然也!吾之生于红花大溪,五行缺水少金,吾祖乃以锦溪名吾。后十年,祖父于红花置业,不复大溪焉。

"一日,祖谓余曰:'锦溪者,大溪也!视吾孙,则见故园者也。'吾视祖,两目泪焉。

"今夏,历中考,余得上一中。祖乃携吾归大溪,采水数斗,秘匮储之,又与大母随吾来宜,赁屋陪读。

"每朝,祖必以大溪之水煮之。注于瓶,滋吾生;存于袋,暖吾手。"

锦溪子侃而言,意甚庄,不似有矫!阳人察其言,观其色,感其祖孙事,以为记,书于凤阁,为众生鉴之,以养德性。

时年十二月卅日,西楚阳人书于凤阁

文章写成,阳人又请邹生为大家讲述自己的故事。最后邹锦溪深情讽诵短文,言语中充满感恩和陶醉,众生为之感动,一起鼓掌。阳人提议大家把掌声送给那位慈爱的祖父。

　　一次偶遇,一次采访,引出一对祖孙之间的优美故事。随着现代城镇化建设的加快,很多人离开自己的故土,但是他们对故乡的依恋一点也不曾减少。这个案例中,祖父把对孙女的爱、对故乡的爱融在一起,通过采故乡之水,为孙女备饮体现出来,既博大又深沉。安土重迁、追宗怀远是中华民族的传统美德。教师巧妙地把这个故事,用文字定格下来,让学生从文学的表述中感受语文的魅力,从故事的内涵中体会美好的亲情,以及"祖父"浓浓的思乡之情。

56. 迎 新 诗 会
2022 年 1 月 1 日

　　元旦如期而至。放假前,阳人邀弟子,学写一首古诗词,于2022年零时前后,在"龙室、凤阁"QQ空间晒出,通过网络一比诗才。

　　到了晚上,语文课代表熊哲昊,提前十分钟在网上发出一首小令《采桑子·新愿》。

　　　　雾迷夷水冬风凛,两岸江边。悠步林间,月失前山来路还。
　　　　盼春锦绣新吾愿,志道如山,百折千弯。回望青云美少年。

　　阳人检校,格律、意境俱佳。十分欣喜,立即发出《少年游·迎新(并序)》。

　　　　新岁元旦,熊君哲昊子赋《采桑子》,阳人以为得诗词之要,甚喜,亦赋《少年游·迎新》,以励之,并与诸生共勉。时年元月一日零时零分于清河居。
　　　　蜡梅孕岁未曾开,天冻日迟挨。漏滴新年,两江无夜,更上试诗才。
　　　　醒时满阳钩月尽,南亩访高台。此季失暖,我生得意,又把李桃栽。

　　网上立即热闹起来,不断有诗词发出,涌现了大量佳作,阳人又在网上现场评点。众弟子欣喜异常,至夜不眠。兹录几首。

清平乐·忆梦

赵悦涵

闲吟漫步,暮影人栖处。笑问青梅开几度,梦里谁知归路?

江岸小驻须臾,雾起又踏殊途。喜向斜阳万里,摊头添茗何如?

此词记游,从标题和上阕的结句来看全用虚笔,写梦中情景。由于是记梦,所以写得非常轻灵。日暮闲吟,漫步人丛,赏梅望晚,迷失归路,一组意象特别连贯。风景之美,景致之深,行吟之痴,令人叫绝。下阕转写作者因为迷路,干脆在江岸坐下来。但一阵雾起,又不得不再次起身,向着夕阳的方向寻找归路。最俏皮的是结尾写摊头问路,向摊主添茶,全用暗示,绝不名言。可谓意境清丽,含蓄隽永!

摘得新·元夜

李博文

腊鼓声,溪头竹映晴,鸟啼春半醒。远山明,俳歌一夜笙宵大,万门楹。

此一小令,写元夜乡人欢庆的场景。岁寒天冻,但腊鼓不断,笙歌俳舞,尽显土著之乐。加上有月夜的远山、溪头的竹影作陪衬,禽鸟的啼唱、千门万户的楹柱、半醉半醒的春光与之相谐,极富乡间野趣。

蝶恋花·迎元旦

曹羽萌

新日冬寒春未暖。故燕将归,趁节营家院。亲友邀杯频侍宴,堂前清唱迎元旦。

游子回乡新许愿。叩祭先儒,不忘恩亲眷。待到梅芳归旧苑,复斟清酒诗相伴。

这首蝶恋花,写学子归家与亲人相聚的场景。有与家人的问候、宴乐;有整理家院、为燕子归来搭窝的准备;有元夜以歌诗迎新的雅趣;还有对春节长假的展望。全词充满浓郁的田园气息。

及天明,学子们有很多户外活动,阳人又陆续收到一些学子传来的词作。

小重山·元旦放假逢雪后初霁

周秩怡

晨起珠窗见晓曦。雪泥鸿印爪,日初回。新梅欲染陌头枝。儿童戏,檐滴锦衣归。

此节不成诗。梦中莺自语,闹低畦。燕迷长庑不尤谁。待春日,明月寄深闺。

此词写学子放假归来,早起在窗前赏景。雪后初晴,蜡梅始放,锦衣童子门前游戏的情景,历历在目。下阕转写自己的幽怨,在这寒冷的冬季写不出好诗,只得在梦中欣赏莺歌燕语,但又担心深闺路远,春燕难寻。最后寄希望于春天早来,明月把春光传到深闺。情感委曲,构思新颖,场面别致!

江城子·元旦骑行枝江

邓博文

晓江浮雾渡难航,巳时望,见曦阳。气散舟行,此际楚江长。天朗风微逢骑客,呈队列,破风强。

午前结识同程郎,沏红香[1],赠兰章[2]。问道车房,应日遇针芒。云起日斜将离别,邀共练,去无疆。

注释:

[1] 红香:红茶的芬芳。
[2] 兰章:美好的辞章,此指书信。

此词写元旦假日一天的户外行踪。先写江雾阻行,再写骑行上路,继写午休交友,最后写相约话别。中间穿插喝茶赠物、寻店补胎等细节,充满浓厚的生活情趣,读来妙趣横生。

清河子言

元旦佳节,对于一般人而言是假期,但对于一个人本教育的教师而言,则是一个大课堂。由于教师的精心构思,提前布置,又借助现代互联网技术,把所有的资源整合在一起,在元旦到来之时运用,由此点燃了学生创造的烈焰,学生的才情集中爆发,创作了很多优秀诗词。这次活动俨然一次节日的诗词盛宴。教师又从专业的角度一一评点,加上师生的现场互动,创造出鲜活的网络课堂,学生获得很多平时课堂上难以学到的知识和技能。

57. 金 话 筒

2022 年 1 月 5 日

讽诵是学习古诗文的重要形式。在古代，学到一定程度，先生就要教给弟子讽诵的技巧。西楚阳人深耕国学，研究讽诵十多年，得古人吟、诵、唱、咏之法。三日前，入龙室，教弟子讽诵。

"诵，从言，从甬，就是根据表达需要把字词或句子的声音抬高、拉长的讽诵技巧。"阳人以李白的《蜀道难》为例，作了现场演示。

"吟，从口，从今，就是根据现场真实的情境，声调抑扬地念。吟时情感要炽烈、放达，读出内心真实的情感。"阳人又以乐府旧题《箜篌引·公无渡河》为例，给大家演示吟诵。

在讲"咏"之前，阳人则先出示《千字文》开头几句：

天地玄黄，宇宙洪荒。日月盈昃，辰宿列张。

阳人询问哪位学子愿意试一试。弟子赵悦涵举手示意，希望试一下。等一开口，果然不凡，语惊四座。音色非常圆润而又有气势，大有央视主播的风范。阳人以"金话筒"称之，把弟子夸奖了一番，才给大家讲授"咏""唱"的技巧。

"咏，从口从永，本义是曼声长吟，就是依着一定的腔调缓慢地诵读，情感要饱满、夸张。咏时语音在口腔中要有运动感，要找到'叼''弹''滚''喷'的感觉。比如：'天——地——玄——黄'要这样读。而唱则从口从昌，即口张，就是依循一定腔调和固定的节拍歌唱。唱时情感要条畅、自然。"

阳人出示《桃花扇》中的一段唱白：

我的圣上呀！我的崇祯主子呀！我的大行皇帝呀！孤臣左良玉，远在边方，不能一旅勤王，罪该万死了。

【桃花扇·胜如花】高皇帝，在九京，不管亡家破鼎，那知他圣子神孙，反不如飘蓬断梗。十七年忧国如病，呼不应天灵祖灵，调不来亲兵救兵；白练无情，送君王一命。伤心煞煤山私幸，独殉了社稷苍生，独殉了社稷苍生！

又请赵悦涵上台，为大家作了演示。阳人这才开怀歌唱，只见他唱得是声断气绝，悲痛欲绝。众弟子听得是两泪涟涟，感受到讽诵强大的艺术力量。阳人告诉学生，吟诵是一种非物质文化遗产,它是要口耳相传的。

阳人指着赵悦涵说:"悦涵子,很有天赋。你应该在吟诵上下功夫,把中华传统文化中的'讽诵'艺术,发扬光大。"

后来,阳人得知赵悦涵学习朗诵的一些故事,写了篇赠序,在班上宣讲,然后将书稿赠给她。

送赵君悦涵子序

赵君悦涵子者,阳人之新弟子也。首遇于龙室。阳人曰:"此乃藏龙卧虎之所,有善讽者乎?"悦涵子举手示余曰:"愿试!"

及启齿,声若凤,辞若凰,调如大吕。闻之,金鸣而玉振。众大惊,以为央视主播。阳人乃以"金话筒"称之。

居有间,与阳人叙,乃详其故事。先是,悦涵子少,与诸童戏,其声甚厚,类男,众姊惧,皆不与友,常为困焉。某日春,悦涵子扮主持于堂前,樱下演播,其一语,滚滚若珠,九九似玑,所至,樱华抖落,软条纷披,早莺闻声,亦来和,然皆不如,羞逃。祖大喜,乃招邻人以观,众拊掌大称。悦涵子始有信,早晚练,终成大好。

戊戌秋,逢市州赛。五县三市及城区来者百十余人,皆洋洋有意,以鸾凤自许。及悦涵子登场,软珠一抛,众皆失色,哑口无言,悦涵子乃轻取魁元。庚子岁,又往省府大赛,高手林立,皆有后援,悦涵子孤身与搏,斩杀无数,终获二甲。

辛丑分科,悦涵子来投,阳人当以雏凤养之。教以圣贤绝学,以弘其志;授以文王《琴操》,以高其节;餐以文林玉露,以拔其声。乃授书序曰:"谋者天,成者己,今天不负汝,为尔谋,汝当不负天,以天下金话筒为务。"

西楚阳人乃书以赠之,并示诸生以勉。

时年元月五日于清河居

清河子言

人本教育把关注个性、发展人的个性特长放在优先考虑的位置。善于利用各种契机,发现学生的个性特长,并创造典型的教育情境,激发学生的兴趣,积极引导实践,促进其心智的快速发展。教师在讲授中华传统文化中的讽诵艺术时,发现学生在朗诵方面的天赋,由此引导学生展示技能,并通过理论讲授、现场示范等形式进行专业引领。事后,又撰文赠序,激励学生。这种教育以培养学生的终身志趣为目标,针对特定个体因人而施,是一种个性化的教育。

58. 胡 杨 兄

2022 年 1 月 8 日

弟子胡君患病接受手术治疗后返校。诸生迎接他康复归来。胡君为大家激情讲述自己抗病的故事,临末,深有体会地说:"一个人只有在病中才能体会到健康的重要。患病初期,我也曾经万念俱灭。但是,一旦想清楚现实的处境,懂得生命的价值和意义,我突然感到,自己成人了,应该勇敢地面对人生的一切困难。这时我加倍地珍惜时间,与病魔顽强搏斗,最终赢得胜利。当我重回健康,眼前的山更绿了,花更艳了,岁月是如此静好!这是大自然给一个战斗者最好的奖赏。生命经过一次历练,变得异常强大,我深信在我成长的道路上不会再有难关。感谢生活,让我悟到了人生的真谛。"

教室里想起经久不息的掌声。

阳人沉默许久,挥笔在教室里板书了一首《胡杨颂》,并激情吟诵。

胡杨颂(并序)

辛丑岁,弟子胡君患疾,手术毕,康复来归。登台演讲,叙曲折事。侃言斗病魔,战恶疾,意气昂昂,历时十分四十三秒,浩然有胡杨志。众生闻言,无不感慨激昂,钦佩之至。余亦感弟子坚毅英豪,乃为此颂以赠之。

胡杨生西北,高原苦寒域。风沙常袭扰,挺身立天地。走石千般折,春来万头绿。百痂八九结,一笑以轻蔑。天寒三九冻,地荒五更曙,百虫虽有牙,金身岂可蠹。

胡杨徙西楚,后皇得嘉木。临水鉴日月,近岸傲江湖。西风凋碧树,新节覆旧瘢。雷来侵南枝,日回拔霄汉。峡窄江流急,楚广荆野宽。浩荡千万里,奔流卷魔去。

西北千山远,西楚一水间,千山多嵯峨,一水何荡漾。心中有崇阿,高枝映两江。任尔风云起,我兄是胡杨。

清河堂主时年元月八日于龙室

从此,龙室学子便以"胡杨兄"称之;阳人则以书稿相赠。

清河子言

　　人本教育重视生命教育,引导学生正确认识人生的意义和价值,勇敢地面对成长中的各种困难和挑战,尽力创造生命中最精彩的华章。于是学生与病魔斗争的故事,就成了人本教育最生动的教材。学生讲述自己的故事,教师根据现场的情境、氛围,即兴创作诗文,并激情吟诵,将现实的世界和艺术的世界同时呈现于学生面前,创造一个强大的"育人场",借助场效应产生育人效果。

59. 甲寅一百零七年祭
2022 年 1 月 9 日

　　今天是宜都杰出乡贤、著名国学大师杨守敬先生逝世 107 周年的祭日。据《邻苏老人年谱》记载,"中华民国"四年(1915)1 月 9 日,旧历甲寅岁冬月廿四日寅时先生无疾而逝。

　　时逢周末,阳人特邀家住陆城的弟子,早晨 6 点钟,到位于长江和清江交汇之处的杨守敬故居去祭拜先生。

　　六时许,陆陆续续来了十多个学子。阳人带着他们沿着江边的石板路,攀上了这座有一百多年历史的台阶。

　　老屋的上盖,已经揭开,门前挂着一条通告:

　　　　杨守敬先生故居,正在大修,目前谢绝参观。

　　阳人只好与弟子站在门前的石板上凭吊这座学子们心中的圣贤。

　　一阵风吹来,雾快速地从江上升起,不久慢慢淹没了阳人的脚跟。突然,雾停止上升,在大家的眼前徘徊,脚下江雾弥漫,远处苍山如黛,如仙境一般。众弟子皆称奇,阳人则拿出随身带来的古籍给大家介绍这位大师。

　　杨守敬,字惺吾,号邻苏,晚年自号邻苏老人,是我国清末民初杰出的历史地理学家、金石文字学家、目录版本学家、书法家和藏书家。

　　《清史稿列传二百七十三·文苑三·杨守敬》记载:

　　　　与裕钊同时者,有杨守敬,字惺吾,宜都人。为文不足跻裕钊,而其学通博。精舆地,用力於《水经》尤勤。通训诂,考证金石文字。能书,摹钟鼎至精。工俪体,为箴铭之属,古奥笔拔,文如其人。以举人官黄冈教谕,加中书衔。尝游日本,搜古籍,多得唐、宋善本,辛苦积贺,藏书数十万卷,为鄂学灵光者垂二十年。

站在留有先贤遗迹的青石台阶上,阳人给弟子介绍这位国学大师。眼前的浓雾渐渐消散了,东边露出大片大片的彩霞。阳人拿出先前撰好的祭文,领着弟子祭拜先生。

守敬公辞世一百零七年祭

辛丑隆冬,丑月壬戌,躬逢邻苏老人守敬公辞世百有七年祭辰。辰时一刻,天方曙,阳人携诸学子往故居拜焉。是夜无月,江水空蒙;霜满白皋,规正类图。杨子与众玄衣纁服,怀稿释奠,拾级而上。虔虔焉,一趋一徊,殊不能步。及至,望堂已老,顶盖已揭,镶狮不新,朱门尚扃,黄花零落,残根可睹。余等焚香,众皆作拜,咒念有词,其声呜呜,半晌不绝。

遥想当年,杨屋乃桥河古肆旺铺,门前走骏马,停川船。无奈,公少年失怙,弃学辍读,秉承商业。乱世,有国朝鸿儒避于宜,赁屋而居。因其晒书,得见六严《舆地图》,遂志国学,潜修六艺,并好泉币金石,后为同治壬戌科举人。复会试,不售,归而设帐授学,兼习经史、治舆地,帖楷法,终成一代通儒。前清庚辰岁,招为日国钦使随员,出东瀛,布书道,甄典籍,罗书卷数十万。及归,又领两湖书院,主勤成总堂,教谕黄冈,咨举礼部,纂校通志,为鄂学灵光者垂二十年,实乃吾郡之大幸也!

民国肇始,百废待兴。四年,公不幸撒手人寰,归葬龙窝,经年,骸骨不存。呜呼!清河流长,以至百载;煌煌新世,日出东夷。待新世,扶正国本,复兴国学,邑人敬公,奉为乡贤。缮故居,实馆藏,别开书院,四海来拜,五湖同仰,复为一国之显也哉!

今期大祭,缅怀公业,凭台望远,欷歔不已,唯见洲连渚横,河清江瘦,夜鹄翔天。

辛丑新岁,腊月初七,西楚阳人携弟子拜祭!

太阳出来了,照在这座正在修缮的百年老屋上,照在阳人和弟子身上,也照耀着百年杨学。古老的大江依旧沿着城根在不停地流淌,传来阵阵潮音。

清河子言

古迹遗存是一个地区历史文化的活化石,乡贤名流是一定区域人民长期敬仰学习的楷模。人本教育通过一些时机,引导学生参访古迹文物,了解先贤的事迹,从而激发学生的责任意识和奋斗精神,实现育人目标。教师在杨守敬先生逝世纪念日当天,带领学生拜祭先生,缅怀先贤。真实的情境、肃穆的气氛、庄重的形式,无不对学生产生潜移默化的影响。

60. 送 邹 生 序

2022 年 1 月 13 日

凤阁弟子邹志远,拿着一本祖传《邹氏族谱》的手迹,来见阳人,说这族谱自己和家人都不是很懂,请求阳人帮助解答。

阳人细读全谱,得知邹氏家族大约在明清之际从江西迁往宜都,其中一支在清江嘴落籍,另一支则从枝江(今枝城镇)水码头起坡,沿茶马古道,行至枝江、宜都交界处的横冲子村落户,历十三代,到"志"字辈。阳人乃据族谱作序,以赠邹生,勉其力学。

送邹氏志远序

邹氏者帝颛顼之后也。春秋时,为鲁之属国,食采于邹,以邑为氏,始有氏焉。后为楚并,入范阳,终为望族。史载:东晋间,邹氏南迁,入赣。考江西邹氏有修水、铜鼓、宜黄三系。

余观《邹氏族谱》。序曰:"切(当为'且')以人本乎祖,物本乎天。吾祖闻之,由江西至宜都县清江嘴落籍焉。"知其出为江西系。又曰:"予思祖士文、士学二人,嘉庆年间,教匪起衅,将我祖二人捍散留下,彭氏夫人难以起家创业,后招张诠公匹配,抚养二子,渐后,人文蔚起。"

阳人推之,邹氏来宜,落户横冲,始祖乃士学、士文二公。其时,白莲教起,二公蒙难,彭氏夫人,坐堂招夫,抚养二子,遂有邹氏十三世之传,是乃大义也哉。其叙谱者曰:"子孙发达永不忘恩矣。"

邹氏世尊此训,以横冲为寨,守茶马之要冲,备饮水饭食以属客。纳江夏、容美之来旅,待宾客、行仁义,经略枝宜两路,凡二百余年。

今邹氏十三世孙志远子,奔倚杨门,来修国学,阳人乃以其祖训告之。邹氏开宗立派曰:"士德文明,选道腾宏。名扬邦国,志守祖宗,传家孝友,统绪昌隆。"

当以为念,方可治远,乃为此序以赠邹生。

西楚阳人清河堂主时年元月十三日于凤阁

阳人并为之详解,勉其不忘祖训"志守祖宗,传家孝友"。后邹氏以此为家训。

清河子言

将家牒族谱引入课程,引导学生通过研读自家牒谱,熟悉家族的发展历史,了解自己的来龙去脉,追怀先祖,秉承家风,谨守家训,继承优秀的家族文化。教师帮助学生解读家谱,了解前辈艰苦创业的经历,重温前人的训诫,在此基础上撰写赠序,勉励学生不忘祖上美德,发奋读书,光耀门楣。学生在这一过程中学习语文知识,认知传统文化,接受做人教育,把家族文化发扬光大!

61. 三 江 雪

2022 年 1 月 14 日

昨夜,西楚迎来今年的第一场雪。凌晨,大雪覆盖三江口岸的孤岛。朔风猎猎,江浦映白。夜舟野火,一路闪烁,与那千年古镇的篝灯毗邻。

清晨六点,西楚阳人怀揣着一颗滚烫的诗心,出清河,在熹微的晨光中吟哦,在茫茫的雪地上盘桓,回来欣然完成这篇散文。

三 江 雪

千年的吴烽挂满晶莹的冰凌,古暗的蜀燧唤着"雪儿"的乳名,茫茫林海到处冰雕玉砌,宛若迷宫。渔洋河、清江河、大江——三水映白,照亮了天穹。是日无夜,有的只是缥缥缈缈的"鹅毛",还有那一点一点蹭起来的静谧。

风吹彤云,雪满江滩,白皑皑的一片。

哦!三江,好大一场雪。

大江收敛起平日的张扬,脉脉地向前流淌。天幕下泊着几只轻舟。那船抱着桅杆,倚着巉岩,像值夜的军人守护着自己的战位。而船艏和乌篷上的落雪却不管不顾地绵延开去,一直连到岸上。一团一团的白絮使劲地落下来,落在浩瀚的江面上,又消失在静谧的深渊里,怎么就没有留下一丝痕迹呢?难道从雪国来的千军万马都可坐收不误?大江的这份从容和淡定真是令人钦羡。

最美的还是那条蜿蜒的清江河。山峦迢递,河床迤逦。绵延的河道,时而陡岸,时而浅滩,曲曲折折,像一条抖动的带子,冰肌玉骨。滩涂伸向河心,河水清澈见底,积雪挂在滩头,留下斑影。迎风面厚点儿,背风面薄点儿,远远地呈现出犬牙差互、错落有致的轮廓。江石、礁盘或隐或现,树杈、枝条挂满冰雪,凝成一个个精巧的"钩子"。天更低了,水更蓝了,河流则更美了!不知这条通向巴人故土的古水,前面还有多少风景,还有多少故事?不由令人惊叹这大自然的杰作。

渔洋河则平静多了,只是在三江口露出那么一点点源头。一丛一丛巍峨的大山掩盖了它的踪迹。只好从那连绵起伏的山峰中,从那茶马古道的雪线上,去想象它惊世绝俗的美颜。也好,倒是很希望它像一首永远读不懂的小诗,永久地留驻在我们心间。

天渐渐地亮了,身前身后的行人车辆也多了。

迢迢行道在这一刻充满诱惑又布满陷阱。江桥上,一个年轻女子毅然将她的车子"弄"倒,站在雪地里哈哈大笑。憨厚的小伙来一个躲闪,跌落在这清脆的铃声里。小伙从雪地里爬起来,替那姑娘扶正车子又欣然前行……

风是寒冷的,早晨确是热乎的。

三水来朝,楼起合江。站在这三江合围的宝岛上看雪,看脚下的苇草,看对岸的烽燧。正印证了阳人的那句:"这边是风景,那边是历史。这面是苇草,那面却是人生。"

大雪纷纷扬扬地下着!下得人心里发痒。

忽然,江心开过来一条大船,江岸上来好几个游子。望着他们走下渡船,走向这个有雪的彼岸。阳人想,他们一定是这雪天里第一批登客。

果然如此,你看他们满载行装,拾级而上,登出一道美丽的风景。

正当阳人陶醉于眼前的美景,忽然一声长笛。一回首,渡船重又启航。那边的刚过来,这边的又要过去——这一船载着的一定也是行走江湖的游客。

阳人纳闷了,真不知这里是此岸,还是彼岸?甚或彼岸就是此岸。不知这是风景,还是人生?甚或风景就是人生?

这三江新年的第一场雪,你能告诉我吗?

一到学校,阳人就以这篇文章为教材,给学生讲昨夜今晨的故事,讲这雪景中的人生。

清河子言

一场大雪,带给学子们美丽的风景,也带来一部鲜活的教材。教师早起观雪,创作了一篇散文,把现实的情境、历史的遗存与当地的人文、地理写进文中,带入课堂,引导学生观照思考。学生看到的不仅仅是昨夜今晨发生的故事,更有自然宇宙的奥秘、生活的本色和人生的哲理。隽永的语言、静美的画面、优美的意境构成一个文学性极强的课堂。

62. 黎家有麟孙

2022 年 1 月 15 日

龙室学子黎长晶,前日给阳人讲了一个自己成长的故事。

黎氏世居宜都黎家坪,耕读传家。2004 年,长晶出生那年,央视正在热播韩剧《大长今》,父亲便以"长今"名之。祖父以为不典,便改作"长晶"。而今,父亲已在城镇置业,自己也考上省示范高中,只有祖父还在老家留守。每遇长假,自己必随父母回乡探亲,回到老家,仿佛又回到过往的岁月,亲爱之情日隆。

这次元旦返乡,与祖父一起整理故园,看到老人满脸的"沟壑",坚毅的背影,一种敬仰和感激之情油然而生!想到祖父,一生不曾远离家门,整日辛勤劳作,父母也一天天变老,不由暗自落泪。回到学校,就下定决心,一定要发奋读书,将来孝敬他们。尽最大的努力,让祖父健康长寿,让父母安度晚年!

她说:"作为一个黎氏子孙,这是我平生第一感受到自己的责任。"阳人闻言,写了一篇文章送给她。

黎家有孙名长晶

古时,由江汉入西南容美土司,从枝邑[1]出发,有东西二线,余曾为之详考。清同治五年《枝江县志》载:"高桥距县三十里,接宜都界。"此高桥者,即为今黎家坪村所,古有石梁,类桥,为西线茶马道枝、宜二县界。

桥右三里,有黎氏。祖上,自赣中来,累有家业。新世甲申(2004)岁,长字辈新添一姝。时央视方热播《大长今》,其父乃以名之。祖曰:"不若长晶。言物之盛者,皆三其文。物之盛,必光,而光莫比于日焉。我黎氏得长晶矣。"乃广居所,植高桐,以竹篱围院,日鲜。前有清溪绕湾,后有南坡坐山。修篁映堂,明月照楼。

辛丑岁,长晶孙已亭亭若桐,入邑学龙室,为清河堂主门徒。祖喜,欣曰:"我黎氏真得长晶哉!"

清河堂主闻之,乃为之记。

时年元月十五日于清河居

注释:

[1] 枝邑:旧指枝江县,此指今宜都市枝城镇一带。

阳人将书稿赠予黎生。长晶又将书稿精裱,请父亲带回老家。祖父将其端挂中堂,每日早晚都要临卷观看。一有人来,祖父便对人说:"我们黎家有麟孙。"

《黎家有孙名长晶》书稿

清河子言

　　家庭文化由家庭成员一代一代接续传承下来。在这个长长的链条上,需要每一代人的付出,也需要彼此呵护。学生给教师讲一个成长的故事,教师依故事创作一篇小记,将书稿送给学生。学生又装裱后,送给祖父,祖父将其端挂老屋中堂,早晚临观,孙女更加勤奋用功。其间每一个人、每一个细节都构成人本教育重要的一环。

63. 潮起大江开楚派

2022 年 1 月 26 日

　　辛丑岁末,连雨,春水初发,三江潮涨。今日小年,是学生本学期在校的最后一天,阳人提前书撰了一副春联,连同序文张贴在龙室和凤阁,迎接春节到来。

　　宜都故郡,千古名镇。居夷水大江之滨,守荆南楚西之冲,前出江汉平原,背枕武陵余脉,江岸连山,寒潮不至,无风雪之虞。每年大寒季,有连雨,山间始有小流,多绺，聚大，成百派，大、小江遂起早潮，为天下一景，今岁亦然。前日大寒，又三日连雨，清河初涨，楚派新开，春潮已动。明堂远近，国槐甫萌；龙室内外，群英争魁。西楚阳人喜不自禁，乃书此联：

潮起大江开楚派

春归清河发国槐

然后坐堂敷讲，上了一节春联创作课。

阳人从这副对联的联意和格律讲起：上联"潮起大江开楚派"，写西楚连雨，春潮新涨，大江开流纳派；下联"春归清河发国槐"，写春天已经提前回归清河，苑中的国槐已经开始萌发。

这还只是表面的意思，事实上联句另有深意。

"潮"，隐喻国学的热潮。"大江"，是大中华文化的象征。"派"，原指江流的分支，这里也隐喻新的楚学流派。"清河"，既指连通巴楚、代表灵秀巴楚文化的八百里清江，也是阳人讲学的地方——清河国学堂，还是堂主居住的清河苑，也可指地域。

国槐的含意更是异常深刻。在传统文化中，"槐"是三公宰辅之位的象征，故有国槐之称。所谓槐鼎、槐位、槐卿，即由此出。

在古代科举考试中，国槐更是科第吉兆的象征，常以槐指代科举考试，考试的年头称槐秋，举子赴考称踏槐，考试的月份称槐黄。

此外，国槐还是古代迁民怀祖的寄托，有吉祥和福瑞的象征意义。

这样看来，这副对联寄寓了阳人对弟子的众多期许与祝愿。

如果用律句来要求，此联四、六字虽不入格，但三、五字平仄相对。鉴于"大"和"清"，"开"和"发"都是作者要强调的语意重音，在选字上安排了平仄相对。而它们前后的两组字平仄都不相对。这就是所谓的拗句。如果用拗句，句中有自救，在对联的格律中也是允许的。

如果要追求格律的最佳效果，此联则可作如下修正。

潮起清河开楚派。春归福苑发新槐。

平仄平平平仄仄。平平仄仄仄平平。

但意境却远不如以前。对联讲究格律，但不能以文害意，应以意境为上。最后，阳人根据前人的相关论述，将对联的格律做了总结，列出范式，供学生创作春联时选用。

清河子言

　　过春节，贴春联，接岁纳福，是中华民族的传统美德。人本教育利用这一重大节庆，给学生开设春联创作课，讲授有关对联的常识，对学生进行专业指导，引导学生开展创作实践。首先教师自创一副春联，在学生离校前贴在教室，并以这副对联为例，讲授对联的常识。由于联句意境深远，隐喻深刻，加上格律工整而又富有变化，学生在阅读研讨中，对春联的外在形式和艺术特征有了很多直观的感受。到了春节前，学生又自创春联，表达对新年的期许、对家人的祝福。教学具有知识学习、技能操练、做人教育等多重功效。

64. 此楼最宜名合江

2022 年 1 月 28 日

　　放假第二天，西楚阳人邀约陆城地区的学子到宜都合江楼前，给他们介绍相关历史文化。

　　上午 9 时，陆续有二十多个学生赶往现场，阳人从古籍的记载讲起。翻开商务印书馆香港分馆 1931 年刊印的《中国古今地名大辞典》第 209 页"合江亭"条，有三条记载。其中第一条如下：

　　合江亭在湖北宜都县北滨江，唐建。《北梦琐言》唐路侍中岩镇宜都，后移镇渚宫，祖帐合江亭，以官妓行云等十人侍宴。岩即于离筵作感恩多词十首。

　　这条解说与眼前这座合江楼有什么关系呢？阳人告诉学生，此楼原名合江亭，古代文献有三条与之相关的记载。

　　一是明人李贤等撰写的《明一统志·荆州府》（卷六十二）。文章说：

　　合江亭在宜都县治后，元县尹谭文德登览江表，二水合流，因建此亭。

　　二是清人徐国相、王新命等撰的《湖广通志·宜都县》（卷七十七）的记载。

　　合江亭在县城东，清江自恩施至宜都城北更宽，一望澄碧，迥异他水，稍过城东，并入大江,即无此色矣。元县尹谭文德登览二水合流,因建此亭。

三是清同治丙寅岁重刊本《宜都县志·地理古籍第五》的记录。

> 合江亭,在县北,滨江,唐建,后圮。元大德四年,知县谭文德重建。明嘉靖中,知县陶师文重修。亭名合江者,以清江至此会大江也。

除此,清代官修总志《大清一统志》(卷二百六十八)还有另外一种说法。

> 合江亭,在宜都县北,滨江。唐建,后圮。元大德四年重建,明嘉靖中重修。孙光宪《北梦琐言》:唐路侍中岩镇宜都,后移镇渚宫,祖帐合江亭,以官妓行云等十人侍宴。岩即于离筵作感恩多词十首,至今传播。

考察有关文献,清志此条引"唐路侍中岩镇宜都"实误。《北梦琐言》原著为"镇成都"。但孙氏所言,"移镇渚宫口,于合江亭离筵赠行云等",并未明言是成都合江亭,还是宜都合江亭。要弄清此条,必须揭开"渚宫"之谜。

首先我们来看《左传·文公十年》的记载:

> (子西)沿汉沂江,将入郢。王在渚宫,下,见之。

可见渚宫在汉水至长江的沿线,距离郢都应该不远,在今江陵一带无疑。此日,路岩往江陵,"移镇渚宫",祖帐宜都合江亭,也未尝不可,但"离魂何处断,烟雨江南岸",绝非于成都耳!

考新旧唐书《路岩传》,果然如此。路岩当年是否过宜都合江楼虽不能定,但亦不能全然否定。特别是《新唐书》的记载,路岩当年确实因贪权,被罢为剑南川西节度使,到过成都。但是他在成都任上,因有劳绩,得以返京,并"迁兼中书令,封魏国公"。徙荆南节度使,道贬新州,则是后事,与成都丝毫无关。

《北梦琐言》所述"移镇渚宫"到合江亭,一定不是成都合江亭。

这样看来,当年路岩从湖北江陵到广东新州流放途中,在宜都合江亭前祖帐作《感恩多》词,经停宜都的可能性很大。一是宜都正在流放途中;二是路岩在宜都合江亭前赋词,方与"离魂何处断,烟雨江南岸"的意境相合。

路岩因孔目吏连坐获罪是事实,从江陵免官,流儋州,途径宜都一带,在新州被赐死也是事实。流放途中,路岩是否到过宜都合江亭就不得而知,但《感恩多》词却流传天下。

商务印书馆香港分馆出版的 1931 年版《中国古今地名大辞典》采信了这一说法。但不管事实如何,这些古籍的记载和传说,都给宜都合江亭增添了不可抹去的文化底蕴。

2018年宜都合江亭改楼重建,大楼落成在命名上有很多争议,最终仍以"合江楼"为名,其中的历史文化是最重要的考虑因素。听了阳人的介绍,学子们对这座古楼产生了一种深深的敬畏。

太阳渐渐升高了,洒下万道金光,照在学子们头顶,合江楼更加金碧辉煌。

清河子言

教师把学生带到千古名楼之前,引入大量古籍文献,通过现场观察来认知古籍中的事物,借助史料来考证现实的存在。时间与空间相互叠加,历史和现实相互支撑,史料与实物相互映衬,构成一个超时空、超视界的教学"现场"。学生在这种真实的情境中,察物明理,格物致知,启蒙发智,产生了多方面的教育功效。

65. 壬 寅 接 岁

2022年2月1日

前日,西楚阳人于龙室和凤阁网络空间,发出一则启事。

壬寅贺岁诗赛邀约

各位高足,壬寅新春将至,文人雅士不可无诗,为师特邀诸君于壬寅正朔——2022年2月1日零时零分开始,在龙室、凤阁QQ群举行壬寅贺岁诗赛。请各位提前准备。

零时零分,西楚阳人推送一篇《一萼红·壬寅贺岁》。

一萼红·壬寅贺岁(并序)

辛丑岁末,西楚连雨,春潮已动,百派俱流。阳人得联:"潮起大江开楚派,春归清河发国槐。"并邀诸弟子,壬寅正朔于网上赛诗。阳人遂赋平韵《一萼红·壬寅贺岁》。

望春归,夜雨兴楚派,江海共潮回。东苑[1]添香,清河语谇,原是莺起惊梅。昨梦里,国槐新发。方醒时,吟翠向崔嵬。此遇逢年,嘉禾献岁,紫日曦微。

新煮香醪半醉,网上邀新锐,风雅争魁。乌镇虽遥,沱江[2]可接。犹记龙室叨陪,比文章,谁堪"茅奖"[3]。游学儿,何惧有秋闱,待到踏槐归来,天地惊雷。

注释:

[1] 东苑:清河苑,阳人居处,位于城东。

[2] 沱江:长江流经湖北宜都境内,出陆城流向枝城,始生江沱,故称沱江。

[3] 茅奖:此指茅盾文学奖。

零时 12 分,语文课代表熊哲昊率先"晒"出《渔家傲》:

> 转瞬又是春到际,青空白鹤高飞至。四面爆鞭喧闹起。春色里,英红柳绿怡情意。
> 万户团圆欢笑里,一杯小酒谈寅事。烟火冲天心满系。来朝喜,豪言立下江鸿志。

零点十八分姚馨靓贴出《今宵》:

> 今宵焰火醉人/此起而又彼伏/眼见得,那一团散成几点/复又散成几星/这是我,离星星最近的一次/
> 今宵灯火通明/一夜春回大地/只看见,那灯火人家,缀成光的海洋/这是我,离海洋最近的一次/
> 今宵祝福暖心/情意未曾间断/不论从前如何/却道声,祝你新年快乐/这是我,离温暖最近的一次/

随后,佳作频出,兹录几份。

围 炉 夜 谈
艾瑞涵

子夜银霜满地,看客围炉重聚。互诉相思疾苦,明岁共冀昆裔。

迎 新
谢鸿鸾

炮响声声惊如雷,起观犹忆江头美。大潮滚滚赴流年。坐待东阳启新纪!

花非花·纳岁
李博文

星河移,彩坊庆,虎岁归,笙宵永。惊看风雪自翻新,起舞梅前双鬓影。

采桑子·元日观邻

王思贤

日升柳杪莺啼涧,启户楼观,稚子迎年,邻老开樽绮户前。

犹疑节物多山货,才换珍盘,又上春团,新醅频斟香满轩。

阳人挥毫对大家的诗稿进行书写,拍了照片,又通过网络发给大家。

清河子言

　　除夕之夜,新正之晨,华夏九州,纳福接岁,喜迎新春。吉祥的氛围,喜庆的场面,丰富的民俗,加上信息时代万物互联下网络直播的普及,共同构筑了一个全民互动的大世界。教师把学生引入这个鲜活的世界,迎新贺岁,赋诗填词,共度良辰,共赏美景;培养学生高雅的情趣,增强艺术修养,打牢文学功底。

66. 江汉迎春

2022 年 2 月 4 日

　　昨晚,阳人驱车八十余里,来到万里长江上的第一大江心洲——枝江百里洲。通过网络发布通知,将在壬寅年第一缕春晖到来之际,在这江汉平原的起点,迎接春天的到来。

　　今晨五时五十分三十六秒,广袤的江汉平原还沉浸在夜色之中,壬寅虎岁的春天已经准时到来。

　　疏星高挂,霜风清冽。东方微微露出一些亮色。大地发出一种窸窸窣窣的声音,似有似无,隐隐约约。细碎、缥缈而又不失真切。偶尔传来一阵莺鸣:

嘀—嘀——唳,唳,唳,唳,唳,唳,唳,唳,嘀——嘀——

　　不知这声音来自何方,又要传向哪里。阳人赶忙录下这段视频,把这壬寅的第一支春曲传给弟子,也传给五湖四海的朋友。

　　不远处,江水在一分一秒地流动,四周又重归寂静。

六时十分左右,东边的天空渐渐有了些亮色。慢慢地,慢慢地又开始变红,变深。不一会儿,远处的村庄、田野、麦畦和水塘开始明亮起来。不久,明霞就把整个东方映红。远处、近处,高树、林间,群鸟高八度、低八度地相继鸣叫起来。那声音悦耳、婉转……

阳人异常激动,通过网络清晰地发出春天的第一声呐喊。接着,他开怀吟诵,经历了一冬的积蓄、酝酿,仿佛在这一刻集中爆发。

> 壬寅啊! 这是你的春天/丸丸莺语,送给你温存的黎明/滚滚朝日,映染着你的行迹/岗岚送给你美丽的霞帔/大地亲抚你万般的妩媚/

万里长江出三峡,流经湖北枝城,始生江沱,派生两流,谓曰枝江。《水经注·江水》:"(枝江县)左右有数十洲,槃布江中,其百里洲最为大也。中有桑田甘果,映江依洲。"

百里洲是枝江的发端,历史上从东晋到宋末,曾作为枝江县治所,长达八百余年,留有众多的文化遗存。

此时此刻,壬寅的新春驾临这片古老的土地。

艳阳铺满江洲。北面的大江上,驶来一艘邮轮,载着春天的来客。南面的汀洲,枯水期与江岸相连,连绵千里,被这春日初升的紫气薰得通红……北江南沱,云蒸霞蔚。阳人拉开一个航拍大镜头,把那浓重的楚音传给网络,网络又把这荆楚的春讯告诉天下的朋友。

> 其地夷敞,北拒大江,江汜枝分,东入大江,县治州上,故以枝江为称。

阳人援引北魏地理学家郦道元的《水经注·江水》,从枝江和百里洲的地理位置和历史沿革讲起。据清康熙九年版《枝江县志》记载,东晋太元年间(376—396),因秦人苻坚南侵,县治移至百里洲首。

这洲首,这县治在哪里? 该镇白马寺村北面江边有一个叫赫家洼的地方。20世纪80年代,这里曾有大量考古发现,被学界命名为"赫家洼"遗址。丹阳古城应该就在这里。

阳人打开百度地图,找到白马寺村,深情地对弟子说:

"不知这壬寅的朝阳是否熙进这块十年故土?! 照进江水下面的城垣?!"

江沱鳞次,林木栉比。这贮满春光的百里洲,不知隐藏了多少名胜古迹。清乾隆五年版《枝江县志》记载:

> 庾信台,在百里洲之北,去县六十里,萧梁时庾子山读书处也,旁有清修寺。

这庾信是谁? 是南北朝时期最著名的诗人,他饱尝分裂时代的人生辛酸,结出"穷南北之胜"的文学硕果。想不到他少年时读书的地方就在前面这片云林深处。

相传几千年间,这百里洲上,曾有很多高士在此隐居,最著名的当属春秋战国时的楚狂接舆和南北朝时期的高僧陆法和……

虎岁地旺,人文毓秀。阳人把镜头拉升、收缩,追随春的脚步,捕捉春的每一个倩影,传到平台上,向大家展示这春的强大魅力。这每一帧画面,每一幅图案,都是一首诗,都是一张春天的笑脸。阳人又采用超时空链接,把古籍中的文传典故,告诉学生,让学生在这冬春的轮回中,体会宇宙的本质、生命的真谛。

春阳升高了,攀过沙丘,爬上高高的树梢,照亮浅浅的河滨。小河里漾着五彩,大地披上霞彩,隐隐传语:"春归壬寅! 春归壬寅!"

地上的霜尘已经解冻,昨夜的坚冰开始融化,大地溢出几分湿漉,方塘铺满浅绿的浮萍,到处洋溢着春天的气息。

远处的村庄开始苏醒,矍铄的老人喊一声"向太阳啰"! 蹦蹦跳跳的孩子,一下子冲到最前面,仿佛只有他们才配做这春日里的主角。

一只大鸟,从平地上跃起,发出几声尖鸣。好像在说:"这是我的家乡,这是我的家园,这是我们共同的虎年!"

……

整个直播持续了近三个小时,这场立春日的实景课才结束。

清河子言

教师在壬寅岁的立春日,选在江汉平原这样一个广袤的大背景下,迎接春天的到来,通过百里洲这样一个江心岛上景物光线的变化,来追寻春天的"踪影",极富创意。历史与现实、景观与文化,立体地呈现在学生面前,让学生得到多方面的熏陶。这实景课与现场课不同,学生一般不到现场,主要由教师通过网络直播的形式,把远在异地,甚至千里之外的实时画面传递给学生,带给学生即时的信息;又通过现场的讲授,引导学生认知场景的意义,感受其中的文化。

67. 寻访薰甸

2022 年 2 月 7 日

宜都陆城头笔社区,建了一座薰甸园。假期,阳人决定邀陆城地区的学子一起去参观这座新园,顺便带大家寻访相关的文化遗迹。

薰甸园是一座集花草养护、农耕博物展览和村史乡贤介绍为一体的小型园林。2020年10月,由陆城头笔社区兴建。

头笔社区在宜都古城南门外。明代,宜都县城建有城墙,设五座城门,南门为迎薰门,有"宜阳古郡"旧题。据同治丙寅年重刊本《宜都县志》记载:"县南二里有迎薰桥"。桥外薰兰遍布,百卉丛生,馨香远播。头笔,自古就有"薰甸"的美誉。此次薰甸园建成后,仍依旧称。园内有小广场、茶肆、方亭和种植的花木。园墙上配有多幅壁画,介绍甸内的坊、门、寺、桥、塔、台、塚、岭等众多古迹。

学子反响热烈,纷纷报名参与。九时许,阳人一众访客,走进园区。首先看见的是一块巨大的碑石,上书"薰甸园"三个大字。来到跟前,大家才发现,大石的背面还镌刻有阳人亲自撰稿的《薰甸园重修记》。

宜阳古郡,南门迎薰,外屏连岭,自古繁华。闉外二三里,旧曰薰甸,有广济寺、文笔塔、先农坛、吴相台诸胜,今属头笔社区。新世庚子岁,时人于南门正轴迎薰桥外,广植薰兰百卉,仿次农耕用备,列叙乡贤明德,兴建名园,复依旧题,其为胜也矣!

余观斯园,复薰衣,还古风,荟萃农物,追溯村史,仰承先贤。造水车而植石碾,写风物而绘故实,立乡贤而兴懿范。其制也小,其用也大。此薰甸之重启,岂无迎乎?

遥想当年头笔,千亩稻粱,百户人丁,十里画廊。群岭列锦,名胜林立。文才胜而武略具,民风雅而馨德远。百业煦和,人民富足,不亦盛哉!

今头笔承古余烈,为荆楚百强,复以兴园开物,其薰也必播远,其名也必传久。西楚阳人闻之,以为圣明,乃为之记,时年九月上丁日撰。

学子们兴趣大增。参观完薰甸园,阳人又带领诸弟子,一路寻访甸内的古迹遗址。来到旧城垣前,阳人拿出几部宜都旧县志,给大家介绍迎薰门。

旧志记载,古时迎薰门内建有10余块进士牌坊,最著名的当属世登科第坊和名世大儒坊。

世登科第坊为吴天奉、吴应台、吴守立。吴氏一门三代,世登科第,在宜都最负盛名。吴天奉,明正德戊辰科进士,官至台州知府。吴应台,吴天奉之子,明嘉靖壬子科举人,官至叙州府同知。著有《绍溪诗集》《宜都一记》《叙南》《适图》等文集。吴守立,吴天奉之孙,明嘉靖丙辰科进士,授中书科舍人。三位乡贤都有政绩,宽厚爱民,坊间有很多关于他们的美谈。

名世大儒坊则为明代大儒刘芳节立。刘芳节,字元度,明万历甲午恩选,中丁酉科第二名,癸卯科副榜第一名。此人博学宏才,与夷陵雷思霈、公安袁中道齐名,为当时湖北三杰,"鼎峙荆楚",有著作《云在堂》行世,是宜都在杨守敬之前学术成就最高的名士。

阳人指着前方的小巷告诉大家:"这里就是迎薰门的旧址。"

众弟子抬头望去,昔日香草遍野、百鸟和鸣的薰甸,已被一座座新盖的高楼取代。历经岁月的洗礼,城门不在,城墙已断,城内记载进士举子功名的表坊,也早已化为尘土。令人惊奇的是历经几百年的岁月,几根尖草依旧在这残垣的破壁下摇曳。

学子们不由感叹岁月的沧桑巨变。

迎薰门外,昔时有广济寺,为当时宜都城区最著名的古刹。人们在此祈福行善,广济众生。旧志记载:"宜邑十室一庵,数武一庙,新旧梵刹,在在皆是。"

再外有文峰桥,形家谓高阜处,与学宫对峙,可建文笔峰。乾隆十六年知县赵廷揆在此修文笔塔,是谓"头笔"。距今已有 270 余年的历史。相传笔塔有碑,上有题诗。

三支倒笔写青天,雁作字行云作笺。雨洗何曾流墨水,风吹哪见动毫尖。明星灿烂点上点,半月娥眉圈中圈。得意懒书人间事,志成功在斗牛边。

县南二里,有迎薰桥和先农坛,外为薰甸。三里,有吴相台。吴赤乌七年东吴以陆逊为大都督,陆逊在宜都筑城抗蜀,后来为了纪念他,此城遂称陆城,在此建有陆相台。

离迎薰门十里,今十里铺处,古名土地岭。此处群山横崎于前,像屏一样,雨后丽色可玩,旧称"银屏洗雨",为"宜都十景"之一。前人有诗赞曰:"倾倒天河浣翠微,群山面目认依稀。纤尘不染心常静,扑面青来点素衣。"

阳人领着学生,沿着这宜都古城的中轴线,走完一遍,已是傍晚。此时,一道残阳照在这千年古镇的故土上,也照在每个学子的心里。

清河子言

一座古城池,一个大课堂。表坊、故园、名刹、笔塔、坛台、古岭,每一处古迹遗址都是一部生动的教材。其中有人文地理,有民俗风情,有自然的风蚀演化,有沿革的发展变化。每一处、每一事都足以唤醒学生的思维,叩击心灵,启迪良知。教师引导学生深入实地,查找古籍,感知物态,把学生置于这种宏大的历史视野中,观审故实,反省自我,重塑灵魂,具有动人心魄的强大力量。

68. 楚甸丹阳

2022 年 2 月 9 日

　　枝城丹阳书院复建开馆已经两年有余。阳人决定利用这个假期,带领枝城籍的学生去参访书院,并借机对丹阳古镇进行一日实地考察。很早就通过网络发出邀请。早晨八点,已有二十多个学生来到"丹枝向阳"枝城门户广场。

　　广场上建有枝城地标——"丹枝向阳"。标识下的大理石基座上,刻有阳人撰写的《枝城赋》。阳人遂以这赋为教材,给学生讲授枝城这座中国历史文化名镇。

枝城门户广场镌刻《枝城赋》

　　荆南故国,鄂西新镇,枝城自古岩邑。蜀川浩浩,沱派枝江[1];风俗千里,开邑兴邦。于是焉金城峻壁,蛟河鲲池,道儒高栖[2]。宋咸淳以降,为县治几于七百年[3]!

注释：

[1] 沱派枝江：《尔雅·释水》："水自江出为沱，汉为潜。"《说文解字》："派，别水也。"清光绪六年重修《荆州府志》："蜀江自此分为诸洲，自江陵而九十九洲起，自此间如乔木之有条枝焉，故曰枝江。"

[2] 道儒高栖：相传有高道陆通、刘凝之，儒士朱锡绶、王永彬等在此隐居。

[3] 为县治几于七百年：乾隆五年《枝江县志》："秦置郡县，枝江之名始立，初居沮中，后迁上百里洲，复徙溮洋洲，宋度宗咸淳三年（1267）丁卯，又徙下沱白水镇，即今县城是也。"1955 年枝江县并入宜都县，随后不为县治，前后约 688 年。

　　遥忆邑中，古有八景[1]，亦美亦胜。东出山市，走棰斜曛；西曲白水，晓渡柳榆；南徊紫山，俯仰奎光；北临江渚，三洲烟浪。朝驻花溪，晚徂石簰，近聆仙语，远听梵呗。访樵问刍，看网观渔，大通神谕，淘尽尘虑。常思邑出名区，上领巴蜀，下启荆襄；有朋远来，伴奂尔游；商儒近岸，千叟宴迎。嗟尔明堂，簪缨冉冉，皆为楚天鸿鹄之飞；赞彼大江，洪流滚滚，尽是北门矶[2]销之声。

注释：

[1] 八景：乾隆五年《枝江县志》记载，旧时邑中有"紫山冬翠""白水晓渡""三洲烟浪""山市夕阳""弥勒梵锺""蓬莱仙境""石簰渔网""花溪牧笛"八景。

[2] 北门矶：今枝城镇有北门矶头，江流湍急，日月冲刷江岸，为枝城最险处。

　　比及新世，国强物阜，列叙名城，追怀古风，复兴丹阳[1]。乃于东郭兴园[2]，城乡连建，化工转型，生态强镇，遴为国典[3]。清水东渐，丹凤浴火，万商斯来；膏畴碧亩，富甲三楚，荣膺千强。迩年又于西湖北陂，仿次八景，营制名园，搜寻故实，并当世诗文，镌刻勒石，垂典万世，其为盛矣！

注释：

[1] 丹阳：东汉颍容《春秋三传例》："楚居丹阳，今枝江县故城是也。"后枝江县城，皆例称丹阳城。

[2] 东郭兴园：2018 年，选址在枝城的湖北宜都化工园被湖北省政府纳入省级化工园区。

[3] 遴为国典：枝城镇，因曾为丹阳故城，2008 年被国家住房和城乡建设部、国家文物局联合评为中国历史文化名镇。

　　山水备，楚风具，灵秀生。有丹枝向阳[1]，煌煌如炬；望明台[2]三叠，月桥似虹。移银杏千枝，尽是秦时所种；引剑荷万杆，皆有濂溪遗风[3]。歌人夜唱，复依楚调；行客早吟，亦如骚体。起看鸿阵猎猎，俱为来归！卧听江声铮铮，咸乃东进！百业熙和，兆民豫乐，宜乎善哉！己亥岁邑人清河杨氏欣赋。

注释:

[1] 丹枝向阳:今枝城门户广场,建有"丹枝向阳"雕塑。

[2] 明台:同下文月桥、银杏、剑荷,皆为园中实景。

[3] 濂溪遗风:濂溪,指宋儒周敦颐。乾隆五年《枝江县志》记载,前人曾敷衍枝江官衙莲花池所种莲子,为周公所授。

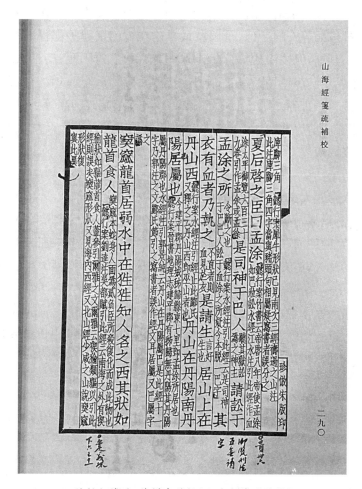

赫懿行笺疏、范祥雍补校《山海经笺疏补校》

阳人拿出《山海经》,翻开《海内南经》,让学子看"丹阳"条。

夏后启之臣曰孟涂,是司神于巴人,请讼于孟涂之所,其衣有血者乃执之。是请生。居山上,在丹山西。丹山在丹阳南。

郦氏(道元)又释之云:"丹山西,即巫山者也。"

《水经注》引郭景纯(郭璞)云:"丹山,在丹阳,属巴。"[1]

注释：

[1] 上述三引皆出自清朝郝懿行笺疏、范祥雍补校《山海经笺疏补校》，上海古籍出版社 2013 年版。

　　阳人这才开讲——公元前 2000 年左右，夏王启藩封孟涂于丹山（今巫山）之阳，始有丹阳之名。1000 多年后，周封天下，帝颛顼高阳之后熊绎，助周文王、武王的后嗣建国有功，受封楚蛮，定都丹阳，是谓楚国。

　　根据郭璞、郦道元等人的考证，丹阳城最早建在古巴国建平郡秭归县东七里。后迁入枝江境内，几易其址，但枝江县城一直沿用"丹阳"一名，丹阳便有了楚甸的美称。

　　清乾隆二十九年（1764），邑人在丹阳城内建"书院"，后十一年，迁入县学宫左，正式命名为"丹阳书院"，一直到光绪三十一年（1905），丹阳书院改为高等小学堂，长达 140 余年。丹阳书院于嘉庆前后发展到鼎盛时期，为府、县培养了大批优秀人才。

　　承楚余烈，终成遗迹。幸运的是 2019 年枝城镇人民政府紧邻旧址，又重建了这座书院。

　　九时许，阳人带领大家来到新建的丹阳书院。

　　馆内储有从春秋战国至民国年间两千多年来枝江籍的 16 位乡贤名流的绘像。

　　站在诸位先贤的面前，众学子肃然起敬，屏息凝视。从画像中那一双双睿智的目光里，读出了岁月的悠久，道义的珍贵，德行的无价，读出了不一样的人生。学子们在馆内盘桓了很久很久……

　　下午，阳人带大家参观古镇，对丹阳八景作实地考证。

　　回来的时候，已近傍晚。夕阳在山，烟雾缭绕，不知那昔日的山市藏身何处？行至花溪，隐隐约约听到几声牧笛。学子们赶快停下来，驻足远听，然而又什么也没有听到，只好留待梦中回味……

清河子言

　　一天行踪，一日风景，一生感悟。这段经历或许会深深地铭刻在众学子的心中。人本教育主张学习即人生，提倡把学习活动融入人的生命实践之中，主动地去获取知识和智慧。本次活动，教师把学生引入古镇，通过观赏景物和探究自然，来感受人文，认知历史，增长智慧。

69. 游 赏 古 港

2022 年 2 月 11 日

上午,阳人带着城区的学子前往两江边,游赏宜都古港。

出发前,阳人给大家播放了一段中央电视台中文国际频道的专题片——《长江行》第51 集《水色清明在宜都》。来到现场,阳人指着脚下的石级告诉学生,这个看似寻常的码头,历史上曾是一个非常繁华的交通枢纽。

万里长江出西陵峡口,过荆门山,在此与清江和渔洋河相汇。清江,古称夷水,因"水色清明十丈,人见其清澄"而得名。主流发源于湖北恩施的利川市,历经恩施、宣恩、建始、巴东、长阳,从巴人的故土流入。渔洋河,从五峰、水浕、石梁——旧称"容美三司"的崇山峻岭中流出,在宜都刘家嘴汇入清江。前人称其"河畅、水清、岸绿、景美",承载着一代一代土家人的梦想。

这桥河码头居三江之口,占三水之利。东出可以通江达海,西进是入蜀的必经之路,往西南方向,经清江河和渔洋河,可通恩施、容美两大土司,自古就是商贾云集之地。旧时,桥河口岸一年四季有走不完的骡队,阳人曾作《宜都古港记》描述当年的盛况。

宜都古港记

夷水东渐,大江来会,清浊奔竞,天作良港,毗连陆城。陆城者,三国东吴大都督陆逊之所兴也! 雍塞临川,山河表里,宜城宜都。是城也,西濒峡江,锁钥荆门[1];南启武陵,绵延千里。群峰叠嶂,山阻路险。三江斯来,夷道[2]遂开,土俗归流;水陆交通,商贾云集,舟马不绝。汉魏以降,无论郡县,历为治所,垂两千余年。江清河明,鸿儒辈出,其为胜矣!

注释:

[1] 荆门:即荆门山,在宜都市区西约 25 千米处,古为楚之西塞。

[2] 夷道:宜都古称夷道县,因连通西南土著和中原地区而得名。

及至清末民初,起城隍,修码头,重整合江、临川[1]二门。桥河[2]通驿路,新街连古坊,燕子岩、佑圣观、新巷子、水府庙皆为大观。桐油山杂集散,百货疋头中转。河槽水运,舳舻相连,帆樯若林;新街早市,人声鼎沸,游人如织。小汉口之谓也,实为盛哉。

注释：

[1] 合江、临川：宜都古城门，位于城东北长江边。

[2] 桥河：同下文新街、燕子岩、佑圣观、新巷子、水府庙，均为宜都古港周边地名。

    民国开浦，洋船始来。亨通号、清江号[1]，前呼后应；本地帮、外来帮，左竞右逐。恩施材场，红极一时；孙家河煤港，福利八方[2]。世事沧桑，脚力嗨哟，纤夫号子，相去未远；辚车辘辘，马达声声，言犹在耳。商客远来，传馆驿站，连绵数里。五峰、长阳、鹤峰、恩施，皆设"宜办"；百货、五金、副食、医药，咸有"批发"。桥河古渡，因桥而废；汉宜班船，无航而停……英雄已去，故垒犹在，江山永固，盛事难常！嗟夫！时空地利，事势演化，岂可逆势而强挽乎！

注释：

[1] 亨通号、清江号：20世纪中后期运行于长江、清江上的客运小轮船。

[2] 宜办：即西南少数民族地县两级驻宜都转运站，负责当地的物资转运。

    新世开元，旧港新建，还岸于民，合江建楼，条石砌岸，苔痕依旧，焕然可观。闲日薄暮，携亲傍友，三五来赏，席阶小饮，览江观胜，消遣世虑，不亦乐乎！

    乙未岁末，西楚阳人遍访耄耋及一城知其事者，乃为之记。

阳人与弟子在江头吟诵，仿佛又重回那昔时的岁月。

清河子言

    将专题影视、古肆遗存、诗文典籍统合在一起，构建多媒体课堂。通过实地参观、多媒体观照、跨媒体体验，引发学生激烈的思维活动，激发学生的创新创造，促进教育功效的最大化，开创了真正的多媒体教学。本例教师通过组织观看影视、寻访遗存、考证典籍、吟诵诗文等不同的路途和方式，引导学生走进古港，走进历史，获取多媒体阅读观赏的体验。

70. 元 宵 网 会

2022 年 2 月 15 日

壬寅元宵,春假已尽。诸弟子明日将返校,阳人夜巡三江口,观满城灯火,时有花灯照楼,星影沉江,甚似图画。遥望古津,环江的远山给渡口铺上深重的黛骨,平静的码头泊着几只渡江的浮筏。舟子已经上岸,空余皮囊,微风起处,随波荡漾,似在等待明天出发。

阳人走向前方的古渡,一路江景,自在画中。遂思平身事,喜不能禁,乃开怀而歌。唱曰:

杨子立江头,灯红万户楼。今宵渡何处? 月下觅孤舟。

并通过网络,呼告诸生:"为师在画中,尔等在何处? 何不用相机,打开长镜头,寻觅楚舟子,送尔到天涯。"于是赋《菩萨蛮·壬寅元宵》,与诸生同乐。

菩萨蛮·壬寅元宵

弥江星火荆南夜,满城灯影迷高榭,遥唤万家楼,打开长镜头。

山环存黛骨,河晏浮青筏。敢问画中人,何贤发古津。

众学子闻讯,纷纷凭楼远观,拍下这元宵夜的美景,发给阳人。明月下,古津边,不知哪位是他们心心念想的楚舟子。

清河子言

人本教育惯于打破常规课堂的界限。回顾这个寒假,教师利用地域、节庆文化,创建一个个引领学生成长的大课堂。考证合江楼、寻访薰旬园、游览丹阳古城、举办迎春诗赛,又在立春日上实景课,无不体现了人本教育者的良苦用心。假期结束前,教师又突发奇想,在这元宵之夜,夜行江滩,寻访送走无数往圣的古渡,邀请学子在自家阳台观景赏夜,借助现代摄影设备,在人海茫茫中寻觅他们的老师,寻找古代圣贤的"出发"之处,通过一曲《菩萨蛮·壬寅元宵》把用意传达给学生。

71. 身教与诗教

2022 年 2 月 26 日

今天是阳人 59 岁生日。

早晨五点钟,阳人来到长江和清江边,一弯钩月挂在东南的天幕上,江涛轻轻地拍打着江岸。

阳人踏着桥河岸边的千年古砌,沿着南正街向校园走去。

经过一夜春风的吹拂,古老的城隍,清净而又明朗,散发出浓郁的木香。来到学校,阳光已经照亮校园,走进栖满明霞的围廊,朝晖撒满一身。进入龙室,阳人随手板书了一首七绝和小序。

七绝·古城朝日吟(并序)

壬寅孟春,正月廿六,余春秋满五十有九。是日也,早起,观两江,有清风微吟;往校,钩月当空,照余职所,忽而朝阳渐出,明霞栖楼,思其竟日向晚,必是晴空万里。忆平生事,遂有此绝。2022 年 2 月 26 日于龙室。

阅尽清宵钩月明,两江微唱作春声。

古城虽老有朝日,满载栖霞向晚晴。

书毕,阳人激情吟唱这首七绝,弟子齐声为阳人唱《生日歌》,分享他的快乐。

清河子言

人本教育是以人育人的教育,教师本身就是最好的教材。教师自身的阅历、学养,乃至个人的襟抱、胸怀和气质无不深深地影响着学生。一个终身致力于人本教育探索的教师,在他五十九岁的这一天,以一首《七绝·古城朝日吟》,把"自我"展示在学生面前。诗中融合了教师对人生的感悟,对未来的期许。现实的情境、生活的意象,构成诗歌的艺术世界,也催生了一个人本教育的大课堂。学生在这种真实的情景和艺术的氛围中接受教育,具有身教和诗教的双重功效。

72. 五 色 狐

2022 年 2 月 27 日

早读,阳人入龙室,见学子周梓怡读腔有点特别,于是邀请她展示才艺。周生登台作百鸟之声,表演了一段口技。一班皆惊,阳人询问其中的缘由,周生详述其"圈子",讲了一个"五色狐"的故事。阳人嘉其行,作《五色狐记》,并手书赠给她。

五 色 狐 记

壬寅岁,阳人有弟子周君梓怡,爱文学,有童稚之心,常于课余为"动漫"配音,于网上广结同好。日久,遂有圈子,名曰:"五色狐。"

此五君,白狐"团团"也,好作锦鸡、鹧鸪之声,紫狐,"号子"也,有云雀之志,首丁黎明行唱,演《西风颂》以号天下;赤狐,"花好月圆"也,常于花前短歌,月下长吟;又有青狐,自名为鱼,喜摹东海,作波涛诡谲;唯有蓝狐"怡怡怡咦",最为奇绝,可状百鸟之嘻,千兽之戏,无不惟妙惟肖。

一日,蓝狐为余演昆虫,时而如老林乍现,作万虫齐鸣,千歌百唱;时而似幽谷传响,有清风游峡,渐渐作声,尽万籁之妙。清河堂主甚喜,乃作《五色狐记》以赠之。

时年二月廿七日西楚阳人于清河居

《五色狐记》书稿

清河子言

　　人本教育以发现和培养学生终身赖以成长、成才和立命的本领为要务,非常重视人的个性培养。一旦发现学生具有某个方面的潜质,便会利用各种机会发掘他们的潜能,通过专业引领、情感激励等形式,促使其向专业化的方向发展。教师利用一个偶然的时机,发现学生在口技配音方面的特长,从此,想方设法为学生提供展示才艺的机会,又作记赠文,以励其志,培养学生终生不渝的志趣。

73. 语蝶与蝶语

2022 年 3 月 7 日

　　前日花朝节,阳人往王家畈镇双河村访友,一路蝶飞凤舞,春光迷人,流连忘返。说起这双河村,可不是一般村落,旧时人们从枝江古镇通往容美土司,此处便是茶马古道上的一处隘口。前出为河谷,后屏连山,气候温润,水分充足,春天来得早,多蝶,是有名的蝶乡。

　　　　双河花瘦日,遍地花蝴蝶。褐凤动双琚,蛾凰停玉叶。

　　游士行于此,多耽佳景,屡出佳句,石壁上还留有前人题诗的遗迹。西楚阳人探访回来,拍摄了很多蝴蝶的照片,询问众生谁人识得这满幅的蝶语?凤阁学子吴语蝶站起来说:"某为双河子,自幼与蝴蝶为侣,愿作阳人翻译。"

　　阳人大喜说:"若得语蝶解读,自然有佳趣。"于是师生二人,阳人投影出图,语蝶妙解蝶语,众生听得入迷。

　　　　这是金凤子,这是美凤子,这是碧凤子——这三只凤蝶,栖集一岸,双水来会。上有红日照顶,下有清流奏乐。青草圈边,百花共轴。大家看这像不像"三凤朝阳,双河开泰"……

　　　　这是橙翅方粉蝶,这是圆翅钩粉蝶,这是宽边黄粉蝶——黄起宽边,橙心方显,钩与圆合,这是土家人迎宾的图绘——名叫"幺哥献钩,土妹侍侧"……

　　每出一图,语蝶先述蝶名,再解蝶语。令人大开眼界。

随后,语蝶又吟诵《诗经·河广》和她仿作的《双河》。阳人赞其有才,作《语蝶记》以赠之。

语 蝶 记

花朝节,阳人往王家畈镇访友,入双河,多灌木,有百草,樱花始放。步花径,闻花香,时有蝶来。或白或蓝,或丹或粉,五彩斑斓。及深,愈富。集于樱,止于朵,翔于水滨。忽有风来,千叶俱动,蝶亦随舞,万翅蹁跹。众皆玉体摇摇若偻,似有所语。阳人大喜,乃以语蝶命之,并歌曰:

彼双河兮绵绵如带,有芳朵兮灿灿若锦,蝶集止兮喃喃似语,有杨子兮百里来期。

及返,阳人宣于凤阁,有弟子吴君,名语蝶,自言双河子。请曰:"愿为解耳!"阳人大喜,乃出图。语蝶叼对如流。及末又唱《诗经·河广》与自创句。

谁谓河广?一苇航之。谁谓宋远?跂予望之。

谁谓河广?曾不容刀。谁谓宋远?曾不崇朝。

谁言河双?凤蝶舞之。谁言道阻?幺哥迎之。

谁言河双?语蝶答之。谁言路长?土妹歌止。

其情切,其声扬,诸生与和。阳人感之,乃为之记。

时年三月七日于凤阁

清河子言

花朝节访友遇蝶,教师摄影归来,在教室演播,又请当地学子妙解蝶语。图美蝶美,蝶语人语,妙趣横生,把人本教育的课堂演绎得异常生动。教师精心布局,一问一答,皆有远谋;一行一止,俱见匠心。学子深爱家乡,一言一吟,充满挚爱;一笑一颦,牵动全场。众生沉浸其间,参与互动,或询问献疑,或拊掌同歌,甚为热烈,满满皆是情趣。

74. 家风与家训
2022年3月8日

阳人应邀参加社区家风家训展示活动,带去自己的家训书稿,并作现场吟诵。

阳人参加社区家风家训展示活动

出于清河,居于清河,行于清河。

杨氏源自清河,世居清河,今又清河,因以为训焉。并歌曰:"河清远兮而不污,河清晏兮而不孤,河清流兮而不阿。"

回来以后,以《颜氏家训》《曾国藩家训》《梁启超家书选》为例,给学生介绍有关家风、家训和家书的传统文化知识。

阳人告诉学生,文人家训大兴于南北朝,以《颜氏家训》最为有名,共二十篇,是南北朝时期的著名教育家颜之推所创。前人称之"篇篇药石,言言龟鉴",一经刊行,就被奉为经典,对后世影响深远。

近人的家训更切实用。以曾国藩家训为例,重在训诫子孙后代谋国之忠,知人之明,世人读来,也终生受用。而梁启超的家书,更是"可抵万金"。这位清华国学院的首任导师,用10多篇家书,教育子女"无负今日",凭借良好的家风,铸就"一门三院士"的家族传奇。

在古代,家训家书作为一种书面文体,用语精审,言简意赅,或用格言警句,或以诗词入文,具有很强的文学性和艺术感染力。比如梁启超先生在1925年7月10日《给孩子们书》结尾写道:"前几天写得一首词,词中的寄托,你们看得出来不?"

浣溪沙·端午后一日夜坐

乍有宫蛙闹曲池,更堪鸣砌露蛩悲,隔林辜负月如眉。

坐久漏签催倦夜,归来长簟梦佳期,不因无益废相思。[1]

注释:

[1] 不因无益废相思:该句化用李商隐诗句"直道相思了无益"。

　　家训、家书原本用于家庭教育,具有一定的私密性。后来刊行面世,成为公共的教育资源,在育人方面发挥了重要作用,也推动了这种文体的不断发展。

　　随后,阳人给学生介绍自己家风、家训的形成过程。讲完,阳人向学生发出倡议——利用周末休假,采访自己的族亲长老,搜寻、整理自家的祖训,并和家人一起,回顾家庭发展的历史,总结经验教训,在此基础上,拟写家训。学生纷纷参与这项活动,撰写了很多优秀作品。兹录几则:

　　高桥黎氏家训:粥粟当思不易,书香最宜长晶。(黎长晶拟)。

　　龙口子许氏家训:生自渔阳,养在仙境,秀于自然。(许璐璐拟)

　　宜都鲜于氏家训:守住良心,培植根本,育养后昆。(皮鲜格拟)

　　横冲邹氏家训:选道腾宏,志守祖宗,传家孝友,统绪昌隆。(邹治远拟)

　　九道河李氏家训:日日行不怕千万里,天天讲不吝千万言,时时做不惧千万事。(李博文拟)

　　陆城孔氏家训:礼乐先进,勤劳上进,日学思进。(孔骄阳拟)

　　宝塔湾张氏家训:立身蓬芦,志安醇儒。(张思睿拟)

　　枝城郑氏家训:勿受意外之财,勿饮过量之酒,勿失保身之德。(郑澜君拟)

　　松木坪赵氏祖训:是非之来,礼让三分;专注成材,松柏姿态。(赵沁赫拟)

　　陆城陈氏家训:心中有尺寸,谈笑有风度,做事有余地,说话有德音。(陈应祺拟)

　　宜都潘家湾叶氏祖训:敬祖宗,敦孝悌,睦宗族,端伦常,友昆仲,和夫妇,教子孙,尚勤俭,恤孤寡,戒唆讼,安生理,勿非为,忌毒染,慎嫁娶,勉诵读,重交游,谨良祭,远酗酒,出异教,省自身。(叶宇航搜集、整理)

　　阳人又把这些家训一一书写,制成书稿,赠给大家。

家庭是一个人成长的摇篮,家庭文化是学生赖以成长的基础。本次活动由教师参加一次社区活动发起,引出一堂家风家训教育课。从家风家训知识介绍,到先贤圣哲的家训家书欣赏,再到教师自身的案例呈现,一步一步激发学生的兴趣,引领学生参与家庭文化建设。最后把活动由学校引向家庭,鼓励学生与家长一起回顾家史,创作家训,开创家风,激发学生的责任意识,对学生的终身发展必将产生深远影响。

75. 何 叔 的 诗

2022 年 3 月 10 日

年前,安徽少年儿童出版社编审何正国先生,送给西楚阳人一套新出的诗集《坐看云起时》,阳人在课堂上给学生讲正国先生和他的诗集。

众生启卷而观,第一篇就是《我爱那些细小的事物》。

阳人吟诵:

面对一朵吐蕊的小花/我会低下头来,深情地凝视/看到路边的狗尾巴草/我会俯身弯腰,微笑着致意/经过一群搬家的蚂蚁/我会停住脚步,等它们先行/雪地里飞来几只小鸟/我会在窗台边撒上一些粮食/天空掠过老鹰的身影/我会提醒草丛中嬉戏的兔子/我爱那些细小的事物/就像爱卑微的自己/就像爱,这低矮尘世的春风/
(选自何正国《坐看云起时·我爱那些细小的事物》)

诵完,阳人问弟子:"听了何叔的诗有何感想?"

学生争相回答:

"何叔的诗中有小花、狗尾巴草;有蚂蚁、小鸟;有老鹰和兔子。"

"何叔的诗最打动我的是真情,是他对小花,对狗尾巴草的真情。"

"我看,何叔的诗中不只有这些,还有生活,有我们每天都有的生活!"

……

一个弟子似有疑惑,煞有介事地说:"我和你们不一样?"

阳人问:"怎么不一样?可否详细讲讲?"

"我看到了何叔,我看到何叔在教我们写诗。"

众生大笑。

"教我们怎样写诗? 你说说——"

"何叔说,写诗吗? 很简单,就是把月光打包带走。"说着说着,她深情地吟诵道:

> 有多少清凉的月光/曾被我白白浪费/今夜,我要就着这一壶酒/与你对饮,不醉不归/不要说山长水阔/不要说前世今生/也不要说李白和苏东坡/你看,月亮都瘦成这样了/你怎么还不转过身来/趁着风不注意/帮我把月光打包带走/(选自何正国《坐看云起时·我把月光打包带走》)

你看,把月光打包带走不就是诗? 众生喜不自禁,皆鼓掌称赞。另有一个学子受此启发,站起来说:

"写诗就是站在时光的分水岭上长吟。"也随吟道:

> 那边落日,这边黎明/我关上一扇门/又推开一扇窗/左手雪花,右手梅花/我站在时光的分水岭/一边回头一边眺望/羚羊下坡,豹子爬坡/我想自己是一匹马/在寻找梦中的大草原/风吹散满天云朵/雨洗净一地尘埃/我走向旷野的一棵树/风景依然这边独好/(选自何正国《坐看云起时·站在时光的分水岭上》)

大家的兴致一下子被调动起来,在教室里展开热烈的讨论。

"做诗人,就要像何叔那样,'坐忘山水,坐忘人间'——一只倦鸟向你飞来,你耸了耸肩。"

> 最好的早晨是村庄里炊烟袅袅/你牵着牛儿去吃草/小黄狗跟在后面跑/洗衣的姑娘回头朝你嫣然一笑/(选自何正国《坐看云起时·绝句》)

又一个学子,则大声地读着何叔的诗:

> 突然想提笔写一封信/然后山长水阔地等/(选自何正国《坐看云起时·绝句》)

阳人异常兴奋。说:"你们都成了何叔的高足! 何不也来写写诗? 昨晚游江,阳人拍了几张照片,大家看看,不知可否成诗?"

众生跃跃欲试。

很快,有人吟道:

月亮啊！送我清宵／清宵啊！有个月亮／一阵风吹来／吹冷了我们的月光／

又有人吟：

江楼啊！挂个月亮／月亮啊！拥抱江楼／一阵烟拢来／拢着我们的清宵／

有人吟：

月亮啊！照着江流／江流啊！流着月亮／一艘船驶来／载走了我们的月光／

还有人吟：

江柳啊！挂个玉盘／玉盘啊！贮满清辉／一片光飘来／摇动着我的芳心／

阳人则写了篇《何诗教记》：

何 诗 教 记

　　辛丑末，诗人何公正国先生赠余诗札，阳人乃谓弟子曰："何叔教尔等诗。"启而观，压轴谓以细物为爱。

　　有弟子言于阳人曰："何叔目花之君子则眼中有西子，见狗莠而折腰。世间蚁蝼、禽鸟、兔蛇之属，皆生于微，叔授之以大，真乃诗者之匠心也。"

　　又有《四月》，观则有九宫之富，读则如三春之丽。雪为融，花为燃，心亦为之烧，诸如燕雀、蛙跳、牧牛、童子者皆浴。或有曰："见日落而感父恩，赏时刻而随鸟唱。诗情皆满，诵之欣然，无不快哉！"

　　阳人遂以何叔诗为教，诸子怡然有得，纷以习作，阳人一一展之。凤阁龙室竟日有诗焉。

　　清河堂主为之记。时年三月十日于龙室。

清河子言

　　现代教育深陷应试的泥淖，学生的思想长期受到禁锢，缺乏灵性和创造，非常需要借助新诗这类自由灵活、热情奔放的文学作品，来激荡学生的心灵，点燃创造的引信，引发学生的创新思维，从而激活人的本性。教师把诗人赠阅的诗集引进课堂，把现实的生活和文学作品串联起来，拉近了生活和文学的距离。无论是场上的吟诵、鉴赏，还是学子的模仿创作，都增添了几分"真实"，更能激发学生的共鸣。

76. 送得冉郎归

2022年3月11日

　　凤阁弟子冉生,聪明多智,机巧灵动,但不爱学习,有些疏懒,常好闹事。在大家眼中是个典型的"问题学生"。阳人的看法与众不同,认为他除了不爱学习,其余都好,因而从来没有放弃过他,并以"冉郎"称之。

　　冉郎也很喜欢阳人对他的雅赏,课间常与阳人交谈。慢慢地阳人了解到他的一些家事!

　　今日放假,阳人声言将往五峰渔阳关访友,邀冉郎同行。行至渔阳关,冉郎面有难色。阳人问:"怕见父亲大人?"冉郎沉默良久才说:"不! 我父亲回老家水浕司已经很久了!"

　　"那是愧对母亲啦?"

　　"也不是! 母亲常来看我!"迟疑片刻,冉郎才说出实情。

　　原来,冉郎的家史异常复杂。前清时期,他们祖上落难逃荒来到五峰,隐姓埋名,三代单传,才落籍渔阳关。到了他祖父这一辈,膝下无子,招婿入赘,始有冉郎。冉郎从小聪明伶俐,深得祖父疼爱,但也养成骜傲不驯的习性。后来父亲离家,冉郎心生阴影,更加不羁。祖父心苦,把全部希望寄托在冉郎身上,无奈孩子愈加放荡。

　　阳人闻言,便对冉郎说:"送你到家,给你父亲写封信怎么样?"

　　见冉郎面有难色,阳人改换语气说:"那好吧! 还是我送你一阕《阮郎归》吧。"

阮郎归·送冉郎

渔洋[1]留驻复看关,何方是旧山? 前郎[2]休问后郎安,斜曛余半山。

归来日,改前攀,不通水浕[3]山,天池[4]莫怪此春残,儿郎自是山。

注释:

[1] 渔洋:指渔洋关,五峰新县城所在地。冉郎家住渔洋关近郊。

[2] 前郎:指父亲。本句后郎:指儿子。父子分离,故有此问。

[3] 水浕:即水浕司,古代容美宣慰司下辖的土司。冉郎的父亲为水浕司人,居于此。

[4] 天池:即天池河,五峰县境内第三大河,流经水浕司。

　　冉郎很聪明,知道阳人要告诉他什么,挥手与阳人告别。

人本教育是全人教育。有两层意涵：一是面向全体学生的教育；二是对学生全身心的教育。前者表明人本教育不会放弃任何一个学生，特别是重视对那些"问题学生"的教育；后者强调对学生的全面教育，更关心学生的身心健康。学生不思学习，整日吊儿郎当，普通教师往往简单地迁怒于学生，责怪家长。人本教育者则不然，他们会小心地寻找背后的根源，然后因势利导，对学生施加影响，帮助学生走出困境。

77. "诸子"之教

2022年3月15日

开讲"诸子百家"之前，阳人引梁启超先生《管子传》自序：

一国之伟人，间世不一见也。苟有一二，则足以光其国之史乘，永其国民之讴思。

阳人接着讲："我们应该怎样研究诸子之学呢？梁先生给我们很多引领，他在对诸子百家的研究中，不但从流派上对诸子百家加以区别，而且还对每一流派，分四期梳理他们的源流，以表格的形式逐一列出完全可考和部分可考的名家。下面我们根据梁先生的研究给大家作简要介绍。"

道家——第一期代表人物有老子和关尹。据《史记·老子韩非列传》记载，老子是楚国苦县厉乡曲仁里人，姓李，名耳，字聃，做过周朝掌管藏书室的史官，孔子曾登门向他请教礼。老子如此作答：

子所言者，其人与骨皆已朽矣，独其言在耳。且君子得其时则驾，不得其时则蓬累而行。吾闻之，良贾深藏若虚，君子盛德，容貌若愚。去子之骄气与多欲，态色与淫志，是皆无益于子之身。吾所以告子，若是而已。

孔子向老子问礼，老子未作正面回答，而是发一反问，"去骄欲""敛态色""绝淫志""无益于子之身""这些你做得到吗？"孔子闻言，对老子赞赏有加，称他为驾着风而飞腾升天的人。

老子一生研究道德学问,其学说以"自隐无名为务"。居周久,见其衰微,便离开周都,来到函谷关。关令尹喜对他说:"子将隐矣,强为我著书。"老子便著《道德经》五千言,分上下两篇,言道德之意。书稿完成后,便离去,从此再没有人知道他的下落。这正是老子及其学说的玄妙所在。

儒家——完全可考的人物有孔子、孟子和荀卿。梁启超先生在"民国"九年(1920)撰写的《孔子》中,综合各书所记孔子的事迹,列出研究孔子时应该注意的几点,兹录于下。

(一)孔子出身甚微。不过一羁旅之臣,并非世族,而且是庶孽。

(二)孔子教学甚早。《礼记·檀弓》记孔子葬母,门人助葬,其时孔子仅二十四岁。

(三)孔子政治生涯甚短。宰中都,相夹谷,都算不得什么事业。孔子的政治生涯,其实只在五十五岁那一年。最大的事实就是堕三都,目的在于打破贵族政治,但是完全失败了。

(四)孔子的游历地甚少。后人开口说孔子周游列国,《史记》也说孔子干七十二君,其实他到过的国只有周、齐、卫、陈,或者到过楚国属地的叶。那宋、曹、郑三国,经过没有住。算起来,未曾出过现在山东、河南两省境外。

(五)孔子著述甚迟。自卫返鲁后,始删"六经",其时已六十九岁,距卒前仅五年。

（《梁启超评论历史人物合集》先秦卷,华中科技大学出版社 2018 年版）

墨家——完全可考者只有墨子。太史公没有为墨子立传,仅在《史记·孟子荀卿列传》后载二十四言。

盖墨翟,宋之大夫,善守御,为节用。或曰并孔子时,或曰在其后。

但这并不等于墨子的学说不重要。梁启超在清光绪三十年(1904)撰写的《中国之武士道》墨子条,结尾如是说。

墨子圣人也,其教泽远矣!救世之急,急人所难,无所为而为之。孟子称墨子摩顶至踵以利天下,诚哉其然哉。墨学非攻而尚武,鲁人有学其子于墨子者,学而成,战而死。其父怼焉。墨子譬之以是犹欲粜,籴售则愠。可见墨子以战死为光荣。

（《梁启超评论历史人物合集》先秦卷,华中科技大学出版社 2018 年版）

墨子教人守御,主张以战死为荣,跟随墨子学习的人,追寻的目标也在于此。所以古人言"墨门弟子百数,皆可赴汤蹈火"。梁先生认为这是墨子的教育使然,因此大赞墨子

"圣人之徒哉"!

名家——即今之逻辑学家。古时又称"讼者""辩者""察士""刑名家",创始人是春秋末期郑国的思想家邓析。《吕氏春秋·精谕》记载了一个故事,足以说明名家的特征。

> 洧水甚大,郑之富人有溺者,人得其死者。富人请赎之,其人求金甚多。以告邓析。邓析曰:"安之,人必莫之卖矣。"得死者患之,以告邓析。邓析又答之曰:"安之,此必无所更买矣。"

名家的代表人物还有尹文子和公孙龙。前者以"形名论"立世,后者以"白马非马论"闻名。

法家——完全可考的代表人物只有韩非子。《史记·老子韩非列传》称其"喜刑名法术之学,而其归本于黄老"。太史公有言:

> (韩非子)以为儒者用文乱法,而侠者以武犯禁。宽则宠名誉之人,急则用介胄之士。今者所养非所用,所用非所养。悲廉直不容于邪枉之臣,观往者得失之变,故作《孤愤》《五蠹》《内外储》《说林》《说难》十余万言。

此外还有阴阳家邹衍、货值家计然、兵家孙武(亦说孙膑)、杂家吕不韦,开宗立派,传递自己的学问,形成诸子百家中重要的流派。

清河子言

在传统文化中,诸子之学最难理解。这是因为诸子之学,派别众多,源流复杂,需要贯通理解。古人一般在修完经史之后才读诸子。人本教育继承中国古代教育的优良传统。在教习诸子散文之前,先给学生介绍有关知识,帮助学生梳理学术源流,弄清各家学说的来龙去脉。在此基础上,引导学生探讨各家学说的思想内涵,分析其实用价值,从中得到治国安邦的大智慧。

78. 致 零 落

2022 年 3 月 22 日

2022 年 3 月 21 日 14 时 38 分许,东航 MU5735 航班在广西梧州市上空失联并坠毁,132 位同胞生死未卜,噩耗传来,西楚阳人痛告诸生,并挽诗。

致 零 落

——惊悉"3·21"东航事故

在那遥远的南国/一道划痕/让我恍惚看见了阴霾/以及在那惊惶中/仍然镇定的零落/零落? 那不是零落/那是天空唱给生命的壮歌/

在那宁静的春夜/一阵凄风/让我恍惚看见了远方/以及在那云翳里/依然淡定的零落/零落? 那不是零落/那是逝者唱给生者的"神曲"/

在那古久的山峦/几缕青烟/让我恍惚看见了悲怆/以及在那祈祷中/潸然悲泣的零落/零落? 那不是零落/那是生者唱给逝者的骊歌/

在那无边的网络/几簇白花/让我恍惚看见了魂灵/以及在那悲悯中/怅然低回的零落/零落? 那不是零落/那是人类唱给自己的泪歌/

师生以凄婉的韵律,在教室的吟唱,祭奠那些逝去的生命,表达对同胞的哀思。

清河子言

人本教育最大的愿望是复归美好的人性。面对空难、战争、大病,我们需要守望相助,共克时艰,这是人类基本的生存法则。在"3.21"东航事故发生后,教师在第一时间,向学生通报空难情况和救援进展,并与学生一起以吟唱挽诗的形式祭奠逝去的同胞。这是对生命的敬畏! 这是对逝者的敬爱! 这是对人性的敬重!

79. 破 房 君

2022 年 3 月 26 日

凤阁学子肖施宇,爱好国学。不久前,在学校图书馆找来《礼记》《后汉书》,以及美国学者桑斯坦的《信息乌托邦:众人如何生产知识》,研究三日,给大家讲"蚕室与茧房"。

"古者天子诸侯必有公桑蚕室。"孔颖达疏:"公桑蚕室者,谓官家之桑,於处而筑养蚕之室。"(清朝阮元《十三经注疏·礼记正义·祭义第二十四》)

肖生引《礼记》,并且用正史的记载,给大家介绍古代的"公桑蚕室"。

我国两汉时期,宫廷不但建有蚕室,而且配套设有"东织""西织"。《后汉书·皇后记》里记载了这样一个故事:一日,汉明帝刘庄移驾北宫濯龙园,召集众妃嫔前来游赏,下邳王刘衍以下的亲属都参与了这项活动。有人提议把马皇后也请来。明帝笑着说:"她志趣不好游乐,即使来了也不会欢快的。"

这位马皇后前人称其颇有懿范,"在家则可为众女师范,在国则可为母后表仪",而且博学多才,是我国历史上第一位女史学家,著有《显宗起居注》。

濯龙苑位于洛阳西南角,是汉代著名的宫苑,东汉时曾设蚕室。汉明帝去世以后,汉章帝继位,仍在濯龙苑设公桑蚕室。此时,马皇后升为太后,常与汉章帝等众亲旦夕在此"言道政事,及教授小王《论语》经书,述叙平生,雍和终日"。可见蚕室在古代不但是养蚕织锦的织所,而且也是皇亲后妃聚会娱乐、教习礼仪的地方。

肖生讲得绘声绘色,突然一本正经地说。

可惜到了现代社会,蚕室不兴,礼仪不传,退化为茧房。没想到有些青年人,年纪轻轻,就不思上进,把自己拘囿一室,作茧自缚,人们便以"茧房客"称之。于是这茧房又被赋予了新的意义。

随即,肖生便给大家讲起现代人的信息茧房。

"信息茧房"的概念,首次出现在美国学者桑斯坦的《信息乌托邦:众人如何生产知识》中。桑斯坦在书中讲到现代信息社会的一种特殊现象：一些人高度依赖互联网，而且只关注自己喜欢的信息，将自己像蚕茧一般封闭在信息组成的"茧房"中，久而久之，逐渐丧失正常人的意志和信念，失去参与社会生活、投身实践之中的兴趣，变成一个"废人"。当前在我国也出现了很多这样的"茧房客"。在此我肖某大声疾呼，愿做一个"破房君"，呼吁大家起来打破这种信息茧房，让更多的人走向社会，走向火热的生活，不负青春，不负韶华。

凤阁里响起一阵阵热烈的掌声，众生便以"破房君"称之。阳人则撰写了一篇《破房君》赠给肖施宇。

破 房 君

凤阁弟子肖施宇，好演国学。一日为诸生讲蚕室，演茧房。

人问："何异哉？"

对曰："彼蚕室者，门户洞开，窗牖八面。纳清风，采月晖。有蚕宝藏之，日食桑而吐丝，夜喋血以结茧，成五彩；有皇亲及后妃临之，游赏喜乐，修习礼仪，丹仪天下。是谓'公桑蚕室'。今者茧房，为蜗居躺平之族共之。囿于一室，作茧自缚，了无理想、信念，不求事业、家庭，惟度日耳。此茧房者，害人不浅，吾等当共破之。"

众闻大惊，以为得道，乃以破房君称之。西楚阳人喜闻，乃记，时年三月二十六日。

清河子言

以学促教，以教养贤。人本教育顺应人性发展的规律来协调学与教、知与行的关系，通过创设一些典型的学习情境，提供一些全新的学习方案，放手让学生自己去学习、去实践，通过自身的探究、体验和感悟，去接受知识，认知社会，增长智慧，培养圣贤品格。教师为学生提供参考书目和研究主题，引导学生对古代皇家的"公桑蚕室"和现代社会的"信息茧房"进行深入研究，把研究成果在更大的范围内宣讲，让更多的学生获得教育。

80. 唱《鸿鸢歌》

2022 年 3 月 28 日

春日早晨,阳人上学路过江边,看见一只巨鸟。

那鸟颀身秀腿,高冠美翮,在沙滩上来回踱着方步,其意甚暇。阳人正欲驻足留观。忽然,巨鸟引吭一鸣,声贯两江,如金声玉振。阳人大喜说:"这是鸢鸟啊!你有鸿雁一样的志向。"于是拍着手唱了一支《鸿鸢歌》。那鸢鸟好像通人性,闻歌而起,在阳人面前徘徊一圈,然后向南飞去。

阳人来到学校,把早上的奇遇告诉学生。恰逢龙室值日班长谢鸿鸢主持当日工作。阳人便邀谢生谈感受,鸿鸢一时兴起,从自己的身世和名姓的来由讲起,谢生的经历也不一般。大家兴奋不已,纷纷赞言。一个学生点评道:"江有鸿鸢,室有鸿鸢,皆为鸿鸢!"阳人则作《鸿鸢记》,连同在江边唱的那首歌一起板书在教室里。

鸿 鸢 记

仲春二月,庚辰良日。阳人早起,往校,于东皋合江,遇一阳鸟,高八分,长二尺有奇。戴冠,披锦绣,其鸣甚清,有凤凰之声。

阳人大喜曰:"此乃鸢鸟也,类鸿,志高远。"乃拊掌而歌。唱曰:"大江兮滚滚而来,夷水兮涓涓以东,彼合江兮起鸢凤,随阳而飞。夷水兮涓涓而流,大江兮滚滚以东,彼鸿鸢兮临江,君子于归。"

闻歌,鸿鸢亦喜,乃奋足而走,忽一跃,绝江而起,盘旋良久。俄而凌空,展翼如帆,高举云端,乃南。阳人大骇曰:"此将之南海也。"

极目,云淡鸢远,天为之小。阳人志忒不能已,魄失魂堕,半晌乃复。莅校,奔龙室,具告诸生。众闻,皆大惊曰:"此非谢君鸿鸢者哉?"及观,果如。阳人乃引值日班长谢鸿鸢为诸君演。鸢曰:"余乃炎帝苗裔申伯之后,随州谢氏长孙。其祖喜水,乃择津乡而居,养鸢凤,常于雷雨放飞,鼓以云天。及吾出,乃以鸿鸢名吾,吾亦爱鸿,常于江边摩观,竟日不去。少时曾言'男儿当志在云端,期来日冲天'。"

众皆大惊,一生叹曰:"彼鸿鸢,此鸿鸢,皆鸿鸢也!"西楚阳人闻言,乃于龙室书《鸿鸢歌》,与诸生唱,鸿鸢自在其中矣。

西楚阳人书记。

课后,阳人将《鸿鸢记》的书稿赠予谢生。

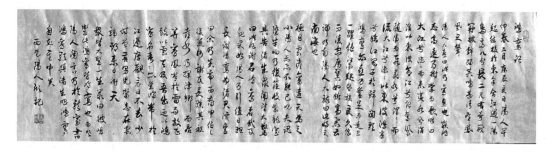

《鸿鸾记》书稿

清河子言

　　赏物兴怀，切己体认。人本教育善于把大自然的种种真趣、宇宙万物的品性，"捕捉"来展示给学生看。让学生在欣赏外物的过程中，产生积极的思想活动，联系自己的身世体会，认识宇宙自然的规律，获取人生智慧。教师上班路上遇见一只鸾鸟，人与动物产生一次美妙的心灵契会。教师巧妙地把观赏到的情景和其中兴寄移植到课堂环境中，并与一位名叫谢鸿鸾的学生产生联系，借助文学的形式演绎出一个优美的故事，让现场每个参与的学子从中获益，从而实现育人的目标。

81. 四月，你好！

2022 年 4 月 4 日

　　昨日清明放假。午后，阳人来到长江和清江边。

　　煦暖的阳光照在江面上。微风轻拂着几杆垂柳，江面上露出一片涟漪。阳人边走边吟，因景得句。

　　四月，你好／煦阳抚过垂柳／送来五彩的霞帔／微风拂过江头／赠我一晌涟漪／

　　前面过来一条小船，仿佛载着整个午后，画面轻快而又明丽。一只云鸥从江面掠起，清澈的江面上，留下一个美丽的回眸。阳人又吟道：

　　四月，你好／轻舟载着午后／携来温婉的江风／云鸥掠过江涛／赠我一江回眸／

日色向晚,江面上驶来一艘邮轮。此时,江岸滩涂上载满晚霞,撩人诗情,预示这晚又将有梦。阳人忍不住唱了起来:

四月,你好/游轮驶过江心/捎来远方的问候/江滩载满晚霞/赠我一枕好梦/

万里长江携着大中华文化,过三峡一路豪歌流经湖北宜都,八百里清江带着灵秀的巴土文化,从巴人的故土奔涌而来。两江交汇,两条大河、两种文化孕育了一座千年古镇。屹立两江交汇之处的清江第一楼——宜都合江楼见证了沧桑的岁月,也带给阳人春天的福寿。

四月,你好/两江流过明楼/唤醒明媚的春天/岁月贮满光阴/赠我一领福寿/

这四月满满的是诗情,岂能无诗。今日早晨,朝阳初上。阳人,再往江边观景,续写昨日的诗篇。

四月,你好/朝阳抚过脸庞/映出岁月的荣光/春日送来意境/青春铺成诗行/

稿成,阳人异常兴奋。于合江楼边,发出自己的照片、诗稿,布置了一道特殊的语文作业题:

请以"四月,你好!"为题,自选身边的景物,拍摄一组照片,然后写一首小诗或300字以内的优美散文!

陆续有学生传来诗稿。

四月,你好
黎长晶

四月,你好/你跳到太阳上/我仰望着你,你俯瞰着我/是为了送我一件阳光披肩吗?/

四月,你好/你躲进小花里/我偏头找你,你悄悄窥我/是为了送我一袭清香吗?/

四月,你好/你钻进鸟巢中/我好奇地拍你,你神秘地看我/是为了送我一个温暖的回眸吗?/

四月,你好/你倚在傍晚的云翳里/我笑着追你,你一动不动等我/是在等我留住春天,留住你吗?/

四月，你溜进我的相册/留下充满温情的照片/四月，你跑进我的思绪/写下属于自己的诗行/四月，殊不知你更闯进了我的青春/让我勇敢坚强/我何需留你呢/你时时刻刻在我身旁相依/

四月！你好/春天！真美/

四月！你好
熊昊哲

四月！你好/都说你春暖花开/都说你微风和煦/都说你草长莺飞……/未必吧！我看你/怀有春风却不肯施与/坐享天时却不肯赐惠/令我焦急地等待……/

四月！你好/他们说的春暖花开在哪？/为何总是送来阵阵新雷/打落了一片两片可怜的花蕊/吓坏了三丛四丛新生的香瓣/害我苦苦等待/你却淋湿了我的双泪……/

四月！你好/他们说的微风和煦又在哪？/为何总是送来寒风苦雨/肆虐了一条两条朦胧的柳条/惊扰了三只四只未眠的鸥鹭/害我苦苦等待/你却辜负了我的焦急……/

四月！你好/他们说的草长莺飞又在哪？/为何总是送来一抹余晖/模糊了东皋滩涂一株两株新绿/隐没了西郊黎明三声四声莺啼/令我犹豫不决/你却凝固了我的热情……/

四月！你好/不知是你的沉稳/还是我的激越/让那些古岭的枯禾/听到喧闹/从此开始发芽/不知是你的内敛，还是我的任性/让那些浅塘的苦荷听到呼唤/从此开始拔节/

四月！你好/我有我的任性/你有你的内敛/你有你的沉稳/我有我的激越/从此，我们共有雨季/彼此不再陨泪/从此，我们共享花期/青春唾手可及/

四月 你好
辛恩浩

四月你好！昨晚/你邀我看星星，我邀你观月亮/可你却迟迟未现/只是送来晚风凄雨/晚风吹拂我的脸/凄雨浇灭我的热望/却带不走我对你的思念/倘若是你，不愿出来/那么，星星的损失就大了/

四月你好，昨晚/我邀你看月亮，你邀我观星星/可你却迟迟未现/只是送来晚风凄雨/晚风吹散我的云彩/凄雨消减我的热焰/却带不走我对你的思念/倘若是你，不愿出来/那么，月亮的损失就大了/

四月,你好

赵万彤

前年春一去/今岁四月来/少年唱春归/吟罢春花开/

你好!四月

张裕杰

你好!四月/春一暖,花就开了/我想装一袋新鲜的空气去见你/因为人随春好,春与人宜/

四月,我想成为卖风筝的小贩/揣着一口袋的开心满载而归/在没人的地方偷偷贩卖春天/

四月,我想为你作一幅蘸着生命繁华的画卷/晨光起于塔尖,终将铺满阴霾之地/

四月,路过的风有没有告诉你,有个人很想你/风停在窗边,嘱咐你要爱这个世界/

你好!四月/还是那句:春一暖,花就开了/

你好,四月

皮鲜格

你好,四月/你的风令人沉醉,你的雨令人缠绵/熏着花香,暖着鸟语/给大地呈上你的明媚/

你好,四月/你的天令人鼓舞,你的霞令人着迷/缀着朝阳,衬着远山/给大地织了件裙衣/

你好,四月/你的山岚令人神往,你的村庄令人流连/伴着泉水,携着惬意/给山间贮满诗意/

四月,我爱你/爱你的风,爱你的霞/爱你的村庄,爱你那不尽的诗意/送你一声:你好,外面又是风景满野/

清河子言

人本教育不乏文学情趣。教师在四月明媚的春光里寻找诗意,把他对春的那份感悟、那种依恋、那次热爱,通过网络传向学生,于是整个网络被"点燃"。龙室、凤阁的 QQ 空间,顿时"燃烧"起来。一句句靓语,传来朦胧的诗意;一点点跋涉,留下青春的足印;一首首小诗,孕育着新时代的诗人,文学在教育的领地里大放异彩。

82. 清 明 怀 远
2022 年 4 月 5 日

清明节,阳人返乡,观赏沿途风景,创作了一篇《致清明》,并制成视频,发布在龙室、凤阁 QQ 空间。

清明,你好! 在这样一个明净的日子里,总算看到你如期而至。

看到你的容颜,看到你的肌肤,看到你骨子里沉淀的那种清净,更看见你赋予我们的那些记忆、期许。看见你帮我们传达对存在的和失去的亲人的一份温存!

此刻,我们首先要感谢大地! 她让油菜花变成籽粒,她让田野挂住了白云,她让百年的老房子保留了岁月的涂鸦,她让水塘盛满垂钓者的梦想……她让菖蒲在短茬上接续新绿,让水塘变得更像水塘,也让我们接下来的日子更像个日子。

其次,我们还要感谢长江,她载着我们的清晨,载满我们的午后,又载走我们的黄昏。她将你的清明铺写得很长很长,长到一万多里,长到我们无法想象——让我们尽情地去追思,去抚慰,去喟叹和感动……

最后我们还要特别感谢太阳! 它把沉实和厚道撒向每一个角落,每一个方格,每一粒花朵,每一寸尘埃……因为沉实,它把厚重的光线压得很低很低,甚至穿过了池塘,穿过了江水。清明——你才有了自己的模样。因为刚直,它把眼睑垂得很低很低,以致看不到世人的高贵与低贱。清明——你才有了自己的容颜……它让山更绿了,让水更蓝了,让人心更透亮了,也才有了我上面说的"日子更像个日子"!

哦! 清明,想起来了,今天午后,我蹲在"清明"上看你的清明! 那一刻! 我跳起来了! 我激动地说——我对大地说,我对着长江说,我对着太阳说:"我终于看见了你的清明!"

还有比这更像个日子的日子吗!

谢谢你! 清明! 谢谢你! 带给我们这一季的清明!

当日,学子们忙着赏景,寻根祭祖,写了很多诗词,兹录几首。

采桑子·清明(并序)
曹羽萌

吾家门前有二李树,至春,则花开满树,为童子时,常于树下玩乐,朝夕而歌。今春在校寄宿,痛失花期。及清明放假,暮归,又逢雨。次日早观,几处鸟巢,被风掀翻,一地残蕊,化作春泥。隔岸,几只黄莺在风中悲鸣,重又开始筑巢,感物伤怀,遂赋此阕。

常怀四月春和暖,碧水鳞波,河柳垂梭。气朗天清好放歌,枝杪映婆娑。

此宵逢雨伤零落,夜晦愁多。朝起看坡,花陨香泥儿处啼,隔岸起新窠。

醉花阴·清明怀古

袁锦灿

淋漓尽日浮红絮,鸟语吟花户。轻捻蕊凝珠,欲访残春,春在溪边树。

蜀魂[1]客泪应犹语,沦落平生误。人立翠红中,黯淡无声,独向流英驻。

注释:

[1] 蜀魂:鸟名,指杜鹃。相传蜀主名杜宇,号望帝,死后魂化为鹃,故有此称。

清河子言

清明是中华民族的传统节日,在这个春和景明的季节,人们带上家人,走出家门,踏着青青碧野,去享受大自然的清明;带着一颗感恩的心,去祭拜先人,追宗怀远,思考自己从哪里来,又要到哪里去,接受一次隆重的精神洗礼。教师以一篇《致清明》把学生引向田野,引向大自然,也引向传统文化,用那取自大自然和古代先贤的智慧,启人遐思,引发学子的文学创作。

83. 追赶朝霞

2022 年 4 月 10 日

今日凌晨,阳人早起,驱车三十里,前往东郊江皋,迎接黎明的到来。

日出东江,红霞满天。春水云范,晨光熹微。

阳人拍得数百帧照片,又采得霞光万缕,回来制作了一部小片,在龙室、凤阁播放。

致 朝 霞

朝霞:

你好!

在这四月的清晨,晨光熹微,黎明甫至。西楚阳人起了个大早,驱车三十里,向着东方,向着太阳升起的地方,向你问好!

眺望着……眺望着……眺望东方,远山撑开夜幕,云霞铺成黎明,江渚连成早晨,涉江的游子也在这一刻走下浅滩。

卵石垒成的小径,长出几根尖尖细草,薰衣微薰,铺向远方的碧野。

一只晨燕,从远处的高楼上跃起,冲向云霄,冲向你的怀抱。你张开金色的双臂,把他们一一拥抱——拥抱那江皋上的卵石,拥抱那石径上的尖草……拥抱清霄,拥抱黎明,也拥抱这西楚飞来的精灵。

朝霞,你好!感谢你赋予我们青春,感谢你带给我们宁静,感谢你为我们吹响黎明的哨音。我们就是那路边的尖草,我们就是满地的薰衣,我们就是那云端的奔燕,我们就是那江滩蹑足而行的游子。我们守望着你的宁静,我们听到了你的号角,我们任凭你灿烂无比——共享你的这个诞辰!

哦,朝霞!你来自黎明。哦,朝霞你喜欢青春。我们也要张开双臂,在这个经典的时刻,用美丽的青春拥抱你   拥抱你!我亲爱的朝霞。

江滩已经停满小舟,征帆已经高挂云端。我们愿时刻跟随你!向着远方,向着理想,向着我们心中的目标进发!

感谢你,朝霞!感谢你染红了我们的晨梦!感谢你擦亮了我们的人生!感谢你送给我们吉光祥瑞!我们深情呼唤:

"朝霞!我们永远在一起!"

小片一遍一遍地在教室里播放,阳人和学生一次一次地深情吟诵。霞光映满龙室、凤阁,也照在学子们美好的心底!

清河子言

四月的朝霞分外艳丽,映着山川,映着江湖,也映着人生的码头。教师在这四月上旬的一日凌晨,驱车三十里,追着晨光,迎接黎明。采来朝霞盛妆的倩影,拍到朝霞万般的抚爱,汇集成这个黎明的影像,配上诗文,制作成小视频,引导学子反复观看、吟诵,在观赏品味中,教师与学生一起追逐朝霞,追逐眼前这些明媚的日子,毅然投入新的人生!

84. 午后余韵
2022 年 4 月 11 日

四月是一年中最温润的季节。午后,阳光煦暖,春光旖旎。学子们正在午睡,阳人潜入园子里,拍摄了一些风景,写了篇短文。

致 午 后

午后:

你好!

西楚阳人,在园子里寻你,在园子的寂静中寻你,在婉转的鸟语里寻你,在长阶上寻你……

香樟送上红叶,桃李高挂青果,石榴半吐"红巾蔑"。银杏地里铺了一条绵软的缎子,又不忘撒上几朵黄蕊,混合着阳光,调出一颗颗金子,连缀成一挂美丽的项链。丹桂、金桂、九龙桂则一律地绿着……

哦!香樟是在等你,石榴是在等你,桃李们更是在等你,我也在等你!在焦急中等你,在平静中等你,在睡梦里等你。等你的盛装舞步,等你的娇羞婀娜,等你走进我们像明镜一样的心里……

你终于来了,款款地来了,做着各种姿势——

你撒出一顷阳光,落下几条斑驳的疏影,沿着树梢,曲了又折,伸向远方。你唤来一阵清风,奏出几声铿锵的笛音,沿着林子,消弭了,忽又复如。你走进甬道,那里铺满辉煌;你走过竹海,那里留下筛影……走过千山万水,走进园子里的每个角落,你咕噜咕噜地走进我心里!百鸟也来应和,一阵清鸣,啭着,圆着,圆啭着远去;几根长翎的掠影,带着劲儿,又风一样折转来,向我颔首。

阳光算不上炽烈,倒也很像烈酒,走在铺满鹅卵石的曲径上,有一种小酌后的微醺,没走几步,酒力发作了,便摇摇晃晃起来,颇有几分蒙蒙的醉意。

竹园似乎很像个竹园,走在无尽的竹篁里,踩着深褐的笋箨,忍不住迈出一种很古典的步子,听那"哆——,哆——,哆哆——"的鸣音,行步远了,身子好像也轻省了,心却是异常得静了。地是柔的,箨是软的,吟一声"我的竹啊!"连诗也是柔软的。

你的踵武,我的踵武,分不清谁的踵武——接续着,遥远着……

"九十春光斗日光,山城斜路杏花香。几时心绪浑无事,得及游丝百尺长。"忽然,想起李义山的那首《春光》。

午后啊！我忍住不醉在你的春光里。

"请小声一点,不要打破园子里的宁静,"冥冥中有一个声音在说,"孩子们还在午睡呢。"

午后啊,是你在呼告吗?

感谢你的提醒——孩子们睡在你的辉光里,也睡在李义山的诗里。

回到屋里,把视频做好,待学子们醒来,阳人让他们看这"午后",看自己睡在这满园的春光里。

清河子言

春日的午后特别宁静,学子们在校园里午休,教师偷偷地溜到园子里,拍了一组照片,记录这个宁静的时刻,又配了短文,制作成短视频,等学子们醒来,在教室里播放,把午后的美景和校园的静谧展现在他们面前。学子们在观省中恍然悟得,在自己午睡的这段时间,大自然里发生了多少令人感动的事情,慢慢地在这份潜沉和宁静中,他们便能体会到宇宙和人生的真谛。

85. 夕 阳 礼 赞
2022 年 4 月 13 日

滚滚夕阳照在八百里清江和万里长江之上,染红了波涛汹涌的江水。

下午五时三十分,西楚阳人带领一众学子来到两江交汇的合江楼前。溯流而望,群峰耸峙,江河灿烂。大家心潮澎湃,激情飞扬!

面对奔流不息的大江,瞭望夕阳映照下的山峦,阳人和学生一起吟诵——

致 夕 阳

亲爱的夕阳:

你好! 此时此刻,我们在八百里清江与万里长江交汇的地方,在三峡门城湖北宜都,向你致敬! 向你问好!

"於万斯年,受天之祜。"(《诗经·大雅·下武》)

感谢你,夕阳——感谢你给我们背后亿万斯年的泥土,镀上浑厚迷人的金黄。

"亿万斯年,福禄攸同。"(《宋史·乐志》)

感谢你,夕阳——感谢你给我们背后的夷水两岸,带来亿万斯年的福禄仁寿。

此刻——一座千年古镇,充满无比的荣光!

此时——两条奔涌的大河,贮满无限的辉煌!

在这个温馨、甜蜜的傍晚,感谢你!夕阳——感谢你带给我们岁月的静美,人生的吉祥!

在这个长河落日的时节,感谢你!夕阳——感谢你带给我们城市的古典,民俗的时尚!

啊!夕阳!你见证了两条大河亘古的流淌!

见证他们流着皇天,流着后土;见证他们流着清澈,流着厚重……流着历史文化,流出五千年的中华。

见证他们流着高峻,流着灵秀;见证他们流着土司城,流着吊脚楼……流着巴风楚韵,流出八百里的巴土。

哦!夕阳。你把我们背后的那条带子照亮。不!那不是带子,不是带子!那照亮的是万里长江。

你从那唐古拉山的主峰格拉丹东,撒下万段碎金,那奔腾的烈焰,从此一泻万里。你把碎金撒向沱沱河的散流、漫流、支汊和串沟,那烈焰从此铺满高原。你以五千米的落差,舞动这根金色的带子。抖起又抖落那无尽的金沙。你把流光铺满江津河谷,照着了猫儿峡,点燃了东陲屏障,映红了明月栈道,一路豪歌奔向三峡。瞿塘升起紫烟;巫峡金水翻腾;锦鳞挂满西陵。啊!亲爱的夕阳,你带着热度,簇着大江,一路流来,流着你的岁月,流着你的金黄。

哦!夕阳!你把我们背后的日子铺满云霞。不!那不是云霞,不是云霞!那红光里摇曳的是八百里清江。

你从莽莽苍苍的齐岳山地大草原,烧起熊熊的晚霞。大包,黑大包,勘金大包,罗、邓、万、彭四家大包,顷刻幻成燃烧的七星,七星澎湃,燃烧的大火,一路把那古老的夷水照耀。你用灵光敷满蝴蝶崖的双翅,古老的巴民,立即从那崇光的壁影中走出。群峰挡住了你澎湃的情影,你却送给土家一江的清明。让他们尽早点亮女儿城的篝火。你把云霞敷在巴王寨上的红纸伞里,又绽向土司楼前的竹林芭蕉中,迎面传来土人的舞曲。

两条大河,两条大江就这样流着——流着你,流着我们;流着你的姿色,流着我们的姿态,流着我们的过去和现在。

哦!夕阳哪里有你照不到的地方——走过江岸,你耕耘爱情的绿洲!迈向江心,你铺就时光的隧道!跨过河谷,你画出远山的苍黛!哦!夕阳哪有你照不到的地方——你照着孩子,那里就是花朵!你照着老人,那里就是沧桑!你照着游子,那里就是乡愁!你照着江河,那里就是奔腾,你照着岁月,那里就是梦想……

一只秃鹫,从古旧的城隍上起飞。一只鹞鹰在方正的亭檐上翱翔。在那些回曲的河床上,你播下蒲公英的种子! 在那些差互的江滩上,你种上金色的凤凰花!

当你把云霓铺满楚天;当你把霞彩撒满合江;当你把千年的吴烽染得殷红;当你把万丈的蜀燧照得锃亮;——你的年轮是如此的丰满! 你的倩影是如此的悠长!

感谢你,夕阳! 感谢你带给我们美丽,感谢你带给我们梦想。

感谢你,夕阳! 感谢你带领我们共铸辉煌! 感谢你与我们分享荣光。

学子们用坚毅的目光注望着远方。那吟声激越雄壮,穿透时空,奔向浩瀚的宇宙。脚下,滚滚的江流,发出阵阵鸣音,与之混响,飞向远方,经久弥远,永恒不绝。

清河子言

从室内到室外,从讴歌朝霞到礼赞夕阳,把课堂移植到广阔的大自然中。站在两条大河面前,面对滚滚落日,学子们以一曲优美的《致夕阳》,"唱"响这个四月的傍晚。那高亢的音符、激越的音顺,穿透历史的壁障,穿越远古的洪荒,融入浩浩天籁。自然的伟力,人类的执念,合奏出一支雄壮的生命进行曲,每个学子的心灵都在这一刻震撼。

86. 致 敬 太 空

2022 年 4 月 16 日

今日神舟十三号飞船(以下简称"神十三")返回地球家园,阳人早起,邀约家住城区的弟子,于长江、清江口岸,坐观天象。黎明时分,飞船撤离天和核心舱,独自绕地三圈,天宫过顶,阳人和弟子拍下一组视频,撰写了一篇短文,在两江交汇之处吟诵。

致 太 空

太空:

你好! 一百八十三天前,你迎来中国空间站"神十三"飞行乘组。今天,他们将返回地球。此刻,西楚阳人和弟子向你致谢! 感谢你,善待这些来自地球东方的追梦人,感谢你,在这样一个宁静的黎明为他们开启回归之门。

站在遥远的地球东方瞭望。美丽的太空! 我们看见你无涯的苍穹,看见你深黛的年轮,看见天地之间架起一道长长的虹。不!那不是虹,那是"天宫"过顶留下的行踪,尽管那浅浅的"痕迹"不甚分明,但你的苍黛已把它们映成最美的诗笺。那弯弯的折线,行进的箭头,恰似一支受命的军旅,正在浩歌出征。

"向前!向前!我们向前!……"

月华渐褪,满天清晖素影,晨光熹微,欣看"神舟"回归。虽然看不清"神十三"飞行的姿态,但现代科技已经传回他们近地绕圈的倩影。多情的太空!此刻你也和我们一样兴奋,你激情涌动而又沉雄古逸。欣然知会我们:

"只需闯过那皑皑的大气,赤子就能跨进家门。"

天地混响,万籁齐鸣。

我们瞩望东方,那里蜃海连天,红光摇荡,那燃烧的烈焰,映红了整个东方,照亮了广袤的宇宙。我们遥望戈壁,前方明霞接地,晴空万里。那美丽的蓓蕾,向阳而放,花开连瓣,像一枝燃烧的凤凰。迎接神舟回家,瀚海滩头,顿时冲出千军万马。

太空,你好!不曾想送给你什么礼物,你却赠予我们满天的云霓;你播下无边的风月,我们岂能不回馈你圣歌神曲。向着深邃的宇宙,我们歌唱,我们唱着一个古老民族的"国风"。

太空浩浩,"星云"栉比,我心依依。

太空邈邈,"天宫"其里,我思恋恋。

太空茫茫,"神舟"归宁,我情怡怡。

哦!听见了吗——太空!我们用青春为你作歌,我们用风雅向你致敬!

回到学校,阳人把央视"神十三"返回地球的全程直播录了屏,配了这篇《致太空》的录音,制作成视频,在教室里重播,又与学子们一起高声讽诵。

清河子言

神舟十三号飞船在太空运行六个月,完成中国空间站关键技术验证阶段的最后一次飞行,返回地球,为实现中国人几千年的问天梦打下坚实基础。一座太空站,一次太空飞行,就是一门课程。自然与人文、科技与生活、文学与哲学,在"神十三"回归地球的这个特定时空得以集中展现。太空观察、人文思考、文学创作、视频观看、话题讨论、诗文讽诵,构成一个庞大的综合性学习大课堂。

87. 谷雨与中文日

2022 年 4 月 21 日

昨日谷雨,学校正在举行期中考试。上午还是阳光明媚,午后,突然雷电大作,骤雨时至,为西楚送来一场"谷雨"。下午,忽又云开日出,晴空万里。阳人感到很新奇,拍了一些实景照片。今日早读,在凤阁即兴创作了一篇短文,板书在教室里。

致 谷 雨

亲爱的谷雨:

你好!

昨日闻雷,你轰然而至。你用一春的经营,整季的积蓄,半晌的光阴,走完大江南北,走完长城内外,走完属于你的这个早晨,也走进这春天的最后一个时令。

你把甘霖洒在戈壁的红柳上。干涸的河床边,沙漠玫瑰立时亮出点点红颜,百岁兰尽情地享受着你的恩泽,骆驼刺尖儿上泛着淡淡的绿。一阵风吹来,刮起一层薄薄的雾气,卷着满地的春草向前滚着,滚着,滚出一路的暗褐。你把玉露挂在北国的千头椿上,你把温暖输向康巴的雪峰线下,你泽满南国,你恩惠东方——你把恩泽普及天下的每一棵根苗。

不要问你是谁?你是谷雨!你是下给这个世界的谷雨。你是节气,你是一个富有诗心的节气。你是回眸,你是一个古老民族对上天的一个微笑!我们从你的身影中看到了一位人文始祖,看到了仓颉造字,看到"天雨粟,鬼神泣"的浪漫;我们从你的身影中看到了一个正在崛起的大国,看到了国际社会对你的尊重,看到了中华文明的源远流长。

哦!谷雨,我们看见了你。你在山野里向我们招手!你在春天里为我们放歌!你在人丛中向我们颔首!山野因你而新,春日因你而晴!而我们呢?也因你而欢喜!你在我们的田间里,你在我们的歌唱里,但你更在我们的心里,在我们美美的日子里!

感谢你谷雨,是你帮我们收藏春天,是你帮我们播种福禄,是你帮我们滋润生命,是你帮我们拨动青春的年轮。

让我们一起珍惜你——谷雨!让我们一起珍惜这美好的时令!

西楚阳人,2022 年 4 月 21 日于凤阁课上,阳人又播放了一则联合国设立中文日的央视新闻节目。

谷雨祭仓颉,赏花吃新茶。在每年春天的尾声见证二十四节气与最美汉字相会。2010 年为倡导多种语言使用和文化的多样性,联合国中文日正式启动。它就定在中国的二十四节气——谷雨,以纪念传说中的汉字始祖仓颉的贡献!

看完短片,阳人问学子:"昨天大家在考试,错过了一个非常重要的节气,也错过了一个非常重要的节日,大家知道是什么节气? 什么节日吗?"

经过一番讨论,学生明白昨日是二十节气中的谷雨,也是联合国设立的中文日。

"那联合国为什么要把中文日定在谷雨这一天呢?"阳人又引《淮南子·本经训》为学生介绍。

昔者仓颉作书,而天雨粟,鬼夜哭。

仓颉创造了世界上独一无二的象形文字,上苍因仓颉造字而感动,传说那一天白日里竟然落粟如雨,为人间降下一场谷雨,这就是谷雨之名的由来! 文字的出现是一件惊天动地的大事,人类由此告别了蛮荒,中华文明得以记录和传播,难怪《淮南子·本经训》说鬼神也为之哭泣! 谷雨时节正值秧苗出茬。此时,如果天公作美,有雨就会有水,秧苗就能很好地生长,谷物丰收就有了保障。在靠天吃饭的古代有雨即是有谷,雨与谷相随,以谷雨来作节气名,反映了人们心目中的一个美好愿望。

讲完,阳人播放昨日拍摄的一组谷雨时节的实景照片,然后对着早晨的板书说:"我们一起吟诵这篇《致谷雨》吧。"学子们热烈响应。高亢的声音把大家对谷雨的敬仰,从教室里传出,传向大地,传到田野,传给这个万物生长的季节。

清河子言

谷雨,不仅仅是一个农时节气,其间还包含众多的历史文化。仓颉造字,动天地、泣鬼神的传说,体现了人们对人文始祖的崇敬。而那优美的故事,又具有浓郁的浪漫气息。祈求天降喜雨、五谷丰登,体现了古人追求天人合一的传统文化宗旨,也表达了先民对美好生活的向往。联合国将谷雨这一天定为中文日,更是体现了国际社会对中国传统文化的尊重,也反映了现代中国的国际地位在不断提高。这些丰富的内容,就贯穿在这样一个并不复杂的教学情境中。

88. 湿 巾 袋

2022 年 4 月 28 日

　　早读,西楚阳人在凤阁巡视,见地上有一个湿巾袋,俯身拾取来一看,上面写着"天然护肤,去油去污",清香无比。阳人大喜,举着这个口袋,在走廊中来回走了三圈,一股清香弥散在教室里。有人问阳人:"你为何要这样做?"阳人笑一笑说:"要让用过、丢弃这个袋子的人看到。"并提笔在白板上写下一篇短文。

湿 巾 袋

　　朝读,阳人往廊中,见地上一袋。拾曰:"去油去污。"又宣言曰:"天然护肤!"及执,味如茶,淡香盈袖,半辰不绝。阳人自言曰:"湿可去油,巾可除污,号天然护肤。其为面哉,宁可心乎?"乃复执手举袋,来回廊中者三。

　　人问:"何为耳?"

　　对曰:"为用、弃者濯心焉!"

　　闻言,众生大笑,阳人亦笑,乃记。时年四月二十九日于凤阁。

　　睹文,诸生大笑,由此展开一场热烈的讨论。

　　有人说:"湿巾确实可以用来去油去污,大有用处。"

　　有人说:"这种湿巾清香淡雅,可以提神。"

　　更有人说:"很遗憾,很多同学,只知用湿巾来拭面护肤,去除身上的油污,很少有人用它来擦心,用以去除心灵的污垢。"

　　那个丢弃湿巾袋的学生站起来说,"不好意思! 阳人,这口袋是我丢的,能不能把它还给我,我今后一定用它来擦心!"

　　大家轰然一笑,阳人亦笑。过了会儿,阳人对着那个学子说:"你把这篇《湿巾袋》诵读一遍,我就把袋子还给你。"

　　学子上台,读完全文,带着他的湿巾袋回到自己的座位。

　　凤阁里复又响起一阵热烈的掌声。

清河子言

　　人的本性中有很多善端,难免也有一些恶念。受外在环境的影响,有时这些善端会得到进一步发展,养成美好的品德,但有时候这些恶念也可能潜滋暗长。人本教育就是要利用现实的环境,创设典型的情境,引导学生发扬善端,一点点地去除恶念,不断地去恶向善,最终形成圣贤人格。高中学子异常辛苦,每日早出晚归,披星戴月,难免身心疲惫,人性中一些恶念自觉和不自觉地就会暴露出来。一个人本教育的优秀教师一定能利用现实生活,巧妙地创设生动的教育情境,引导学生去恶向善,不断完善自己的人格。

89. 青春与文学梦
2022年5月1日

　　授完《谏太宗十思疏》,阳人和学生一起回顾学过的文言体裁。屈指一数,有记、传、论、说、铭、序、表、赋、言、疏、书……达10多种。五一长假,阳人要求学生每人模仿一种文言体裁,试为创作,并在班级凤阁、龙室QQ群空间展示。

　　次日,学生陆续贴出自己的作品。

马鞍山[1]记
王思贤

　　壬寅中,五一长假,家父携余及小妹返乡拜祖。一路山峦起伏,颠簸不堪。车行良久,入长阳县境,前有群山,峰峦相叠。父曰:"将至家门。"

　　十时许,车驻两山之间,大母来迎。家妹遥指两峰问曰:"此山者何名?"大母对曰:"马鞍山!"妹疑,复问其故。大母曰:"古以如此,自祖来,递相传焉。"又曰:"蜀汉时,昭烈帝刘备,尝与东吴大战于夷陵,吴军都督陆逊以火攻蜀寨,火烧连营。昭烈有急来避于此,登马鞍山以拒敌。遇围,又策马突围,单骑而去。所过,今人谓之'走马岩'。及大军去,村人于山中得一鞍,其色绚丽。有方家鉴之曰:乃皇叔遗物。"后人因其山形似马鞍,故名。

　　余与妹闻言,欣然相言曰:"吾祖来格,得地之灵,吾等当竭力以为人杰,不负乡焉?"

　　凤阁学子王氏思贤,五月二日喜记。

注释:

[1]马鞍山:陈寿《三国志》卷五十八:"备将杜路、刘宁等穷逼请降。备升马鞍山,陈兵自绕。逊督促诸军四面蹙之,土崩瓦解,死者万数。"《舆地纪胜》:"马鞍山在夷陵县西六十里(今长阳县境内)。《通鉴》:'黄武元年,陆逊攻刘备。将张南、冯习破其四十余营,备升马鞍山,陈兵自绕',即此山也。"

短 歌 行[1]
郑澜君

月夜风冷,清辉素影。柔光来照,万籁俱静。平芜草浅,桃红映轩。绿柳成荫,偕邻步原。疏林斜欹,迤逦前行。倏逾里许,有娥采荆。咕咕鸽鸣,月下织箔。见一池木,清水出莲。钓翁矶立,鹤发红颜。邑人夜牧,樵歌林泉。改道碎步,隔岸听莺。风清月明,倾于此景。人生一世,有邻不孤。行则至远,风月载途。朝光暮景,日乾夜坤。竹钓垂纶,常怀墟村。

注释:

[1]短歌行:乐府旧题,属相和歌辞,平调曲。宋郭茂倩《乐府诗集》引《古今乐录》称"魏文帝制此辞"。此依萧统《文选》载曹操《短歌行》,全诗32句。

致凤阁"三博文"书
尤西贝

凤阁有"三博文",皆才俊也。李氏者于吾前,邓氏者于吾侧,两周与处,自感深甚。愚有幸入阁,当思成才,故作此书以贻之。

邓君吾友,相貌堂堂,仪表凛凛。一对锐眼射寒星,两弯黛眉如聚峰,大类古贤也。尔多才尚艺,精于术数,蹴鞠、舆地、训诂皆不学自通,令愚折服。每课,奏对答问,因其不张,其声甚微。吾次其侧,常窃其功,用之,则无一误处。前试,为"探花",初露锋芒,同窗无不倾慕,而君平淡如故,沉潜寡言,深居简出,是为常也。吾从尔身,得益良多也矣。

李卿者,一班之长也。卿慧心丽质,怀瑾握瑜,有大节,尽职守。貌若飞鸿,志必大鹄。身如荣曜秋菊,心似华茂春松。其性明朗而不萦心,其行自然而无雕饰,见者皆爱而近之。李卿深于学,其识不亚于邓君,为学治课,一丝不苟,令人折服。窃以为真君子也。吾与汝游处相好之日久,而每论有不合,吾之误多矣,君耐心为讲,释吾所疑。是故李卿实乃吾之良师益友也。逢试,李卿中"榜眼"而不亢,失头甲而不卑,有鸿鹄之志哉!未来可期,是可深交者也。

至于曹君,请恕愚与汝不熟,且相距远矣,唯闻大名,馀不赘言,如此云尔。

凤阁才者甚多,皆通习之。诚望诸博文与之俱进,不负同窗之谊。贝西谨奉,时年五月一日。

呱 呱 传
许璐璐

呱呱者吾家北陂之牛蛙也。其体甚硕,喜暖善鸣。春夏之际,常于月出而升,蹲坐池口,向晚而鸣;又于日出前离岸,入水乘波,畅然而泳。及怠,出潜而吟,其声呱呱,为吾所爱。

先是吾家门前有小塘,池水暗绿,水草丰饶,是故众类来营,庶布其间。每夏,蛙噪不绝,群鱼动息。

一日吾出,步塘边,见一猫在岸,竖尾临水。顷之,曰一声。水中蛙亦曰一声。猫摇头蹙额,别坐,更命二声。蛙两腿蹬水,亦"呱呱"二声。猫又曰一声,蛙复一声。如此者三,猫大骇,惊走。日久,塘中惟余蛙之呱呱者也。

余学归来,常临处,悯其悲,以"呱呱"名之。又观人世,怅然太息曰:"今之人如是蛙者夥矣,好与人戏,人去而恒失乐,惟呱呱耳!"此为之传,以慰天下自闭之流哉!

送友人黄君序
赵梓橦

自中考一别,吾与黄君似有半载未谋面矣。何哉? 相去远也,心亦远也! 近闻君不如从前,懈怠有加。思久,念前谊之深,乃为此序以劝焉。

忆昔,岁大寒,君用功甚勤,不知冻馁。十指不可屈伸,亦弗有片刻之止息。叩问硕师,援理质疑,俯身倾耳以请,颇有东阳马君之遗范。呜呼! 天亦不负君,恩汝厚,冀有成。

今者君得志而失勤,学成而返惰! 万事皆不用心,此于君之何加焉! 乱曰:"以惰反勤,善也;以勤易怠,恶哉! 向使君能不忘本心,向善去恶,则吾复与友。反之,则当割席。"

梓橦谨序,亲达故交,交赞往来,盼纳!

橘 猫 赋
熊哲昊

壬寅季春,时雨连霖。扃于一牖,心烦气躁,坐立难安,余乃持书而出,巡廊中,望天地之远近,除心中之块垒,浇暮春之闲愁。

时天地蒙蒙,廊无他物,唯余帘栊。方迷茫中,有橘猫忽至,身长尺余,被虎皮,包金丝,白纹相间,麒尾高翘,凛然有气势。余大惊曰:"何方灵兽? 胡为乎来哉?"

闻言，猫似有所悟。奋爪腾挪，面吾而来，虎立于前，眈眈而视。目似炬，腹如雪，金被银床。与余相视良久，了无怯意。余窃曰："此厮乃非常也，当敬之。"

俄而，有风乍起，帘动枨移，叶落桐零，满目煞青，余心愈悲。及回视，夫猫临风而不动，遇变而不惊，正襟危坐，静赏其落。余乃愧言曰："此乃大丈夫之气也，吾不若也！"

忽闻"作作"，有鼠来窃。橘猫四顾，惕然而卧。待进，奋起一跃，以爪扑鼠，已然为猎物。余复慨然，叹曰："呜呼！有大器者必有大为哉！"感于斯，乃赋《橘猫》，以傲天下！

清河子言

文言文是文学语言，善用描写刻画形象，塑造意境，多用暗示和隐喻。人本教育在学生有了一定的文言知识积累以后，尝试引导学生学写这种文章。其宗旨并非把教学引回古代，而是要让学生在学习语言的最佳时机，感受这种语体的佳趣，提升自己的语言修养，继承这种文化遗产。

90. 荆门山稽古
2022 年 5 月 3 日

位于湖北宜都西北长江口岸的荆门山，是古时由巴蜀进入荆吴的要塞。唐代李白、杜甫、陈子昂，北宋欧阳修等众多的文人，曾在此留下数十篇诗文。其中最著名的当属李白的《渡荆门送别》。

渡荆门送别
李 白

渡远荆门外，来从楚国游。山随平野尽，江入大荒流。
月下飞天镜，云生结海楼。仍怜故乡水，万里送行舟。

中华书局 2015 年版《李太白全集》卷十五收录了这首诗，清人王琦引《通典》"水经"条作有题注。

《通典》：荆门山，后汉岑彭破田戎于此。公孙述又遣将任满拒吴汉作浮桥处。在今峡州宜都县西北五十里。《水经》云：江水束楚荆门、虎牙之间。荆门山在南，上合下开若门。虎牙山在北，石壁危江，间有白文类牙，故以为名。荆门、虎牙二山，即楚之西塞。

五一长假，阳人邀附近的学子，前往荆门山，实地考察李白诗中的地理和人文景观。阳人一行依古籍记载，找到荆门山任满当年作浮桥处。遥望两山，一桥（宜昌长江大桥）飞架，连通南北。荆门在南，上合下开，宛若江门；虎牙在北，赭石危壁，中布白纹，虎牙犹在。桥下江流铮铮，滔滔东进，蔚为壮观。

于是，阳人引《后汉书·冯岑贾列传》给大家讲荆门山一带的历史故事。

东汉光武帝刘秀建武五年（公元29年），朝廷派征南大将军岑彭领军伐蜀。建武九年（公元33年），在蜀中称帝、自号"成家"的公孙述派遣部将任满、田戎、程汛等数万人乘枋箄下江关，击破汉将冯骏等人的防守，攻克夷道（今宜都）、夷陵（今宜昌），占据荆门、虎牙二山。在此横江架起一座浮桥，建设了大量楼船，立攒柱（水中大木桩），绝水道，结营山上，以拒汉兵。

岑彭大军到此，数攻不利，只得引兵退去。

建武十一年（公元35年）岑彭与大司马吴汉再次攻蜀。此次朝廷发南阳、武陵、南郡六万余人会于荆门。岑彭令军中招募攻打浮桥的勇士，偏将军鲁奇应募而前。时天风狂急，鲁奇带兵挂满帆飞舟而上，直冲浮桥，无奈众船被江中攒柱钩住不得解脱，彭奇等人"乘执"厮杀，殊死而战。投掷火炬，用火烧断浮桥，点燃楼船。这时，岑彭又率大军杀到，蜀军大乱，溺亡者数千人，斩杀任满，生擒程汛，田戎逃回蜀中。

小小荆门山包容了多少英雄人物和历史事件啊！

望着滚滚江流，感怀故事，阳人与众学子一起吟诵李白的《渡荆门送别》，吟声激越，声飞天外。

清河子言

一座荆门山沉淀了众多历史，教师激活其中内涵，把学生引进历史的岁月。学生看到的就不仅仅是风景、诗文，更有政治、文化。他们会看到自然的神奇、文人的诗心、历史的脉动！其中不乏治国的大道、军事谋略与用兵智慧，乃至文人的兴会。学生所学不再是枯燥的文字、空洞的道理。

91. 古 道 新 记

2022 年 5 月 4 日

　　五一放假前,阳人带来清代文学家顾彩的《容美纪游》,给学生讲地域文化。

　　古枝江县城(今宜都市枝城镇),地处江汉平原与鄂西南山区的交汇处,有长江上著名的深水码头,交通便利,物流发达,是沟通大西南的重要门户。邑中自古多出名士,许多文人学士不远千里来此相会。他们又从这里出发,走茶马古道,寻访西南边陲,留下很多游记和诗词作品。

　　据《容美纪游》记载,清康熙年间,江苏无锡著名文学家顾彩,曾携户部主事、大戏剧家孔尚任的书札,从这里出发,游容美宣慰司。

　　古代容美人致包括今湖北鹤峰县、五峰县全境和湖南石门、桑植等县绝大部分地区。顾彩当年从枝城出发,沿茶马古道,历时五个多月游容美全境,写下著名的《容美纪游》,文中也记载了宜都、枝城沿线的一些重要地方,下面我们走进原著看看。

容美纪游[1](节选)

　　二月初四日发枝江署中。日午出东门。薄暮,抵龙山坪。犹枝江境。(是日行止二十五里)

注释:

[1]《容美纪游》:顾彩著,吴柏森校注,湖北人民出版社 1998 年版。下引皆同。

　　枝江署,位于今宜都市枝城镇西门内。顾彩于清康熙四十二年(1703)冬,抵枝江县署,次年二月初四日从这里出发,前往容美。

　　龙山坪,在今宜都市枝城镇九道河村,距古枝江城(今枝城镇)二十五里。顾彩当年在此宿一晚。

　　初五日,暮抵官道坪(属松滋县)(是日约行五十里)。

　　官道坪,又称官渡坪,即今松滋县刘家场镇官渡坪村。

　　顾彩当年由此出枝江境,入松滋界,一路渐入容美,二月二十一日抵容美宣慰司南府官署。然后,游观容美全境,前后历时五月有余。期间,几乎每日作记赋诗,直至六月二

十五日,从云来庄返枝江县,七月初六入宜都境。《容美纪游》续前记曰:

> 初六日,行平冈,至白马溪乃更起群峰。一潭澄泓,居民环之。茶客二十余人,放驴满山,余杂之共宿一店。(是日行□□里)

白马溪,位于今宜都市王家畈镇白马溪村,与毛湖淌相接。顾彩当日与茶客驮队在此同宿一店。

> 初七日,行大荒,无奇景。至钱村,属□□□□□□家林宿。(是日行六十里)

"属"后各本均缺六字。钱村,无注。疑为"桥梁村"误。此地西离白马溪六十里,东距枝江县城(枝城镇)二十五里。

这条线路上,最可能出现的地名有二:一是高桥村;一是桥梁村。清同治五年《枝江县志》:"高桥,距县城三十里,接宜都界。"桥梁:"距县二十五里。"经实地查访,今黎家坪一带,古为"桥梁村"离县二十五里。"钱村"当为"桥梁村"之误。考虑到顾彩随行人员都是鹤峰人,不熟悉枝江地理,"钱"与"桥梁"又谐音,音近而误。原文此处缺字当为"枝江县境于黎"。后文"家林宿",亦是音误,应为"家坪宿"。该句应为:"至桥梁村,属枝江县境,于黎家坪宿"。

> 初八日,下礓子坡,渡□□河,辰时抵枝江县。(共二十五里)

礓子坡,在今枝城镇黎家坪村,坡下出口即为石门村,外接芭芒河,为进入枝江县城的必经之地。"□□河"各版均缺载河名,根据实情,当为"芭芒河"。

讲完,阳人要求沿线学子,利用假期,对顾彩当年经过自己家乡的路线进行一些实地探访,很多学生参与这项活动。返校,他们带回照片和考证文章,在班上交流。

龙山坪考记

李博文

距枝江古城二十五里,有龙山坪,今九道河宁家坳之前畈是也。明清时,为枝邑通往西南容美土司茶马古道之东隘。进为山谷,出为平原。昔顾彩出枝江城,游容美土司,第一晚即宿于此。

"群峰聚会,众水朝归。"九道溪水,自龙山坪出,过龙泉寺,一路浩浩汤汤,注入长江,其为壮也!

此地两山对峙,溪贯其间,云雾缭绕,满山松翠,土地肥美,自古为土著山民聚居之所。距今二十多万年的九道河人洞穴遗址即出于此,又是近代著名国学大师杨守敬先生之故乡。

水至清,人至勤,吾亦至爱吾乡。幼时常与小弟游戏其间,或下水摸虾,或岸上采薇……及成年,常于此坐观夕阳,待暮而归。后游学在外,每归,必摄影留念。今作稽考,是为记焉。

官道坪重访记

周秩怡

驾车沿"S225"省道行进,过松木坪,由岔口下,穿过几条柏油路之后,官道坪也就到了。官道坪,又称官渡坪,前出为苦竹坪,即今松滋市刘家场镇官渡坪村。顾彩当年游容美即由此出枝江境,入松滋界。

清风携着晨曦,混合着泥土的芬芳,一股脑吹向走在路上的旅人。踩着平整的水泥地前行,周围是整齐的农家院子,也有自家建起来的小洋房,到处洋溢着幸福。而顾彩当年走过这里的时候,脚下是泥地,四周是土房,苦竹丛生。或许只有路边的狗尾巴草向着他摇曳。但这一切,都没有挡住顾彩的脚步。他一路向西,终于写出著名的《容美纪游》。

此处绝非富贵之乡,但也确是幸福之地。

白 马 溪 记

吴语蝶

壬寅岁三月晦,余自陆城返乡,游王家畈,遇小雨。或曰:"白马溪可观焉。"

兴而往,午中乃至。远道而观,有巨石孑然而立,上赤书。曰:"白马溪。"近岸,流水潺潺,上下响应,百草丛生,谛而观之,水色碧柔,轻雾漫起。溪中水草横生,鱼虾戏其中。

余慨然叹曰:"昔有白马饮溪,今有丹书立岸。皆因顾公文章,是乃天下之士美焉。"是以为记。

清河子言

把名家的游记引入课堂,把学子引入游记里的实境,把古事今事、古人今人跨时空地"链接"在一起,创造一种主客互动的生态课程,是语文人本教学的重大创举。顾彩当年从枝江古城出发游容美土司,写下著名的《容美纪游》。教师把古籍带到课堂,引入相关的故实。当学子明白他们平日所行的道路,居然是著名的茶马古道时,其喜悦与兴奋可想而知。节日稽古,学子踏访古道,撰写文章,追忆往圣,所获甚多。

92. 同享青春

2022年5月4日

五一长假未完,学生提前返校。阳人便和学子们一起过"青年节"。来到龙室,有人问:"今日来,阳人可曾携带礼物?"

西楚阳人笑了笑,说:"弟子过节,为师岂能无礼?"

一句话,把大家都逗乐了。教室里顿时热闹起来,争着,嚷着,要看阳人带来的"礼物"。

这时,阳人不紧不慢拿出一张蜡黄的照片,诡秘地一笑,然后才说:"大家看,我把青春带来了!"

学子们的兴趣更浓了,争着,抢着去看阳人的"青春"。

那是一张四十多年前的老照片。尽管影像已经完全变黄,但英气还在。从画面上看,当时的物质条件十分艰苦。古老的山岗、破败的民房、生火的柴禾,构成简陋的背景,但那一身素净的西装和垂直的领带,也隐约地透露出那一代人的精神追求。阳人随口吟了一首诗:

寻 找 青 春

寻找青春,我找到昔日的山岗,还有满地的柴禾和那破败的民房/那是简陋的日子,但简陋掩盖不了岁月的芳华,又怎能阻遏青春的勃发/我把柴禾点成烈焰,我把粗布制成西装,我把岁月染成五彩/哦! 青春原来是如此的简约、迷人而又打满生活的底色/

笑声戛然而止,学子们陷入沉思。阳人又拿出一张三峡大坝截流前,在奉节县瞿塘峡口的留影。

只见他跃马雄关,立在一匹枣红马上,口中像是发出一声声呐喊。背负青山,隔岸又是巍巍雄关,壁立千仞。脚下,滚滚的瞿塘江水,掀起万丈波涛,令人不寒而栗。阳人复又吟道:

寻找青春,我找到昔日的夔门,那里我曾骑在一匹枣红马上? 尽管道具有点笨拙,但我心早已飞向疆场/奔流不息的江涛催我出征,那万丈绝壁又怎能挡住我的梦境/哦! 青春原来是如此豪迈、好战,而又贮满奋斗者的呐喊/

随后，阳人相继拿出他第一次进京在长城、在"北大"、在颐和园拍摄的照片，给学生讲了一个离奇的故事。

阳人自幼向往"北大"，无奈出生在那个特定的年代，不但上不了"北大"，就是连看一眼"北大"的机会都没有。

1995 年夏，阳人终于获得进京的机会。一天晚上，他偷偷脱团，潜入"北大"，在博雅塔下饮了一点自带的小酒，借着微醺，趁着夜色，抱裳而眠，做了一个美梦。等他醒来，作了一首短歌，在湖边吟唱。

> 未名湖上月半央，西楚游儿抱布裳。晚风微醺醉博雅，一梦误以是故乡。

照片上的小伙，稚气未脱。布裳褐衣，摇摇晃晃，远处的博雅塔清晰可见——这应该是他最美的青春。

阳人又相继拿出与学生、朋友、家人的众多合影，边展示边吟唱。他说"他在寻找自己的青春"。在那浅吟低唱中，众学子分明地感受到青春的质地。

> 寻找青春，我找到尘封的岁月，那里有与学子、故友和家人的聚首/现在，虽然我们身各一方，但岁月用它的五彩描出我们的青涩、彷徨和守望/
>
> 寻找青春，我找到书旁的相簿，那里珍藏着一个少年的梦想/我也曾是个文艺小青年，每当午后，坐在台前小读吟赏，窗边就会映出春天的竹筐/
>
> 寻找青春，我找到生命的"镜像"，尽管已是满头白发，还有一脸的疲态和颓唐/但岁月的秋霜漂不白青春的富丽和刚强，花甲又怎能带走青春的容光/

最后望着满堂的学子，阳人激动地唱了起来：

> 况是青春日将暮，门前古柏吹东风。休言此匠满头白，桃李成蹊花自红。

等阳人和学生过完这个特殊的"青年节"，室外已是晚霞满天！

清河子言

青春是人生的最大财富，青年是人生的黄金时代！但是随着岁月的流逝，每个人都将走向暮年，趋于衰老。唯有珍惜生命，不负韶华，才能为青春添彩，留下美好的回忆。值青年节到来之际，年近花甲的教师，把记录自己青春痕迹的照片，搬进课堂，并附上小诗，在教室的吟诵，采用这种方式与学生一起过节，追溯青春，享受青春。包含了两代人的青春故事，具有很强的现场感和鼓动性！

93. 母 亲 节 叙 事

2022 年 5 月 8 日

今天是五月的第二个周日,学生不休。午后第一节课,阳人走进教室。问:"今天是何节日? 有谁知道?"一阵沉默之后,总算有人回答:"母亲节!"

阳人出示清人黄景仁的《别老母》:

> 搴帷拜母河梁去,白发愁看泪眼枯。惨惨柴门风雪夜,此时有子不如无。

见大家面有愧色,阳人对众生说,"怎么这么多人把一个重要的节日忘记了? 古人说得好'莫让白发泪眼枯'! 是不是应讨论一下该为母亲准备一份什么礼物?"

"今天回去,就给母亲送一束康乃馨。"

"最好亲自动手,给母亲制作一份小礼物。"

"如果没有时间,送一句祝福也行。"

······

大家七嘴八舌地议论开来。

阳人接过话说:"我母亲去世多年,不过,我仍然要送给她老人家一篇文章!"随即播放了一段中午刚刚录好的视频:

致 母 亲

母亲,您走了。您走了已经二十年!

您走的时候还很年轻,本可以把岁月活得很长很长,但您不愿意给子孙惹麻烦,便毅然地走了! 您走得很仓促,以致没有来得及告诉我,您行了多少善,帮了多少人,您只在自己的枕下留着一本账单,上面密密麻麻地写着别人找您借的钱。还有一句:"儿啊! 您就不要他们还了吧!"

母亲您走得很彻底,连一张单独的照片都没有留下,在我大大小小的影集中,能找到的只有一张您和孙子在外旅游的照片。照片上您亲抚着怀里的孙子,遥望着远方,遥望着前方的岁月。

而今您的孙子已经长大,已为人父。

母亲您走得很纠结,您说:"儿啊! 没能给你留下什么,只有几间土坯房。但那每一根椽子都是我亲手在山上采来的!"

而今这房子已经坍圮,上面长满了蒿草和芭芒苗子……

母亲您走了,什么也没有留下,只留下一抔黄土。每年腊月三十,就是下黑雪我也要回去,为您磕个头。说声:"妈!儿来给您拜年啦!"

母亲您走了!什么都没有留下,但留下今天这个节日——母亲!儿想念您!

清河杨氏邦俊于清河居

看了这段视频,大家的眼眶湿润了。阳人说:"作为子女,不要像我一样留下遗憾!我们送给母亲最好的礼物,还是诗词文章吧。"

于是大家响应阳人的号召,纷纷撰联作文。阳人又将这些作品,在班上一一展示。

怀胎十月,牵肠挂肚系一生;反哺千回,春晖霖雨报大恩。(周梓怡撰联)

一母二子三苦四累五言六语带完我七八九年级十分辛苦;十年九哭八泪七纵六体五行劳累您四三二季节一生感恩。(辛恩浩撰联)

母爱无疆不止十月重身;岁月有限倾尽万缕春晖。(毛姝菡撰联)

母爱如斯,温情似火暖三春;柔情无价,恩惠若兰香一座。(赵悦涵撰联)

黄牛舐犊,母爱无疆延千里;羔羊跪乳,孝义铭心演万种。(刘博宁撰联)

母爱高洁,如月下露珠,晶莹剔透。母爱伟大,如日中骄阳,暖人心脾。母爱细密,如和煦春风,澡雪精神。(郑澜君撰文)

您对我的爱倾尽一生,我对您的感激,又何止今辰。过去是您陪我仗剑天涯,未来我想陪您细看夕阳。(谢晓峰撰文)

人间没有天使,所以有了妈妈,可天神又妒忌你的美颜,派我偷走你的青春。我把你的时光装进口袋,你笑着化成一缕春风,抚摸我的脸颊,护我岁岁年年。(孔娇阳撰文)

母爱似月光,皎洁却不清冷;母爱似溪流,绵长却不张扬;母爱似清风,温柔却不渺茫。(陈妹唱撰文)

母爱如水,淌进心房,细腻温润;母爱如星,点亮天空,群星闪烁;母爱如琴,演奏生活,甜蜜悠长。(皮鲜格撰文)

带我来到这个世界,伴我成长这个世界,教我热爱这个世界,陪我经历这个世界。妈妈请放下手中的工作仔细听听我说:你是我世界中的heroine(女英雄)。(黄鑫亮撰文)

数载前您予我混沌初开/我懵懂无知,您悉心教诲/数年后我带您享受荣华/您怡情悦性,我乐以忘忧/岁月荏苒,我看见您的坚强,春秋绵长,你造就我举世无双/您为我付出青春年华,我必将不负华年青春。(艾瑞涵撰文)

龙室学子袁锦灿更是用五色纸,手工折了五朵康乃馨。她告诉大家它们象征五福,没有任何题签,暗含一联,用意深远。

阳人则解道:"此所谓'大爱无言,五福生花'。"众生大笑,其乐融融。

清河子言

在母亲节来临之时,教师把自己对母亲的挚爱以及怀念之情,通过一则自制的视频,传递给每一个学生。激发学生的创作欲望,鼓励学生用一首诗、一则短文,或自制的作品,以实物的形式赠给母亲,回报母亲对自己的生养之恩。这个母亲节过得简单,但又热烈、实在、新颖!

---

94. 家乡竹枝词

2022 年 5 月 10 日

竹枝词是一种颇具民歌风格、形式短小、格调清新的诗体。学生读了刘禹锡的《竹枝词》,很是喜欢,但对背后的文化不是很清楚,阳人觉得有必要给他们讲讲,于是安排学生收集了一些资料,在课堂上交流。

讨论正式开始。有人说:"竹枝词是四川东部一带的民歌。"有人说:"竹枝词是唐代诗人刘禹锡借鉴巴蜀民歌体裁创造的一种诗体。"还有人说:"这种诗体多写男女爱情和三峡风情。"

阳人对大家的发言未作点评,而是拿出古籍,投影给学生看。

《竹枝》本出于巴渝。唐贞元中,刘禹锡在沅湘,以俚歌鄙陋,乃依骚人《九歌》,作《竹枝》新辞九章,教里中儿歌之,由是盛于贞元、元和之间。禹锡曰:"竹枝,巴歈也。巴儿联歌,吹短笛、击节以赴节,歌者扬袂睢舞,其音协黄钟羽。末如吴声。含思宛转,有淇濮之艳焉。(郭茂倩《乐府诗集》卷八十一《近代曲辞三·竹枝》)

阳人说,大家在网上查到的资料大都是根据这则短文改编的,但改编者对原文的理解不全面,存在很多误读。

一是刘禹锡的《竹枝词》写于被贬朗州期间,而非谪迁夔州时。古朗州,在今湖南常德一带,所以竹枝词不能简单地理解为四川东部的民歌。对此,《新唐书》也有记载。

宪宗立，叔文等败，禹锡贬连州刺史，未至，斥朗州司马。州接夜郎诸夷，风俗陋甚，家喜巫鬼，每祠，歌《竹枝》，鼓吹裴回，其声伧伫。禹锡谓屈原居沅、湘间作《九歌》，使楚人以迎送神，乃倚其声，作《竹枝辞》十余篇。于是武陵夷俚悉歌之。（《新唐书》卷一百六十八列传第九十三）

二是"巴歈"不能作为"四川东部民歌"的依据。上文"禹锡曰：'竹枝，巴歈也'"。此"巴歈"，非彼"巴渝"也。"歈"古作"歌"，意为《竹枝词》属巴地民歌。而郭茂倩也将"巴渝"并称，可见"巴是巴，渝是渝"，二者并不相属。"巴歈"——古巴地的民歌，也自然不能说是渝——今四川东部的民歌了。根据已有的考古发现，古代的巴地大致指今湖南常德、石门，湖北鹤峰、五峰、巴东、长阳，以及宜都、枝江的部分地区。

那么，《竹枝词》又在那些地区流行呢？从现存的作品看，我们宜都无疑是重点地区之一。翻检《全唐诗》，除收录了刘禹锡的作品，还收录有李涉的《竹枝词》。

荆门滩急水潺潺，两岸猿啼烟满山。渡头少年应官去，月落西陵望不还。

这首《竹枝词》是唐代诗人李涉所作，写作时间大致与刘禹锡相若。《全唐诗》原题为《杂曲歌词·竹枝》，共四首，此其一。据《唐诗纪事》记载：唐宪宗时，李涉任太子通事舍人。不久，贬为峡州（今湖北宜昌）司仓参军。这组《竹枝词》就是他在贬所宜昌，借鉴当地民歌的风格创作的，诗中的荆门山正在今宜都境内。

除此，今人在五峰、长阳、宜都、古枝江一带，还发现了很多古人留存的竹枝词作品，其中就有清代文学家《围炉夜话》的作者王永彬先生的两首《枝江竹枝词》。

沃野沿江半在洲，山原附郭少平畴。高田防旱低防水，一样农人两样愁。
木棉花绽白于霜，漠漠烟村接水乡。堤小每防秋后决，西风忙煞采花娘。

（王永彬《桥西馆诗钞》清光绪十年版）

此"枝江"，实为今宜都市枝城镇一带。近日又读到本土文史研究专家赵有贵先生的《青林寺杂吟八首》，我们来看其中的一首。

廖 家 坝[1]

清江夹套托沙洲，满坝闲鸥戏水牛。纵有廖家登历早，而今沉没复何求。

注释：

[1] 明成化二年(1466)，廖家由四川富顺迁入定居，初以打鱼为业，后转为农耕，故以此名。

这首杂吟,深得《竹枝词》精髓。幽默风趣,声调悠扬,可吟可唱,读来宛如猜谜,回味无穷。可见,竹枝词在宜都影响深广,古今皆有流传。

学子们受到启发,纷纷练手,写出不少佳作。下面这首《竹枝词》就不失其本味。

> 耸耸青山不间断,蒙蒙薄雾水中来。孤烟直贯白霄去,山友孤吟垂钓台。（余云嫣作）

清河子言

竹枝词是一种极具地域文化特征的诗体。教师着眼于地域文化教育,引导学生学习竹枝词,征引《乐府诗集》和《全唐诗》关于竹枝词的记载,又利用《新唐书》等正史的介绍,对竹枝词的来龙去脉进行考证,一步一步地引出本地《竹枝词》作品,把学生引向地方文学这块宿地,鼓励学生继承这一风格,把家乡的《竹枝词》传承下去。

95. 楚 有 荆

2022 年 5 月 22 日

今天是国际生物多样性日。清晨,阳人前往南山,采得黄荆、牡荆、紫荆、茶荆、油荆五种荆条。

来到教室,阳人对学生说:"楚有五荆,必先别之;士有五性,必以养之。"随后,赋《楚有荆》,并作现场吟诵。

> 夏有后兮禹有甸[1],帝有鼎[2]兮楚有荆。彼荆楚兮发春霖。
> 楚生南坡兮多蒍,荆起蛮荒兮有茨,彼青蒍茨棘兮可食可炊[3]。
> 春夏之交替兮岁不熟,岁不熟兮以采薇。彼君子兮备晨炊,戴月以樵归。
> 乱曰:楚有荆兮棘有节,蒉藜蓬户可安贫。楚有荆兮林有泉,渔歌夜樵养清廉。
> 安得上林兮惟念楚狂接舆。

注释:

[1] 禹有甸:即禹甸。夏禹时,分中国为九州,称九州为禹甸。

[2] 帝有鼎:即禹铸九鼎。相传夏禹治水后,分中国为九州,铸九鼎,分列各方。

[3] 可食可炊：楚荆嫩叶可食，荆条多作柴烧，古时春夏青黄不接之际，又多以荆叶度荒。

众生睹物闻歌，纷纷上前察看这楚地的风物。阳人又引古籍给大家介绍这些楚国的物产。

《说文解字》："荆，楚木也。"
《康熙字典》：《山海经》："虖勺之山，其下多荆木己。"《本草》"牡荆"注：古者刑杖以荆，故字从刑，其生成丛而疏爽，故又谓之楚。荆楚之地，因多产此而名也。"

国以物名，州以荆称。五荆出于楚国，生于荆州，它们生长在贫瘠的荒山野岭，耐寒抗旱。荆条可编织器物，荆棘可作柴烧；茎、叶、根、实，均可入药。果实性苦，可去风寒。古时春夏之交，青黄不接之际，楚人多以荆叶作饭食以果腹。其生长环境和习性与楚人非常相似，古往今来，咏荆的诗词作品特别多。

讲到这里阳人告诫诸生："作为楚人，我们应该了解荆的特性，不妨查一查资料，收集整理古今与之有关的诗词学习借鉴，开展相应的诗歌创作。"阳人随吟一首《七绝·牡荆》以小范。

岭上春霖绿旧苗，楚人细审牡荆条。青蕤嫩萼两三发，明早晨炊作夜樵。

这一日，学生写出很多"咏荆"的诗词。

清河子言

　　保护生物的多样性是每个现代公民的职责，也是现代教育的必修课程。人本教育不作空洞的说教，而是以地方风物为关注对象，以诗词文赋为导引，把生物的世界与人文世界融合一起，引导学生从生物学、文化学和文学多维度地观照生物，认知世界，了解地域风情，从而获得全方位的教育。

96. 端午吊屈原

2022年6月3日

过端午节，阳人邀众生展示自己的"礼物"。龙室学子袁锦灿给大家播放了一段楚怀王与屈原吟诵、解读《橘颂》的视频。

　　楚怀王："这一篇是《橘颂》，正是屈原所作。我读给诸位听听。屈原，你给他们
解释一下。"
　　楚怀王："后皇嘉树，橘徕服兮。"
　　屈原："皇天后土，孕育嘉美之树，橘子生来就适应这方水土。"
　　楚怀王："受命不迁，生南国兮。"
　　屈原："禀承天命不离故土，永世生在南方的楚国。"
　　楚怀王："深固难徙，更壹志兮。"
　　屈原："你扎根深厚，难于迁移。志向是那么得专一。"
　　楚怀王："上官大夫，诸位大人，你们听懂了吗。"
　　上官大夫："大王啊！这不就是一篇诗歌吗？"
　　楚怀王："这何止是一篇诗歌！屈原告诉他们，这是什么。"
　　屈原："是！大王。这是楚人的立身之本。橘树生于南国，如我等在楚国一般。
既然生在这里，就应像橘树扎根热土。为国家之富足繁茂自己，为国家之强大贡献
自己。这不仅是宗族子弟应该有的美德，更应是天下楚人应该有的美德啊！"
　　楚怀王："爱家国，是人人应有的美德。寡人愿做一颗橘树！"
　　屈原："屈原愿作一颗橘树！扎根故土，爱我家国！"
　　众臣："我等愿作橘树，扎根故土，爱我家国。"

　　放完，阳人提议，全体起立，一起吟诵屈原的《橘颂》。那声音雄浑苍劲，在古老的楚
地上空，盘桓萦绕，经久不绝。
　　随即阳人出示唐代诗人文秀的《端午》：

　　节分端午自谁言，万古传闻为屈原。
　　堪笑楚江空渺渺，不能洗得直臣冤。

　　阳人问："谁能读懂这首诗，了解屈原？给大家讲讲。"众生纷纷登台，讲授自己了解
的屈原。这时，阳人才引《史记》和《文选》等相关古籍给学生介绍屈原。

　　屈原者，名平，楚之同姓也。为楚怀王左徒。博闻强志，明于治乱，娴于辞令。
入则与王图议国事，以出号令；出则接遇宾客，应对诸侯。王甚任之。（《史记·屈原
贾生列传》）
　　《离骚经》者屈原之所作也。屈与楚同姓，仕于怀王，为三闾大夫。同列大夫上
官、靳尚妒害其能，共谮毁之，王乃流屈原。原乃作《离骚经》，不忍以清白久居浊世，

遂赴汩渊自投而死也。(《文选》卷第三十二《离骚经·序》)

屈原是伟大的爱国诗人,遭奸臣陷害,被国君疏远。楚怀王后期,楚国内政外交混乱,民生多艰,国家处于危急存亡时刻。屈原在政治上屡遭打击,但爱国之心一点不减,即使在生命中最艰难的时刻,在人生的尽头,他也丝毫没有想到要离开自己的祖国,最终在楚怀王客死敌国、楚国郢都被攻陷之后,写下著名的《招魂》《哀郢》,然后怀石投江,以身殉国,彰显了一个爱国诗人的崇高品质。

请看《史记·屈原贾生列传》(出示《史记》书影),司马迁在结尾这样写道:

余读《离骚》《天问》《招魂》《哀郢》,悲其志。适长沙,观屈原所自沉渊,未尝不垂涕,想见其为人。及见贾生吊之,又怪屈原以彼其材,游诸侯,何国不容,而自令若是!读《服鸟赋》,同死生,轻去就,又爽然自失矣。

今人纪念屈原最好的方式就是吟诵他的诗歌。阳人再次提议全体起立,一起吟诵屈原的《哀郢》。

皇天之不纯命兮,何百姓之震愆。民离散而相失兮,方仲春而东迁……

其声悲切,响遏行云。

清河子言

教师选在端午节这样一个特定的时机,以影视、古籍、诗文进入课堂,营造一个超越古今的"对话"语境,通过视、听、吟、品等固有的阅读形式,引导学生对伟大的爱国诗人屈原作一种全息观照。诗人伟大的人格,杰出的文学才华,坚贞的爱国情怀,泣天地,惊鬼神,深深地扎根在学子的心中,播下一颗爱国的种子。

97. 送 考 歌

2022 年 6 月 5 日

高考在即,高一、高二学子将于今日九点撤离教室。早读之后,西楚阳人带领龙室、凤阁的弟子,来到教室门前的桃李园。

学生在桃李园,吟《送考歌》

阳人指着园子对大家说:"你们看! 前代校友在这里栽种了很多树。今年高三的学长们,又要在园子里栽树了! 我们为他们唱一首《送考歌》吧!"

今年哥高考! 明年姐高考! 后年我高考!
今年哥大捷! 明年姐大捷! 后年我大捷!
今年哥栽树! 明年姐栽树! 后年我栽树!

那声音传得很远、很远！把祝福送给学长，也留给自己。

清河子言

　　为学长唱《送考歌》看似一个很小的案例，但是凸显的是人本教育的本质特征。特定的时机：高考撤离教室前夕。特定的事件：在教室门前的桃李园观树，并为高三学长唱《送考歌》。特定人：省示范高中的学生。身前身后，有无数在全国各条战线做出重要贡献的历届校友栽种的大树。此时此地唱《送考歌》，对心灵会产生巨大的震撼。

98. 高考与《红楼梦》
2022 年 6 月 10 日

　　2022 年高考，全国甲卷作文以《红楼梦》第十七回"大观园试才题对额"入题，这是《红楼梦》纳入新教材整本书阅读单元后的首次尝试。

　　学生一返校，阳人便给大家讲"高考与《红楼梦》阅读"，从《红楼梦》第十七回贾元妃省亲第一行幸处的匾额讲起。

　　此处匾额有人提议用"淇水遗风"，有人提议用"睢园雅迹"，都被贾政以一个"俗"字否决了。这时，贾珍提议让"宝兄弟"拟一个。贾政说："先设议论来，然后方许作，方才众人说的，可有使得的？"由此引发宝玉与贾政之间的一段对话。

　　　　宝玉见问，答道："都似不妥。"贾政冷笑道："怎么不妥？"宝玉道："这是第一处行幸之处，必须颂圣方可。若用四字的匾，又有古人现成的，何必再作。"贾政道："难道'淇水''睢园'不是古人的？"宝玉道："这太板腐了。莫若'有凤来仪'四字。"众人都哄然叫妙。（《红楼梦》第十七回）

　　阳人抛出一个问题："这'淇水遗风''睢园雅迹'为什么'俗'？'有凤来仪'为什么就'妙'呢？"

　　经过一番讨论，阳人才说，这要从中华传统文化讲起。

　　先说淇水。春秋时期，它是流经卫国的一条小河。河道修长曲折，岸边绿竹丛生。《诗经·卫风·淇奥》曾说它"瞻彼淇奥，绿竹猗猗"。单从外观上看，大观园的这处景观与淇水确有相似之处。有人提议用"淇水遗风"来题此额，自然有其道理。但此人只知其一,不知其二。原来,淇水在《诗经》中还另有隐喻。《诗经·卫风·氓》曾写一个卫国女子与氓"私定"终身最后惨遭遗弃的故事,诗中有"送子涉淇,至于顿丘"句。可见这淇水,在卫国还是少男少女游赏喜乐、谈情说爱的地方。如果以此题额,皇帝与贵妃来到大观园,第一眼所见就是这样一个地方,岂不有伤大雅,难怪贾政斥其俗。

用"睢园"就更是不妥。睢园是西汉文帝之子梁孝王刘武营建的游赏之所。如果此处题"睢园雅迹",岂不是要自比藩王,则犯了大忌。

而用"有凤来仪"则大不一样。这话出自《尚书·益稷》"箫韶九成,凤皇来仪",不但有歌咏太平盛世之意,而且还暗示有奇异美丽的神鸟凤凰来此相聚,用来暗喻元妃省亲,可谓妙绝。

这看似简单的题额背后,其实隐含丰富的传统文化。带着这种阅读经验,我们来看这道高考作文题。

《红楼梦》写到"大观园试才题对额"时有一个情节,为元妃(贾元春)省亲修建的大观园竣工后,众人给园中桥上亭子的匾额题名。有人主张从欧阳修《醉翁亭记》"有亭翼然"一句中,取"翼然"二字;贾政认为"此亭压水而成",题名"还须偏于水",主张从"泻出于两峰之间"中拈出一个"泻"字,有人即附和题为"泻玉";贾宝玉则觉得用"沁芳"更为新雅,贾政点头默许。"沁芳"二字,点出了花木映水的佳境,不落俗套;也契合元妃省亲之事,蕴藉含蓄,思虑周全。

阳人说:"大家想一想为什么这里用翼然亭不好,用泻玉亭也不好?"

一时激起千重浪,引发学生热烈的讨论。

有人说:"如果用欧阳修《醉翁亭记》里的'翼然'也犯了大忌。《醉翁亭记》是欧阳修在庆历新政失败后,被贬滁州时写的。文中'有亭翼然,临之于泉上者'等语,暗喻自己不从俗流、甘愿归隐的心情。此次皇帝准元妃前来省亲,亭子的主人却自比欧阳修,还仿修了一个翼然亭,打算过隐居生活。传到皇帝哪里,岂不是自己'找死'。"

有人说:"用'泻玉'则更显粗俗不堪。宝玉说得好'用此等字眼,亦觉粗陋不雅'。其实,他还没把话说破,言外之意是这'泻玉'二字与'泄欲'谐音,'你'把女儿嫁给皇上,皇上让她回来省亲,进园见到的第一处景观,就上书这俩字儿……如此粗俗不堪,既得罪皇上,更是让贵妃无地自容。"

阳人又问:"那用'沁芳'为什么就'思虑周全'呢?"

大家的兴致更高,讨论更为火热,最后才弄明白。原来这"沁芳"二字,表面的意思是花草香味伴着水汽渗透出来,实际上另有深意。

一是明写景色。表面是写亭子被花香环绕,香气扑鼻。

二是暗示主题。实际是指元妃省亲,整座大观园都得沁贵妃娘娘的芳香。

三是隐喻主旨。还含蓄地表达出谢恩之意——贾府能有今天的荣光,都是"沁"(渗透)了皇恩的芳泽!

用"沁芳",具有颂圣、感恩之心,思虑周全,而且说得含蓄隽永,不露声色。皇帝、贵妃娘娘见了自然高兴。

最后阳人告诉弟子,读《红楼梦》就应该像这样深入文本,了解其中的传统文化。至于高考作文,虽然不必拘泥于上述材料,而应生发开去,联系自己的生活经验谈自己的感悟和认知。但是,如果考生对原著的理解很深刻,写出的文章自然就会有文化内涵。可见《红楼梦》阅读,对提高我们的阅读和写作能力,特别是对帮助我们了解传统文化有很重要的作用。

清河子言

> 在人本教育的视野里,考试也是学习,考试也可育人。有经验的教师往往善于利用考试环境来激发学生的潜能,发挥学生的创造性,实现人本教育的目标。2022年高考作文,以《红楼梦》入题,高考一结束,教师就以这道作文题为引子,引导学生阅读《红楼梦》,深入探究古代经典中包含的传统文化,不但激发了学生阅读《红楼梦》的热情,也丰富了他们的文化素养。

99. 无 毛 鸷

2022 年 6 月 15 日

昨日,学生正在午休。阳人到凤阁巡视,见地上有一个"纸飞机",随手拾起来,挂在讲台上,并在后面的黑板上题写了一篇小文。

无 毛 鸷

午休,阳人游廊中,得一纸鸢,问诸众:"此乃何物?"皆曰:"纸飞机。"阳人谛视之,其头也寝,其身也秃,与世不类。乃笑谓之:"无毛鸷。"并诗曰:

凤阁明堂夹一壕,纸鸢缺翅亦风骚。

阳人误作无毛鸷,笑煞少翎飞不高。

今日,有数学老师来教室听课,把这则板书拍下来发到网络中,几经转发,引发了一些讨论。下午阳人来教室上课,把这些故事讲给学生听,引发了相关的讨论。

> 阳人:(举起纸飞机,问)这是何物?
>
> 学生1:(举手,笑答):无毛鸡。(众笑)
>
> 学生2:(举手,故作惊讶):不对! 鹫! 无毛鹫! 这是秃鹫。(众大笑)
>
> 学生3:纸飞机!
>
> 众:纸飞机。
>
> 阳人:(煞有介事)请问诸君,这"纸飞机""无毛鸡""无毛鹫"有何区别? 作为文学意象,有哪些隐喻?
>
> 学生4:(热烈讨论)会玩纸飞机,也会玩真飞机;脱毛鸡,飞不高,但是有一天会成为鹫;这无毛鸡,不是鸡,其实是鹫,是无毛鹫,总有一天,会长出羽毛,一旦羽翼渐丰,就会翱翔蓝天……
>
> 阳人:(笑问)哪位高人会玩飞机?
>
> 众:(激情地)周俊! 周俊!
>
> 阳人:(亲切地)周俊,你会玩纸飞机,还会玩什么?
>
> 周俊:(诡秘地)还会玩歼20!(众笑)
>
> ……

最后,周俊领走了他的纸飞机,阳人把写好的书稿赠给他,并与他在板书前留下一张合影。不知哪一天他会驾驶战鹰,翱翔在祖国的蓝天……

清河子言

类似纸飞机的事例在日常教学中非常普遍,但是能从文学创作和做人教育的高度来加以开发利用的不多。为人师者,最重要的情怀是他对事业的敬畏;最崇高的精神是他对弟子无私的关爱;最大的智慧是他的独立人格;最大的财富是他的清洁精神;最大的幸福是他教出了能够适应社会和自身发展的"真人"。《无毛鹫》案例展示了人本教育者的这些智慧。

100. 校园有嘉树

2022 年 7 月 8 日

学期即将结束，西楚阳人在校园里拍了一组照片，配了诗文，在教室里播放。

泰夏入朱明，草新嘉木荣，名园吾所有，老凤择枝鸣。

"大家平日都喜欢在园子里读书，你们最爱去的地方有哪些？"
"香樟园""桃李园""银杏苑""桂花园""桂竹园"……
阳人抛出一个问题，众学子七嘴八舌地谈论开了。
"很好啊！平日里你们都很忙，今天阳人就带大家到这些园子里去看看！"
说着，说着，阳人把大家带到香樟园。
"这园子里有哪些树？又有多少棵樟树？你们数一数。"阳人边走边说。很快，学生发现园中不但种有樟、榆、桐、桃、李、槐、桧柏、雪松、石楠等树木，而且每棵树上还挂有一个铭牌，标明树名和属性，一些大树底下还建有小石座，刻着此树为哪一年、哪一届学子栽种。
说说笑笑，走走停停，大家把园子里的樟树数了一遍，正好 60 棵。
不多不少，为什么是 60 棵啊？大家议论纷纷。待学子们兴起，阳人才介绍这园子的来历。
1998 年，时值宜都一中建校 60 周年，学校迁建陆城南郊，在教学楼前的空地上，种了 60 棵樟树。千禧年，学校整体搬迁时又在园内普种玉兰、桂花之类的花草，广植榆、桐、雪松、桧柏、文昌槐等名木，并采来两块三峡石，镌刻校训，勒石为记，香樟园这才正式建成。
2008 年，学校举行 70 周年校庆，校友归来，又在园里建纪念墙，立文化石，增植名木，贞刻铭记，由此开启了学校发展的鸿篇。
如今，20 多年过去了，园中的林木已经长成大树，阳人也即将离开这座园子，真是百感交集啊！随即，他吟了一首《远朝归·香樟园》。

远朝归·香樟园

香圃樟林[1]，百凤朝榆桐[2]，楼头桧柏[3]。千枝万条，四季楚天同碧。门墙照壁[4]，甬道獬豸[5]深蓁棘。槐黄[6]日、喜文昌[7]拔节，风举高逸。

新世岁改千禧，恰轨物开园，广固贞刻，分疏故训[8]。曦月素晖连璧，光阴尽染。策勋业[9]、丹墀玄席，连楸陌，槛前镳匕[10]皆归客。

注释：

[1] 樟林：即樟树林，计60株。

[2] 榆桐：榆树和梧桐树，为2013届学子捐种。

[3] 桧柏：共6株，分植园中及四隅，此从老校区迁入。

[4] 门墙照壁：建于园前大门后，2000年置。

[5] 獬廌：通"獬豸"，共两尊，立于园内中道尽头教学楼前。古代传说中的异兽，能辨别是非曲直，常立于学校门前。

[6] 槐黄："槐花黄"之省，此指高考季节。

[7] 文昌：即园中栽种的两棵文昌槐。

[8] 分疏故训：学校以乡贤杨守敬先生《学书迩言》名言"品高学富"为校训，镌刻于石，分书园内两侧，并作疏解。

[9] 策勋业：指学校2008年举办70周年校庆时，修校史，记功业。

[10] 镳匕：旧指驾着马车、佩着短剑的访客，本词中借代回母校参加校庆的校友及其车队。

来到桃李园，阳人又唱《满庭芳》。

满庭芳·桃李园[1]

百面桃红，千般李秀，万张杏靥枝头。春工粉黛，芳意与谁留？荼蘼连塍蘅芷。风乍起，影动香流。问游子，清芬素影，彼往夕奚求。

园廛恒叙旧。乐昌含笑，称赏红榴。夜气凝、石楠红叶随浮。莫仿樱桃枸骨，风月永，工笔难收。怀君子，平畴伫望，奋袖寄云鸥。

注释：

[1] 桃李园：亦名感恩园，历届学子毕业离校，皆于园中植一树，历二十余载，已成气候。园中植物皆为历届学子栽种。

这词可谓道尽了园中的风物——千百面桃李竞相开放，争艳斗奇，千万朵杏花在枝头张开笑靥。春日里，大自然施与她们粉面黛眉，这些在园中成长起来的桃李，又会把美丽的芳心付与谁呢？杜衡、芳芷和荼蘼已经相继开放，在园中连成一道道小垄。一阵风吹来，花影蹁跹，暗香涌动。

从这园子里走出去的学子，此时你们身在何处呢？这浓郁的芬芳里，哪里又能找到你们昔日的影子？

校友们每次回来，都要到园子里看看日光移动的样子，叙叙旧，看看树。现如今，你们栽种的乐昌正在园中含笑，红榴也一个劲地被人夸赞。到了夜晚，雾气上来了，石楠的红叶与之浮动，缥缥缈缈，似真似幻，真是诱人！

这一切都是你们创造的啊？

高明的画匠奉劝那些学画的人，不要轻易到这园子来临摹樱桃、枸骨，因为它们周边的风月每时每刻都在变动，单凭画笔是难于尽收的啊。

想念那些从这里走出的君子！面向空中的云鸥，挥一挥衣袖，请它们带去阳人的问候！

阳人很激动，吟诵和讲解都很投入，深深地感染了大家。

不知不觉，已经走到了银杏园，阳人又诵《离别难》。

离别难·银杏园[1]

左径逸陌深林，新栽鸭脚浓荫。并柯连曲路，叶秋金万树[2]，杪春黄自落[3]。楚山岑。巴水绿。夷歌续。三江才俊起孤吟。

千里鹄。乘初旭。银杏园，鹏程此别椿萱。忆昔寒宵彻。坐定芳襟结。蕙芬集、郁香繁。浮气灭。今临诀。同门青盖[4]送朱幡[5]。

注释：

[1] 银杏园：园中植有银杏、萱、椿、梓等木，又称乡梓园。每届学子离别，皆在此园留照吟别。

[2] 叶秋金万树：指银杏树在深秋季节，树叶开始变黄，直到次年四五月才长出新叶。

[3] 杪春黄自落：指银杏会在春天来临之前落尽枝头的黄叶，等待新叶苗出。

[4] 青盖：皂盖，青色的车顶。

[5] 朱幡：红色的车幨。此与"青盖"代送别和远行的车队。

为何要赋《离别难》呢？与这园子有关。走过桃李园，左边有条小道，通向一片浓密的林子——就是银杏园。放眼望去，银杏树已布满浓荫。它们枝连着枝，肩并着肩，连成一条曲折的路。

一到秋天，树上的叶子就会变黄。如果再遇连雨，枝端慢慢就会有黄叶垂落，开始可能较少，慢慢地就会越来越多，直到第二年春天全部落尽。

高高的树杪，迎风飘扬，静静地等待新叶长出。

六七月间，是万物生长最旺盛的季节。此时，一座座低矮的楚山变青了，清江和渔洋河也更绿了。古镇边、夷道旁，传来一阵阵迷人的歌声，原来，是宜都学子在银杏园吟别。

一只只志在千里的鸿鹄，乘着新秋的朝阳，就要飞向远方，开启他们美好的前程。

忆往昔，学子们在校园里熬更夜读。困了，来到园中，在金色的落叶中坐定。任凭杏叶的芬芳浸透他们的衣襟，那一刻所有的香气都在心头凝结，一点一点地覆盖他们所有的浮躁……

有的学子走了，有的学子又来。银杏园迎来一批一批新生，又送别一批一批远行的游子，园前留下他们无数的足印。

阳人在银杏园赋《离别难》

辞别银杏园，来到桂花园。阳人作《赏南枝》。

赏南枝·桂花园[1]

别园三两亩，幼株八九杆，月冷林幽。浅陌石苔青，画阑里、点点金粟含羞。千穗结、万朵稠。夜露冷，馥芬满楼。润试札香学案，又道一年秋。

时霖雨细人愁。岭前低处，万头压千头。恨大化无能，罡风烈、不管玉陨香浮。天道别、人理修。桂子落、芳华驻留。赏群秀拼枝节，败荣自风流。

注释：

[1] 桂花园：建于学子公寓前，园内植有白桂、金桂、丹桂等名品。这里是学子们的乐园，学习之余多来园中感怀。

这园不大，走过一段野陌，很快就是尽头。前端的岩壁上长满厚厚的青苔。但园中的树种比较齐全，白桂、金桂、丹桂好像都有。加上每年春天，园丁又会补种一些新苗，园子便一年一年地壮大起来。

秋天，满园的桂花羞涩地打着朵儿。不几日，枝头挂满金色的"米粟"。千穗万朵，稠密无比。到了晚上，夜露升起，天也变凉。桂花则把它们的清芬传遍校园的大楼小楼，浸透学子们的每一张试卷，濡染他们的每一份学案。

这时，就会有人说："又是一年秋天来临！"困了，学子们常去看看桂花，闻闻花香，醒醒脑门,又有使不完的力量。

秋雨不停地下了起来,令人发愁啊。果然,不知哪一天,一觉醒来,桂园的地上,铺满了大大小小的花蕊,千朵万朵,密密麻麻,挨挨挤挤。真是伤人心魄啊——自然造化怎么就这么无能,好像一点办法也没有,任凭那刚烈的风把这满园的桂蕊一点一点陨落……

然而,桂花一点也不屈服。那一点一点、一簇一簇的花中君子桀骜地扬着它们的头,大有一种凛然不可侵犯的气节——无论是高居枝头,还是飘落在地,它们都一样地发出清纯浓郁的香气,把芬芳传遍校园的每个角落,任凭那花香在空中高高地漂浮。

天道与人理有别——天意不可违,但是人的修炼没有止境。一年一度,桂子终究会平静地落下,但它们把芬芳永久地留在了这世上。

人生不也就像这桂花吗?生长就是拼搏。欣赏那满园的桂花在枝节上拼搏的姿态啊,哪管成功与失败,只要有拼搏,就是一个时代的风流人物!

最后游到桂竹园。师生的情绪完全被调动起来,阳人早前曾填过一首《曲玉管》,现在拿出来,大家一起吟诵。

《曲玉管·桂竹园》书稿

曲玉管·桂竹园[1]

　　枸骨红铃,春松夕磬,香苞嫩箨鬅初发。日薄修篁留影,千杆栖霞。戏啼鸦,搏髀弹筝,歌《骚》[2]讴《橘》[3],总将咏字宫商滑。觅句拈髭,月下添茗烹茶。竞韶华。

　　拣尽高枝。适寻得、箫笛双管。试为楚曲荆歌。楼头吹发新葩。执枯槎。款颜随歌舞,不辨先生童子。卜辞前路,竹径通幽,学海无涯。

注释:

[1] 桂竹园:学子餐厅前,又称游乐园。园内植有枸骨、罗汉松等名木和不同种类的竹子。学子课余来此游乐。

[2]《骚》:即《离骚》。

[3]《橘》:即《橘颂》。

春天来了,桂竹园里的枸骨上挂着经冬不谢的红果,像一个一个红色的铃铛。罗汉松在秋日的夕阳下挺立,下课的钟声缓缓敲响。

一个一个竹苞嫩笋散发着清新的泥香,上面新长出来的箨毛,像小孩子的垂髫。夕阳的光芒迫近高高的竹篁,留下长长的影子,成片高大的竹秆上栖满了傍晚的霞光。

师生在园子里与一只鸣鸦相戏,有人拍着大腿,有人弹着古琴,有人吟诵屈原的《离骚》和《橘颂》,但总把那关键字节唱走调,引来一阵阵哄笑。

先生为了觅得佳句,捻着长长的胡须。在月光下添一壶茶,煮透了,与学子一起品茗,大伙说不要辜负这美好的年华。

有人挑选最好的竹子,做了一支双管的排箫,又用楚地的方言谱了一支曲子。在楼头吹出那种很缠绵的调子,吹得满园的奇花都绽发出美丽的新蕾。

大家拿着几根枯树枝,像古人采荆时一样,和着那曲子起舞。现场欢乐一片,根本分不清谁是老师,谁是学生。若用古老的占卜来预测前路能通向哪里?卜辞会说:"竹径可以通往幽静的地方,但是学海却没有边际啊!"

这一天其乐无穷!

日薄修篁留影,千杆栖霞

清河子言

　　西楚阳人以五首词吟别校园里的五座园子,也吟别教坛。这是一个人本教育者对自己在这座园子里二十多年生活的回顾,也是他 30 多年人本教育探索的总结。词中有很多隐喻,加上用仄韵、上平韵、下平韵、平仄通韵、叶韵等五种不同的格律来表达,暗示他对人本教育的追求,经历从"热情激烈"到"从容淡定"的过程,最终才悟得变通的智慧,趋向陶然、平静、自然的境界。

参 考 书 目

(汉)孔安国传.十三经古注(一)·尚书.北京:中华书局,2014.

(汉)毛亨传.十三经古注(二)·毛诗.北京:中华书局,2014.

(汉)司马迁撰.史记.北京:中华书局,1982.

(汉)班固撰.汉书.北京:中华书局,1962.

(汉)许慎撰,(清)段玉裁注.说文解字注.上海:上海古籍出版社,1988.

(东汉)郑玄等注.十三经古注(五)·礼记.北京:中华书局,2014.

(东汉)郑玄注.十三经古注(九)·孝经.北京:中华书局,2014.

(东汉)赵岐注.十三经古注(十)·孟子.北京:中华书局,2014.

(东汉)高诱注,国学整理社编.诸子集成(六)·吕氏春秋.北京:中华书局,1954.

(东汉)高诱注,国学整理社编.诸子集成(七)·淮南子.北京:中华书局,1954.

(三国·魏)王弼注.十三经古注(一)·周易.北京:中华书局,2014.

(三国·魏)何晏集解.十三经古注(九)·论语.北京:中华书局,2014.

(三国·魏)王弼注,国学整理社编.诸子集成(三)·老子注.北京:中华书局,1954.

(晋)杜预注.十三经古注(六)·春秋经传集解.北京:中华书局,2014.

(晋)郭璞注.十三经古注(十一)·尔雅.北京:中华书局,2014.

(晋)常璩撰.明本华阳国志.北京:国家图书馆出版社,2018.

(南朝·宋)范晔撰.后汉书.北京:中华书局,2000.

(南朝梁)萧统辑,(唐)李善注.宋尤袤刻本文选.北京:国家图书馆出版社,2017.

(南朝·梁)陶弘景编.本草经集注.北京:人民卫生出版社,1994.

(北魏)郦道元注.明抄本水经注.北京:国家图书馆出版社2018.

(北齐)颜之推著,国学整理社编.诸子集成(八)·颜氏家训.北京:中华书局,1954.

(唐)李白著,(清)王琦注.李太白全集.北京:中华书局,2015.

(唐)陆德明撰,张一弓点校.经典释文.上海:上海古籍出版社,2012.

(唐)杜佑撰.通典.北京:中华书局,2016.

(后晋)刘昫等撰.旧唐书.北京:中华书局,1975.

(五代)孙光宪撰,贾二强点校.北梦琐言.北京:中华书局,2002.

(宋)邵雍著,郭彧等点校.皇极经世.上海:上海古籍出版社,2017.

(宋)欧阳修等撰.新唐书.北京:中华书局,1975.

(宋)郑樵撰.通志.北京:中华书局,1987.

(宋)程颢、程颐著,王孝鱼点校.二程集.北京:中华书局,1981.

(宋)郭茂倩编.乐府诗集.北京:中华书局,1979.

(宋)欧阳修著,李逸安点校.欧阳修全集.北京:中华书局,2001.

(宋)苏轼撰,(明)茅维编,孔凡礼点校.苏轼文集.北京:中华书局,1986.

(宋)苏轼著,(清)冯应榴辑注,黄任轲等点校.苏轼诗集合注.上海:上海古籍出版社,2001.

(宋)苏轼撰,王松龄点校.东坡志林.北京:中华书局,1981.

(宋)王象之撰.舆地纪胜.北京:中华书局,1992.

(宋)计有功辑撰.唐诗纪事.上海:上海古籍出版社,2013.

(南宋)朱熹撰,朱杰人等主编.朱子全书.上海:上海古籍出版社、合肥:安徽教育出版社,2010.

（元）脱脱等撰.宋史.北京：中华书局，1985.

（元）保巴撰，陈少彤点校.周易原旨·易源奥义.北京：中华书局，2009.

（明）李贤等撰.大明一统志.成都：巴蜀书社，2017.

（明）李时珍著，赵尚华等点校.本草纲目.北京：中华书局，2021.

（明）王夫子著.船山全书.长沙：岳麓书社，2011.

（清）汤文潞著.诗韵合璧.上海：上海书店出版社，2020.

（清）戈载撰.词林正韵.上海：上海古籍出版社，2009.

（清）王奕清等撰.钦定词谱.北京：中国书店，2010.

（清）彭定求等编.全唐诗.北京：中华书局，1960.

（清）顾彩著，吴柏森校注.容美纪游.武汉：湖北人民出版社，1998.

（清）郝懿行笺疏，范祥雍点校.山海经笺疏补校.上海：上海古籍出版社，2013.

（清）吴楚材等选.古文观止.北京：中华书局，1987.

（清）曹雪芹著.红楼梦.北京：人民文学出版社，1996.

（清）王永彬撰，徐永斌评注.围炉夜话.北京：中华书局，2008.

（清）王永彬著.桥西馆诗钞（清光绪十年刻本）.武汉：湖北通志馆藏书室，1884.

（清）王国维著.观堂集林.北京：中华书局，1959.

（清）曾国藩著.曾国藩家书 家训.北京：中华书局，2014.

（清）于敏中等编.钦定四库全书·西清砚谱.北京：中国书店，2014.

（清）王先谦著，国学整理社编.诸子集成（三）·庄子集解.北京：中华书局，1954.

（清）孙诒让著，国学整理社编.诸子集成（四）·墨子间诂.北京：中华书局，1954.

（清）王先慎注，国学整理社编.诸子集成（五）·韩非子集解.北京：中华书局，1954.

（清）徐国相等撰.湖广通志.武汉：崇文书局，2018.

（清）查子庚等修，熊文澜等纂.枝江县志（同治）.台北：成文出版社有限公司，1975.

（清）杨守敬著，谢承仁主编.杨守敬集.武汉：湖北人民出版社、湖北教育出版社，1997.

章太炎撰.章太炎全集.上海：上海人民出版社，2014.

梁启超著.梁启超家书选.天津：天津人民出版社，2015.

梁启超著.梁启超评历史人物合集·管子传.武汉：华中科技大学出版社，2018.

梁启超撰.梁启超论诸子百家.北京：商务印书馆，2012.

赵尔巽等撰.清史稿.北京：中华书局，1977.

刘文典撰.刘文典全集.北京：北京师范大学出版社、合肥：安徽大学出版社，2012.

金开诚等著.屈原集校注.北京：中华书局，1996.

王泗原著.楚辞校释.北京：中华书局，2014.

袁行霈撰.陶渊明集笺注.北京：中华书局，2011.

逯钦立辑校.先秦汉魏晋南北朝诗.北京：中华书局，1983.

王水照编.宋人所撰三苏年谱丛刊.北京：中华书局，2015.

赖永海主编，陈秋平译注.金刚经·心经.北京：中华书局，2013.

王力著.王力全集.北京：中华书局，2014.

臧励龢等编.中国古今地名大辞典.香港：商务印书馆香港分馆，1931.

宜都市党史地方志办公室整理.宜都县志·清咸丰己未岁重刊本.湖北：长江出版传媒、湖北人民出版社，2013.

宜都市党史地方志办公室整理.宜都县志·清同治内寅年重刊本.湖北：长江出版传媒、湖北人民出版社，2014.

故宫博物院编.故宫珍本丛刊·湖北州府县志·［乾隆］枝江县志.海口：海南出版社，2001.

李洱撰.应物兄.北京：人民文学出版社，2018.

附录一 杨邦俊发表的人本教育相关文章

《打开语文教学之门:关于语文教学改革的思考》,载《中学语文教学》1998年第8期。

《语文"课内外衔接"教学理论与实践探索》,载《中学语文教学参考》1998年第6期。

《语用型语文教学初探》,载《中学语文》(上旬刊)2000年第9期。

《语用型作文训练方案》,载《语文教学与研究》2000年第5期。

《阅读的奥秘》,载《中学语文教学参考》2000年第5期。

《阅读互动论》,载《教育科学》2001年第2期。

《互动性阅读概论》,载《中学语文教学参考》2001年第8、9期。

《传统文化与语文的人文内涵》,载《教学月刊》2002年第7、8期。

《一位中学语文老师的教学困惑》,载2004年1月20日《中华读书报》"教育双周刊　学界来风"栏目。

《人本教育论》,载《新时期语文课程的理念和实践:中语会第八届年会论文选》,开明出版社2005年版。

《语文课程的发展趋势及其对策》,载《中学语文》(上旬刊)2006年第4期。

《从写作的本质看作文教学改革》,载《语文教学与研究》2006年第6期。

《找回语文课程的情趣》,载《中学语文教学园地》2007年第3期。

《关于漫话清高的文化解读》,载《语文教学与研究》2007年第11期。

《语文课程的生态分析及其对策》,载《中学语文》(上旬刊)2007年第11期。

《家庭生活与作文》,载《语文教学通讯》(B版)2008年第2期。

《学校生活与作文》,载《语文教学通讯》(B版)2008年第2期。

《社会生活与作文》,载《语文教学通讯》(B版)2008年第2期。

《〈漫话清高〉课堂教学》,载《一线考察:优质课例篇》巢宗祺主编,山东教育出版社2008年版。

《生态课程论》,载《教育实践与研究》2008年第9期。

《语感的奥秘》,载《中学语文》(上旬刊)2008年第7、8期。

《回归真正的文学教育》,载《语文建设》2009年第5期。

《写作的奥秘》,载《中学语文》(上旬刊)2009年第5期。

《呼唤经典阅读》,载《中学语文教学参考》2010年第8期。

《地域文化进入语文课程的尝试》,载《语文学习》2010年第10期。

《不可或缺的地域文化教育》,载《中学语文》(上旬刊)2010年第11期。

《语文教育的百年之失与改革之思》,载《中学语文》(上旬刊)2011年第6期。

《文本教学要趋归人本教育》,载《语文教学通讯》(A版)2011年第11期。

《新课程阅读教学需要跨越的"三重门"》,载《中学语文》(上旬刊)2012年第8期。

《〈论语〉全读案例设计及其思考》,载《中学语文》(上旬刊)2012年第10期。

《"讽诵"例说》,载《语文学习》2012年第11期。

《语文课堂应该具有的品相——关于语文课堂品质的讨论》,载《中学语文教学参考》2013年第3期。

《中国传统教育思想探微》,载《中学语文》(上旬刊)2013年第9期。

《人本教育的文学阅读》,载《云梦学刊》(高教版)2014年第1期。

《回归语文课程的本原》,载《中学语文》(上旬刊)2014年第7、8期。

《"原生活作文教学"例说》,载《语文学习》2014年第9期。

《呼唤现代教育的二次革命》,载《新课程研究》(上旬刊)2014年第10期。

《传统文化教育的远与近》,载《新课程研究》(上旬刊)2014年第11期。

《传统文化教育的实践》，载《中学语文》(上旬刊)2015年第3期。

《教语言与教言语：语文教学的两种不同境界》，载《中学语文》(上旬刊)2015年第7、8期。

《当前语文教学论争的理论迷失与指津》，载《语文教学通讯》(A版)2016年第5期。

《语文人本教育的原生活作文训练教学之一》，载《语文教学通讯》2016年第6期。

《"前理解""召唤结构"与"互动性"阅读例说》，载《湖北教育》2017年第7期。

《传统文化经典篇目教学指津》，载《新课程研究》2017年第6期。

《古典诗词的文学教法课例评析》，载《语文教学通讯》(A版)2017年第9期。

《文本解读的路径和方法——解释学的阅读运用》，载《中学语文》(上旬刊)2018年第2期。

《隐喻的解读与边界》，载《中学语文》(上旬刊)2018年第9期。

《训诂学视角的文本解读与边界》，载《中学语文》(上旬刊)2018年第3期。

《高中语文课程标准修订的现实效应》，载《语文教学通讯》(A版)2018年第2期。

《中华传统文化经典的固有教法》，载《中学语文》(上旬刊)2018年第3期。

《〈诗·卫风·氓〉人本教学手记》，载《语文教学与研究》2018年第6期。

《语文人本教学原生活写作系列一：社会评论写作训练》，载《高中生学习》2019年第11期特级教师讲坛。

《语文人本教学原生活写作系列二：生活随笔写作训练》，载《高中生学习》2019年第12期特级教师讲坛。

《春天的阳光里——语文人本教学的多维度构思写作训练》，载《高中生学习》2019年第1期特级教师讲坛。

《"中国年"传统文化元素——语文人本教学的文化写作训练》，载《高中生学习》2019年第2期特级教师讲坛。

《向着十八岁——语文人本教学的成长写作训练》，载《高中生学习》2019年第3期特级教师讲坛。

《劳动是欢乐和美好的源泉——语文人本教学的场景描写训练》，载《高中生学习》2019年第5期特级教师讲坛。

《生命如夏花般绚丽——语文人本教学的"生命"话题写作训练》，载《高中生学习》2019年第6期特级教师讲坛。

《指点江山　激扬文字——语文人本教学的时事评论写作训练》，载《高中生学习》2019年第8期特级教师讲坛。

《校园里的那只落蕊——语文人本教学的情境写作训练》，载《高中生学习》2019年第9期特级教师讲坛。

《爱你，但不知道为什么——语文人本教学的社会生活写作训练》，载《高中生学习》2019年第10期特级教师讲坛。

《轧出思想的冰花——语文人本教学的文学写作训练》，载《高中生学习》2019年第11期特级教师讲坛。

《岁时感怀——语文人本教学的思想随笔写作训练》，载《高中生学习》2019年第12期特级教师讲坛。

《记叙是人类生命活动的重要技能：语文人本教学的高中作文专项训练(一)》，载《高中生学习》2020年第2期。

《文以意为先：语文人本教学的记叙文写作立意训练》，载《高中生学习》2020年第5期特级教师讲坛。

《匠心斯独运：语文人本教学的记叙文写作构思训练》，载《高中生学习》2020年第6期特级教师讲坛。

《当时明月在，曾照彩云归：语文人本教学的记叙文写作顺序训练》，载《高中生学习》2020年第8期特级教师讲坛。

《记叙文写作的"顶上功夫"：语文人本教学的记叙文描写专项训练》，载《高中生学习》2020年第9期特级教师讲坛。

《文到深处情自随：语文人本教学的抒情手法专项训练》，载《高中生学习》2020年第10期特级教师讲坛。

《文章也需要颜值：语文人本教学的记叙文语言训练》，载《高中生学习》2020年第11期特级教师讲坛。

《文章不厌百回改：语文人本教学的记叙文升格训练》，载《高中生学习》2020年第12期特级教师讲坛。

《理解的奥秘》，载《中学语文》(上旬刊)2020年第4期。

《疫情时期的语文人本教学》，载《中学语文教学参考》2020年第5期。

《文章学视角的文本解读》，载《中学语文》(上旬刊)2021年第2期。

《统编教材使用中应警惕的肤浅化现象》，载《中学语文》(上旬刊)2021年第8期。

附录二 人本教育相关专著、专家题词
及期刊介绍文章

一、专著
《语文人本教育》：湖北人民出版社 2012 年 2 月第 1 版。

二、专家题词
刘国正："百年语文，趋归人本"，载《语文人本教育》湖北人民出版社 2012 年版。

三、期刊介绍文章
顾振彪：《百年语文，趋归人本——杨邦俊〈语文人本教育〉序》，载 2012 年第 10 期《中学语文》（上旬刊）。

杨邦俊：《语文教育人本论》，载《中学语文教学参考》2000 年第 12 期。

杨邦俊：《语文教学的人本探索》，载《语文学习》2001 年第 1 期。

杨邦俊：《〈我的呼吁〉："互动性阅读"教例》、张祖训：《评说互动：亦名亦实》，载《中学语文教学》2005 年第 5 期。

张晨：《语文人本教育的开拓者——浅析杨邦俊的语文智慧》，载 2011 年第 12 期《中学语文》（上旬刊）名师研究栏目。

杨邦俊：《林泉丘园语文人》，载《语文教学与研究》2012 年第 6 期。

杨邦俊：《林泉邱园种桃客：一个语文教师 30 年的人本教育追求》，载《语文教学通讯》（A 版）2015 年第 2 期封面人物。

杨邦俊：《语文人本教学系列（一）：语文人本教学研究概述》，载《新课程研究》（上旬刊）2015 年第 1 期。

杨邦俊：《语文人本教学系列（二）：语文人本教学的要义》，载《新课程研究》（上旬刊）2015 年第 3 期。

杨邦俊：《语文人本教学的系列（三）：语文教材中的人本教学》，载《新课程研究》（上旬刊）2015 年第 4 期。

杨邦俊：《语文人本教学系列（四）：传统文化之语文人本教学》，载《新课程研究》（上旬刊）2015 年第 6 期。

杨邦俊：《语文人本教学系列（五）：学校生活与语文人本教学》，载《新课程研究》（上旬刊）2015 年第 7 期。

杨邦俊：《语文人本教学系列（六）：社会生活与语文人本教学》，载《新课程研究》（上旬刊）2015 年第 8 期。

姜楚华：《"一介书生"杨邦俊》，载 2015 年第 6 期《湖北教育》"名师风采"栏目。

杨邦俊：《语文人本教学的理论和实践探索》，载《基础教育参考》2016 年第 6 期。

杨邦俊：《我与语文人本教学》，载《中国教师》2017 年第 1 期"教学流派"栏目。

刘译蔓：《从"开拓者"到"建树者"：杨邦俊近十年语文人本教育发展研究》，载《语文教学通讯》（A 版）2020 年第 4 期"名师研究"栏目。